JN410074

진리의 주체는 인간이다

공맹(孔孟)철학 산책 · I

지교헌 수필집 · 9

교음사

작가의 말

책을 읽는다는 것은 여러 가지 사물에 대하여 본질과 현상을 탐구하는 것이며 그러한 능력을 더욱 넓고 깊게 하는 것을 말한다고 할 수 있다.

오늘날 모든 선진국에서는 청소년뿐만 아니라 장년이나 노년에 이르기까지 많은 국민이 독서하기를 바라고 그것을 장려하고 있다. 그리하여 이른 바 선진국일수록 독서할 수 있는 환경이 조성되어 있고 우수한 출판물을 대량으로 쏟아내고 있다. 따라서 국민의 교양은 그 나라의 출판물이 얼마나 값지고 많으며 독서인구가 얼마나 많은가에 따라 차이가 난다고 볼 수 있다. 이리하여 이른바 선진국이라는 나라에서는 출판물도 많거니와 독서인구도 많은 것을 볼 수 있다.

그런데 그 많은 독서 인구 가운데는 현대의 신간서적도 많이 읽지만 그에 못지않게 고전(古典)을 읽는 사람들도 많이 볼 수 있다. 다시 말하면 현대의 새로운 지식에 관한 서적뿐만 아니라 벌써 수십 년 전이나 수백 년 전에 출간된 서적이나 때로는 그보다 훨씬 오래된 고서적과 여러 가지 자료를 연구하고 그 값어치를 찾아내기도 한다.

우리는 시대를 초월하여 읽을 만한 가치가 있는 귀한 서적을 가리켜 고전(古典; classic)이라고 부른다. 따라서 고전이란 그 자체가 지니고 있는 학문적 가치에 따라 평가되는 것이지 단순히 시간적으로 오래된 서적이라는 이유만으로 그 가치가 인정되는 것은 아니다. 그리하여 아주 오랜 옛날에 쓰이지 않고 오늘날에 쓰인 책에 대하여도 그 값어치가 인정되면 '현대의 고전'이라고 부르기도 한다.

오늘날 우리가 고전이라고 부르는 도서들 가운데는 서양고전도 많고 동양고전도 많다. 그런데 나는 동양윤리분야를 연구하고 강의하면서 자연스럽게 동양고전에 관심을 가지고 독서하게 되었다. 동양고전은 불교철학이나, 도교철학이나, 유교철학에 관한 것이 주종을 이루고 있으며 우리나라는 역사적으로나, 정치적으로나 또는 사회적으로 유교철학의 영향을 많이 받아 왔기 때문에 이른바 유가(儒家)의 경전(經典 또는 經傳)들이 중요한 비중을 차지하고 있다.

따라서 동양윤리를 연구하고 강의하기 위해서는 당연히 유가의 경전을 중심으로 고전을 섭렵하지 않을 수 없는 형편이었다. 일반적으로 말하는 유가의 경전이나 고전은 흔히 말하는 사서오경(四書五經)이 커다란 비중을 차지하고 있다. 그것은 『대학(大學)』『논어(論語)』『맹자(孟子)』『중용(中庸)』과 『시경(詩經)』『서경(書經)』『예기(禮記)』『춘추(春秋)』『역경(易經)』을 말한다. 그러나 내가 여기서 말하는 사서오경은 기본적인 텍스트를 가리키는 것이고 거기에 관련되는 여러 가지 해석과 학설이 깃들어 있는 서적들은 그야말로 한우충동(汗牛充棟)이라는 표현이 무색할 만큼 방대한 것이 사실이다.

나는 여기서 주로 사서(四書)를 중심으로 독서한 것을 주제로 삼아

간결하게 써 두었던 수필을 모아서 엮게 되었다. 그리고 내가 읽은 유교의 경전들은 시대를 뛰어 넘어 현대의 지성인들이 읽을 만한 학문적 가치가 인정되는 것으로 알고 있다.

나의 수필은 학문적 천착이 아니라 우리의 일상적인 교양에 관련되는 비근한 것이다. 따라서 내 스스로 느끼고 깨달은 경험적 테두리 안에서 부담 없이 표현된 사사로운 노작에 지나지 않음을 밝혀 두는 바이다.

독자 여러 분의 기탄없는 지도와 충고를 기대하여 마지않는다.

2022(壬寅)년 1월, 소한을 보내고 대한을 맞이하며

대용서재(大庸書齋)에서 지교헌

차례

4부 아집(我執)의 굴레

5부 작은 책꽂이

1

나는 아무것도 모른다

군자삼락(君子三樂)에 대하여

사람들은 예로부터 고락(苦樂)이라는 말을 사용해 왔다. 그것은 사람이 겪는 경험이나 정서를 압축하여 고통과 쾌락으로 단순화하고 집약하여 표현하였음을 말한다.

사람들은 왜 하필이면 고락이라는 말을 즐겨 사용하고 있을까. 그것은 인간의 삶이 희·노·애·구·애·오·욕(喜·怒·哀·懼·愛·惡·慾)과 같은 여러 가지로 표현될 수도 있지만 그것을 단순화하면 대체로 고통과 쾌락의 형태나 또는 그러한 감정으로 나타나고 이어지고 있기 때문이다. -이것은 유학의 칠정론(七情論)과 관련되기도 한다.

사람이 일생을 살다보면 누구나 나름대로의 고통을 느끼게 된다. 육체적 고통도 느낄 뿐만 아니라 정신적 고통을 느끼는 경우도 대단히 많다. 그러나 아무리 그 고통이 심하다고 하더라도 그 고통의 사이사이에는 정신적 육체적 쾌락도 느끼는 수가 많아서 새로운 의욕과 용기와 활력과 희망을 얻게 되기도 한다. 따라서 사람이라면 누구나 고통보다는 쾌락을 추구하게 되고 일시적인 고통은 그것을 극복하기만 하면 쾌락으로 이어지거나 전환하게 된다고 믿기도 한다. 사람들이 견디기 어려울 만큼 힘 드는 고통을 참고 견디는 것은 그것이 피할 수 없는 숙명일 수도 있는 반면에 다른 한편으로는 쾌락을 추구하는 하나의 방편이나 과정이라고 믿을 수도 있기 때문일 것이다. 동양이나 서양이나 사람들은 예로부터 고생 끝에 즐거움이 온다는 속담을 회자하기도 한다.

『맹자 진심장구 상(孟子 盡心章句 上)』에는 다음과 같이 군자의 삼락을 말하고 있다.

군자에게는 세 가지 즐거움이 있으니 제왕(帝王)이 되어 천하를 다스리는 것은 여기에 포함되지 않는다. 부모가 생존하시고 형제가 화목한 것이 그 첫째의 즐거움이요, 위로 우러러 하늘에 부끄럽지 않고 아래로 남에게 부끄럽지 않은 것이 둘째의 즐거움이요, 천하의 영준현재(英俊賢才)를 얻어 그들을 교육하는 것이 셋째의 즐거움이다….(君子有三樂 而王天下不與存焉 父母俱存兄弟無故 一樂也 仰不愧於天 俯不怍於人 二樂也 得天下英才 而敎育之 三樂也….)

왕자(王者)가 되어 천하를 다스리는 것은 여기에 포함되지 않는다는 말이 앞뒤에 중복하여 나타난다. 맹자가 말하는 즐거움이란 천륜성분지락(天倫性分之樂)이지 귀세외물지락(貴勢外物之樂)이 아니라는 것으로 해석된다. 즉 천륜과 귀세가 구분되었다.

부모님이 모두 생존해 계시고 형제가 무고하고 화목하면 얼마나 다행한 일인지 누구나 공감할 만하다. 또한 하늘을 우러러 부끄러움이 없다는 것은 자신의 양심에 거리끼는 것이 없는 참으로 떳떳한 일이며, 또한 남에게 부끄러움이 없는 것은 바람직한 대인관계이며, 천하의 영준현재를 만나서 그들을 가르치고 육성함으로써 국가사회의 발전에 이바지하게 하고 나아가 천하를 정의와 화평과 낙원으로 이끌게 한다면 얼마나 즐거운 일인가. 영토를 넓히고 인구를 증가하게 하는 것, 제왕이 되어 사해(四海)의 백성을 안정케 하는 것도 매우 즐거운 일이지만 군자는 그런 것을 근원적인 본성으로 여기지는 않기 때문에 군자삼락에는 포함되지 않는다는 것이다.

다시 한번 살펴보더라도 부모님이 구존하시고 형제가 무고한 것은 가정적인 즐거움이요, 양심에 거리낌이 없고 남에게 부끄러움이 없으며, 영재를 만나 길러주는 것이야말로 가장 근본적이고 값진 즐거움이라는 말에 대하여 공감하지 않을 수 없게 된다.

그런데 부모구존(父母俱存) 형제무고(兄弟無故)라는 것이 인력으로 쉽사리 이루어지는 것은 아니다. 수풍지감(樹風之感)이라는 말과 같이 자식은 부모님을 봉양코자하나 부모님이 기다려주지 않는 수가 너무나 많고 형제의 화목과 무고도 인력으로 쉽사리 해결되지 못하는 수가 너무나 많다. 그리고 천하의 영재를 얻어 교육한다는 것도 인력으로 되지 않는 수가 많다. 다만 불괴어천(不愧於天)과 부작어인(不怍於人)은 사람마다 최대한도로 수양하고 노력하기만 하면 웬만큼 그 가능성이 보이는 것이다. 그러므로 삼락 중에서 그래도 가장 가능성이 보이는 것은 '불괴어천'과 '부작어인'이라고 말할 수 있으며 이것은 자신의 인격수련이라고 할 수 있는 이른 바 존심양성(存心養性; 存養)의 수행(修行)에 속한다.

존심양성이라는 것은 타고난 착하고 바른 마음을 함부로 달아나지 못하게 보존하는 것[求放心]이요, 타고 난 착하고 바른 성품을 잘 기르는 것이다. 예로부터 유학(儒學)을 비롯한 여러 가지 학문이나 종교나 사상에 근거하여 수행하던 사람들이 추구한 것은 대체로 존심양성이라고 할 수 있으며 그것이 점점 높은 차원으로 향상할 때 즐거움을 느낄 수 있었던 것이다.

맹자가 말한 '군자삼락'은 매우 평범하면서도 인간이 추구할 기본적인 즐거움인 동시에 그것이 인간사회에 크게 공헌될 수 있음을 짐작할 수 있다. 군자라는 인격자가 되고 군자다운 즐거움을 추구하려면 모름지기 맹자가 말한 '군자삼락'을 염두에 두어야 할 것이며 그 가장 중요한 비결은 다름이 아니라 존심양성임을 인정해야 할 것이다.

그러나 오늘날의 현실을 바라보면 맹자가 갈파한 '군자삼락'은 그 자취를 엿보기 어렵고 다만 배금주의나 향락주의나 '왕천하'의 탐욕과 행태가 온 세상을 휩쓸고 있는 듯하다. 인간의 천부적(天賦的) 권리로 존중되는 기본적 인권이 유린되고 유혈투쟁이라는 잔인한 수법으로 권력을 장악하고 그것을 전횡하고 영구화하려는 정치행태가 끊임없이 일어나 온 세계는 좀처럼 평화로운 날이 보이지 않는다. 항상 불안과 긴장과 분노와 기만과 분쟁이 일어나고 나아가서는 혈투와 테러가 일어난다는 매스컴의 보도를 보게 되며 인류의 앞날은 예측하기 어려울 만큼 혼란하고 암담하지 않은가.

사람들은 먼저 정당하지 못한 정치권력으로 이루어지기 쉬운 '왕천하'의 어리석은 사욕에서 즐거움을 찾으려는 것이 얼마나 천리(天理)에 어긋나는 것인지를 깨달아야 한다. 부모와 형제와 자녀를 중심으로 하는 가정에서 즐거움을 추구하고, 절대적 진리를 추구하고 이웃을 사랑하며, 영재를 양성하여 국가사회와 인류에게 공헌하고, 그래도 혹시 여력이 있다면 왕천하의 단계까지 이르는 즐거움을 추구할 수 있을 것이다. 정당한 왕천하는 정당한 권력의 행사요 정당한 권력의 행사는 인류와 국가와 사회의 분화(分化)와 대립으로 말미암아 일어나는 투쟁을 억제하고 평화를 이룩하여 모두를 통합하고 일체화(一體化)하는 것이다. 그리고 이것은 맹자가 말한 '군자삼락'의 단계를 초월하는 하나의 즐거움이 될 수도 있으나 매우 높고 우원(迂遠)한 단계에 속할지도 모른다. 맹자가 말하는 '왕천하'는 정치권력을 맹목적으로 부정하는 것이 아니라 정당한 정치권력은 하나의 즐거움이 될 수도 있지만 이른 바 '군자삼락'에는 포함되지 못한다는 점을 지적한 것이다.

'군자삼락'은 소인들이 일상적으로 추구하는 즐거움을 초월하여 군자가 추구해야 할 가장 기본적인 즐거움이요 인간됨의 보람이기도 하다는 사실에 주목하게 된다. 지금 내가 추구하는 삼락은 무엇인지 스스로 살펴보아야 할 것이다.

(2018. 10. 30.)

광장(匡章)은 불효자인가

세상에는 효자도 많고 불효자도 많을 것이다. 그러나 아무리 효도하고 싶어도 뜻대로 되지 않는 것이 예사로운 형편이니 불효자가 훨씬 많을 것도 같다. 부모님이 살아계실 때도 그렇지만 돌아가시고 나서는 더욱 불효하였던 일을 뉘우치게 되고 가슴 아파하는 자식들이 많으니 말이다.

한자(漢字)문화권에서는 고대사회로부터 '효'(孝)라는 글자를 사용하였고 효도에 관련되는 수많은 설화를 생성하여 전해오고 있으며 현대에 이르러서도 모든 자녀들은 나름대로 부모의 은혜를 보답하고 부모의 정신적 육체적 유산을 계승하려고 노력한다. 다만 효도의 형식은 여러 가지로 나타날 수 있어서 일률적으로 정의하기는 쉽지 않다.

『맹자』 이루장구 하편(孟子 離婁章句 下篇)에는 공도자(公都子)와 맹자의 대화에서 효와 불효의 개념이 제시되고 있다. 당시 제(齊)나라 사람에 광장(匡章)이라는 사람이 있었는데 그는 온 나라에서 불효자라고 비판을 받는 사람이었다. 그러나 맹자는 그를 멀리하지 않을 뿐만 아니라 오히려 가까이하고 교유하며 예우(禮遇)하므로 공도자는 그 까닭을 맹자에게 질문하게 되고 맹자는 다음과 같이 대답하였다.

세속(世俗)에는 이른 바 불효라는 것이 다섯 가지가 있습니다. 사지(四肢)를 게을리 하여 부모의 봉양을 돌보지 않음이 그 첫째요, 장기[博]와 바둑[奕]과 음주를 좋아하여 부모의 봉양을 돌보지 않음이 그 둘째요, 재물을 좋아하고 처자만을 대단하게 여겨 부모를 돌보지 않음이 그 셋째요, 보고 듣기에 사로잡혀 함부로 행동함으로써 부모를 욕되게 함이 그 넷째요, 용맹을 좋아하여 싸우고 사나워서 부모를 위태롭게 하는 것이 그 다섯째인데 광장이라는 사람이 그 어느 한 가지라도 불효를 범하였습니까? 그 사람은 부자간에 책선(責善; 선한 일을 하도록 권고하고 조름)하다가 그것이 서로 잘 맞지 않은 것입니다. 책선은 붕우(朋友)의 도리이니 부자(父子) 사이에 책선하는 것은 크게 은혜를 해치는 것입니다.(孟子曰 世俗所謂不孝者五 惰其四肢不顧父母之養 一不孝也, 博奕好飮酒 不顧父母之養 二不孝也, 好貨財私妻子 不顧父母之養 三不孝也, 從耳目之欲 以爲父母戮 四不孝也, 好勇鬪狠 以危父母 五不孝也, 章子有一於是乎? 夫章子 子父責善而不相遇也. 責善 朋友之道也 父子責善 賊恩之大者.)

요컨대 광장의 행위는 흔히 말하는 세속의 다섯 가지 불효의 범주에 비추어 볼 때 어느 한 가지에도 해당하지 않는다는 것이다. 그럼에도 불구하고 세상 사람들이 그를 불효자로 보는 것은 부자간에 책선을 하다가 그것이 잘 받아들여지지 않은 까닭이라고 지적하였다. 그리고 광장은 책선으로 말미암아 아버지에게 죄를 지은 것 때문에 스스로 처자를 물리치고 종신토록 처자의 봉양을 받지 않았다는 말을 맹자는 덧붙였다.

효도의 개념을 정의한다는 것은 결코 간단하지 않은 것이 사실이다. 효도는 외면적으로 부모를 잘 봉양하는 것도 있고 내면적으로 부모를 잘 봉양하는 것도 있으며 양자가 모두 조화롭게 이루어지는 수도 있다. 이것은 물질적·육체적·외면적인 효도와 정신적·내면적·윤리적인 효도로 고찰할 수도 있다. 여기서 분명한 것은 부모를 봉양하는 효도와 붕우 사이의 책선은 명백히 다르므로 혼동해서는 안 된다는 것이 맹자의 지론이다. 따라서 광장은 세속에서 말하는 불효자가 아니라 아버지에 대한 책선에 실패한 자라고 보았던 것이다.

그런데 유가(儒家)의 경전에는 간쟁(諫爭, 諫諍)도 매우 중요한 것임을 간과할 수 없다. 천자(天子)나 제후(諸侯)나 대부(大夫)나 모두 쟁신(諍臣, 爭臣)이 필요한 것처럼 아버지에게는 쟁자(諍子, 爭子)가 필요하다는 것이다. 정치적 지도자에게 쟁신이 있으면 유익한 것처럼 아버지에게도 쟁자가 있으면 불의(不義)에 빠지지 않는다는 것이 당연한 논리이다. 따라서 쟁신과 쟁자들이 행하는 간쟁은 흔히 말하는 충성이나 효도와 같은 차원에서 이해될 수 있는 것이다.(『효경』 간쟁장 참조)

이런 시각에서 본다면 부모에 대한 쟁자의 직언(直言)은 효도의 개념에 포함될 수 있다는 논리가 성립될 수 있게 되는 것 같다. 그러나 맹자는 아버지에 대한 자식의 직언이라고 할 수 있는 책선(責善)은 세상 사람들이 말하는 효도의 개념에는 포함되지 않는다는 논리를 분명히 지적하였던 것이다. 그리고 이러한 논리는 광장을 멀리하지 않고 교유하며 심지어는 예우할 수 있는 자신의 행동을 변명하는 데 유효하였음을 알 수 있다.

효도의 윤리는 고대사회로부터 현대에 이르기까지 계승되었다. 그러나 모든 이념과 전통이 그러한 것처럼 시대의 흐름과 사회의 변천에 따라 다른 모습으로 변천하기도 하고 새로운 의미로 해석되기도 하였다. 영어권에서는 효도를 'filial piety'라고 부르며 부모에 대한 자녀의 애정과 공경을 인정하고 있지만 역사와 전통에 따라 차이를 나타내기도 한다는 것을 인정하게 된다.

인류학자(人類學者)들은 한국의 전통적 효도를 매우 긍정적으로 평가하고 마땅히 계승되어야 할 윤리라고 주장한다고 한다. 효도의 개념에는 자녀의 일방적인 희생을 강요하는 것이 아니라 부모의 애정과 기대에 어긋나지 않는 입신행도(立身行道)의 정신이 내재되어 있기 때문일 것이다. '효도는 내리사랑이다.'라는 말도 나타나고 있다. 그것은 자손들에 대한 내리사랑이 곧 선조들에 대한 은혜의 보답인 동시에 선조들의 뜻을 받드는 것이라고 해석되기 때문일 것이다. 효도는 인류문화의 바람직한 윤리이며 아름다운 전통이라고 할 수 있다. 아름다운 전통은 아름다운 인류문화의 발전을 위하여 없어서는 아니 될 원동력으로 기능할 것이다.

(2018. 3. 23.)

교훈(校訓)에 대하여

내가 일제(日帝) 강점기에 다니던 초등학교의 교훈은 '지성일관'(至誠一貫)이었다. 학생들은 조회시간에 일본어로 '지성일관의 사람이 되겠습니다.'라고 큰 소리로 제창하였다. 그러나 그 뜻은 잘 알 수가 없었다. 다만 훌륭한 사람이 되겠다는 뜻으로만 짐작하고 있었다.

1945년 광복 후, 사범학교 본과에 다닐 때는 교훈이 '문질빈빈'(文質彬彬)이었다. 조회시간에 교장선생님께서 교훈의 뜻을 설명해주셨지만 그 뜻을 잘 알 수는 없었다. 대부분의 학생들이 교훈의 뜻을 모른 채 졸업하였고 그 후 60년이 흐른 오늘날까지도 그 뜻을 모르는 사람들이 많은 것 같다. 『논어』 「옹야편(雍也篇)」에 나오는 '문질빈빈연후군자'(文質彬彬然後君子)의 문맥을 제대로 이해하고 나서야 깨달을 수 있는 글귀였다. 내용이 형식을 능가하거나 형식이 내용을 능가하지 않고 양자가 바람직한 수준에서 균형을 이루어야 군자의 품격을 갖춘다는 뜻으로 이해된다.

교훈은 교시(校是)라고도 하고 더러는 건학이념(建學理念)이라고도 한다. 국내의 몇몇 대학의 교훈을 살펴보면 '인격을 도야하고 학문을 연마하며, 인륜대도를 밝히고 국가동량의 인재를 양성한다.', '교육구국이라는 민족애와 홍익인간의 이념을 구현한다.', '진리와 자유의 정신에 따라 겨레와 인류사회에 이바지할 지도자를 기른다.', '인류문화와 공동체의 발전에 헌신하는 인재를 양성한다.', '진리는 나의 빛'이라고 하는 다양한 모습이 보인다. 이를 요약하면 인격을 도야하며 진리를 탐구하고 학문을 연마하여 국가와 인류사회에 이바지한다는 것이다. 이러한 교훈은 한국뿐만 아니라 세계 각국의 많은 학교에서 직접 또는 간접적으로 내세우고 있는 실정이다.

지난 6월, 중국을 국빈으로 방문한 한국의 박근혜대통령은 한·중 정상회담을 마치고 나서 청화대학(淸華大學)에 들러 강연하였다. 강연회장의 정면 위쪽에는 '한국총통박근혜여사연강회'(韓國總統朴槿惠女士演講會)라고 쓰여 있고 아래쪽에는 '한중심신지려 공창신20년'(韓中心信之旅 共創新20年)이라는 글귀가 보였다.

박대통령은 중국어로 시작한 인사말에 이어 청화대학의 교훈을 이끌어내기 위하여 먼저 『관자』(管子)에 나오는 '백년지계 막여수인'(百年之計 莫如樹人)을 소개하고 '자강불식 후덕재물'(自强不息 厚德載物)이라는 교훈과 같이 부단히 진취하고 품덕(品德)을 함양한 결과로 시진핑(習近平) 주석을 비롯한 훌륭한 정치지도자들과 노벨상수상자를 배출하였다고 찬양하였다.

박대통령의 중국 방문은 온 세계의 시선을 집중케 하였고, 그의 침착하고 품위 있고 믿음직한 외교활동에 찬사가 이어지고 있으며 특히 청화대학에서 개최한 강연은 뜨거운 화제가 되고 있다.

어떤 사람은 청화대학의 교훈 '자강불식 후덕재물'(自强不息 厚德載物)의 뜻이 무엇인지 천착하기도 한다. 그러나 그 뜻이 무엇인지 온전히 이해하는 사람은 매우 드문 것 같다. '자강불식 후덕재물'은 『역경』(易經)의 건괘(乾卦)에서 '상왈 천행이 건하니 군자 이하여 자강불식하느니라.'(象曰天行健君子以自强不息)라고 한 것과 곤괘(坤卦)에서 '상왈 지세 곤이니 군자 이하여 후덕으로 재물하느니라.'(象曰地勢坤君子以厚德載物)라고 한 것에서 그 연원을 찾을 수 있다.

이것은 건(乾)은 천(天)이며 천의 운행보다 강건한 것은 없으므로 군자는 천행(天行)을 본받아 스스로 면강(勉强)하여 그치지 않아야 하며, 곤(坤)은 땅의 형세이니 군자는 땅을 본받아 후덕으로 만물을 실어서 기른다는 뜻으로 해석된다. 여기서 '재물'(載物)이란 말은 대상을 포용한다는 말로 해석되고 이것은 다시 '군자는 두터운 덕으로 만물을 포용하여 성취시키고 평안하게 한다.'는 말(뜻)로 해석할 수 있다. 따라서 '수기이안인'(修己以安人)이나 '수기이안백성'(修己以安百姓)이나 '수기치인'(修己治人)이란 말과 가까운 말이다. 이런 점에서 볼 때 '자강불식 후덕재물'은 청화대학의 교훈에서 그치지 않고 온 세계 모든 대학의 교훈이 될 수도 있고 모든 사람의 좌우명이 될 수도 있음을 알게 된다.

청화대학의 교훈은, 마땅히 강건한 천행을 본받아 스스로 면강할 것이며, 두터운 덕으로 만물을 포용하는 대지(大地)의 덕성(德性)을 본받아 주체(主體)를 초월하여 객체(客體)에 대하여 두터운 덕을 베풀어야 한다는 것이다. 대학은 예로부터 진리를 탐구하고 선구자적 정신을 함양하고 국가와 사회를 이끌어 나가는 지성인이 배출되는 최고의 학당이다. 청화대학이 훌륭한 지도자들과 노벨상수상자를 배출한 것은 교훈의 취지에 부합하는 것이어서 박대통령의 강연은 교훈의 참뜻을 더욱 뚜렷하게 구체적으로 밝혀 놓은 셈이다. 그리고 한중수교 20년은 이미 지나갔고 새로운 20년은 청화대학의 강연장에서 화기애애하고 우렁찬 나팔소리와 함께 전개되고 있었다.

인류가 추구하는 이상(理想)이 있듯이 국가와 사회와 가정에도 이상이 있다. 이러한 이상은 국가의 이념(또는 國是)이나 사회단체의 강령(綱領)이나 회사의 사훈(社訓)이나 가정의 가훈(家訓)이나 학교의 교훈으로 나타난다.

오늘날 청소년들은 말할 것도 없고 모든 국민이 평생교육이라는 사회교육이 보편화함에 따라 학교에서 교육을 받는 기회가 많으므로 좋은 교훈은 국민의 인격도야에 많은 영향을 미치게 된다. 진리를 탐구하고 국가사회의 동량재가 되겠다는 드높은 포부를 상기하며 교훈의 의미를 되새겨 봄직하다.

(2013. 7. 19.)

나는 아무것도 모른다

사람들은 모이면 잡담을 나누기가 다반사이고 잡담이 벌어지면 남의 이야기에 대하여 반드시 이의를 제기하는 사람도 있다. 어떤 때는 식당에서 찬물이 싫다고 더운물을 찾는 사람이 있어서 그것 때문에 입씨름이 벌어지기도 한다.

"왜 더운물을 찾지요? 찬물이 시원하고 좋은데?"

"우리 몸엔 더운물이 좋거든요. 더운물이 암세포를 억제할 뿐만 아니라 체내의 지방질도 녹여서 응고를 막아 주니까요."

"나는 육각수가 몸에 좋다고 들었는데 육각수는 찬물이거든요. 그리고 자기 생각이 항상 옳다는 독단적인 생각은 버려야 한단 말이오."

"내 말을 꼬집고 비난하는 당신이 독단이지 내가 무슨 독단이란 말이오?"

더운물이 건강에 좋다는 주장이 있는 것처럼 찬물이 건강에 좋다는 주장도 있으니 어느 하나가 반드시 옳거나 그른 것이 아닌 경우가 많다. 다만 사람에 따라 건상 상태가 다르고 생리적 조건이 다르고 식생활 습관이 다르다는 사실을 인정할 수밖에 없다.

위에서 '찬물'과 '더운물'을 가지고 서로 다투는 것과 같이 약물(藥物)을 가지고 다투기도 한다. 약물이 질병을 치료하는 데 필요하긴 하지만 자칫하면 오히려 질병을 악화시킬 수도 있다. 실지로 음료수나 약물이 건강에 어떻게 작용하는지 경우에 따라 완벽하게 설명하기가 어렵다.

그런데 물이나 약물을 가지고 서로 다투는 것은 그리 대단한 일이 아니다. 그보다 더 대단한 것은 국가의 이념이나, 정책이나, 전략이나, 전술이다. 전자는 그 영향력이 비교적 작은 편이지만 후자는 그 영향력이 매우 커서 국가의 존망이 좌우될 수도 있다. 우리나라에서는 8·15광복 이후로 지금까지 이른바 좌익과 우익, 진보와 보수라는 두 진영의 여론과 세력이 형성되고 빈자와 부자, 근로자와 사용자, 민주와 독재, 분배와 성장, 친북과 반공, 반미와 친미, 친일과 반일 등으로 대립하고 갈등하면서 사회적 불안이 이어져 왔다. 특별한 전문가가 아닌 일반 국민들은 그 어느 한쪽에 설득을 당하여 행동하거나 아니면 양시양비론(兩是兩非論)으로 기울어져서 판단하기가 어렵고 말로 표현하기가 어렵다.

사람이 말로 정확히 표현할 수 없을 때 할 수 있는 행동은 침묵이나 미소로 나타나기도 한다. 김유근(金逌根)의 글로 알려진 「묵소거사자찬」(默笑居士自讚)을 보면 '당묵이묵 근호시 당소이소근호중 …

불언이유하상호묵 득중이발하환호소'(當默而默近乎時 當笑而笑近乎中 … 不言而喩何傷乎默 得中而發何患乎笑)라는 글귀가 있다. 마땅히 침묵해야 할 때 침묵하는 것은 상황에 적절히 맞는 것이요 마땅히 웃어야 할 때에 웃는 것은 중(中)을 얻는 것이다. … 말하지 아니해도 깨우친다면 어찌 침묵이 손상될 것이며 중을 얻어서 발한다면 어찌 웃음에 걱정이 있겠느냐는 것이다. 추사 김정희(金正喜)와 이재 권돈인(權敦仁)과 황산 김유근은 수시로 만나서 학문을 주고받았는데 김유근이 실어증으로 말을 못하게 되어 침묵과 웃음으로 소통되었던 것으로 보인다.

사람의 의사소통은 이심전심으로 이루어지는 수가 많다. 그러나 서로의 이해와 공감이 없을 때에는 무슨 말을 하여도 의사소통의 효과를 발휘하지 못하고 불협화와 언쟁과 갈등으로 나타나는 수가 많고, 일반적(보편적 · 규범적)논리와 개별적(특수적 · 상황적)논리가 체계를 이루지 못하고 난맥을 빚을 때 논리의 허점이 드러나고 공감대가 깨어지고 소통의 길이 막히기 쉽다.

본디 언어는 부정확하고 불확실하고 애매모호하여 다 같은 말이라도 때와 장소와 말을 주고받는 당사자들에 따라 다르기 때문에 차라리 침묵이나 미소가 진실을 전달하는 데 효과적으로 기능할 수가 있다.

널리 알려진 바와 같이 소크라테스는 '나는 아무것도 모른다'고 하였다. 그런데 그는 자기만 아무것도 모르는 것이 아니라 아테네 시민들이 모두 아무것도 모른다고 생각한 것 같다. 그러면 소크라테스와 아테네 시민들과는 어떤 점에서 차이가 있을까? 그것은 소크라테스가 '그러나 나는 내가 아무것도 모른다는 것을 안다'고 말한 것을 통하여 알 수 있다. 따라서 아테네 시민들은 아무것도 모르면서 그 아무것도 모른다는 사실조차 모르지만 소크라테스는 자기가 아무것도 모른다는 사실만은 안다는 점에서 차이가 나타난다. 그는 무지(無知)의 자각을 지혜의 출발점으로 삼은 것이다. 공자도 '내가 아는 것이 있느냐? 나는 아는 것이 없다'(吾有知乎哉 無知也)고 말하고, 노자(老子)는 '아는 자는 말하지 않고 말하는 자는 모른다'(知者不言 言者不知)고 하였다.

소크라테스와 공자는 왜 '모른다'고 말하고 노자는 왜 '아는 사람은 말하지 않는다'고 하였을까? 사람의 인식의 대상이 되는 사물은 결코 말로 표현하기 어려운 것이 너무나 많다. 글(書)은 사람의 말(言)을 다 나타내지 못하고 말(言)은 사람의 뜻(意)을 다 나타내지 못한다고 하는데 뜻은 사물의 본질과 실체를 다 나타내지 못한다. 불교에서 말하는 언어도단(言語道斷)의 경지도 비슷한 경우라고 보인다.

성인(聖人)들이 '모른다'고 말한 것은 음식물이나 약물과 같은 비근한 경우를 훨씬 초월하여 학문적이고 철학적인 기본을 말한 것이지만 하학이상달(下學而上達)의 원리에 연관되어 있다. 하늘을 보고 땅을 살피는 것이 관찰(觀察)이고 지극한 지혜는 격물(格物)에 있다고 할 때 구체적인 형이하학적 사물로부터 추상적인 형이상학적 원리가 도출되는 것은 다시 말할 나위 없기 때문이다.

자신을 돌이켜보면 나는 도무지 무엇을 알고 있는지 의심스러울 때가 많다. 나이가 점점 많아짐에 따라 아는 것도 점점 더 많아졌겠지만 그렇다고 하여 모르는 것이 줄어든 것이 아니라 오히려 더 늘어나기만 한 것 같다. 이를테면 『대학』의 8조목이라고 하는 격물(格物), 치지(致知), 성의(誠意), 정심(正心), 수신(修身), 제가(齊家), 치국(治國), 평천하(平天下)의 그 어느 것도 제대로 알지 못하는 것이 사실이다. 진실로 나는 아무것도 모르는 것이 엄연한 사실인데 다만 내가 아무것도 모른다는 사실만은 어렴풋이 알고 있는 것 같기도 하다. 그렇다면 나도 문득 지자(知者)나 성인(聖人)의 경지에 가까워지고 있는 것일까.

나도 이제 성인들처럼 '나는 아무것도 모른다'고 선언해도 좋을까. 그러나 그 성인들을 함부로 흉내 내는 것도 무엄한 일이니 참으로 딱한 일이다.

맹자(孟子)의 변론(辯論)

- 부득이하여 말하는 것

맹자(孟子)는 많은 사람들에게 호변가(好辯家)라는 말을 듣는 사람이었다. 실제로 그가 얼마나 이야기를 잘하고 이야기하기를 좋아 하였는지는 『맹자』를 읽어 보면 능히 짐작할 수 있다. 그의 역사의식이나 윤리사상이나 정치사상뿐만 아니라 논리적·문학적 품격과 열정을 발견할 수 있기 때문이다. 『맹자』 등문공 하편(孟子 滕文公 下篇)에는 맹자와 공도자(公都子)의 대화가 소개되고 있는데 그것은 맹자가 호변가라는 평가를 듣는 연유에 대하여 공도자가 질문하고 맹자가 답변한 내용이다. 이를 간추려 소개하면 다음과 같다.

외인(外人)들이 모두 부자(夫子)에게 변론하기를 좋아한다고 하니 어쩐 일입니까."

"내 어찌 변론하기를 좋아하겠습니까. 부득이할 뿐이지요. 천하에 사람들이 살아온 지 오래 되었는데 한 번은 다스려지고 한 번은 어지러웠습니다. 요(堯)임금 때는 물이 역류하여 중국(中國)에 넘쳐 뱀과 용이 많이 살아 사람들이 안정할 곳이 없어서 낮은 곳에서는 둥지[巢]를 만들고 높은 곳에서는 굴을 파고 살았습니다. 우(禹)라는 인물을 시켜서 홍수를 다스리게 하니 우가 땅을 파서 바다로 흐르게 하고 뱀과 용을 몰아내어 수초가 우거진 곳으로 추방하니 물이 지중(地中)을 따라 흘러 장강(長江)·회하(淮河)·황하(黃河)·한수(漢水)가 되었습니다. 이리하여 험악한 곳이 멀어져 조수(鳥獸)가 사람을 해치지 않게 되자 사람들은 평토(平土)에 살게 되었지요.

요순(堯舜)이 세상을 뜨니 성인지도(聖人之道)가 쇠퇴하여 폭군이 대대로 나타나서 백성들의 궁실(宮室)을 파괴하여 웅덩이와 못을 만들어서 백성들이 안식할 곳이 없고, 농지를 버려 원유(園囿)를 만들어서 백성들이 의식(衣食)을 얻을 수 없고, 사악한 학설(學說)과 포악한 행위가 또 일어나 원유와 오지(汙池)와 패택(沛澤)이 많아지고 금수가 몰려오게 되었는데 주왕(紂王; 帝辛)의 몸에 미쳐 천하가 다시 어지러워졌습니다. 주공(周公; 周文王의 자, 武王의 아우)이 무왕(武王)을 도와 주왕을 주살하고 엄(奄)나라를 정벌한 지 3년 만에 그 군주를 토벌하고 비렴(飛廉)을 몰아내어 죽이니 멸망한 나라가 50이요, 범·표범·물소·코끼리를 쫓아내니 천하가 크게 기뻐하였습니다. 『서경』(書經)에 이르기를 '크게 드러났도다. 문왕의 가르침이여. 크게 계승하였다. 무왕의 공렬(功烈)이여. 우리 후인들을 도와 계도해 주시되 모두 정도(正道)로써 하고 부족함이 없도다.'라고 하였습니다. 세쇠도미(世衰道微)하여 사설포행(邪說暴行)이 다시 일어나 신하가 그 군주를 시해(弑害)하고 자식이 그 아비를 시해하는 자가 있었습니다. 공자가 이를 두려워하여 『춘추』(春秋; 노나라 隱公부터 哀公까지 기록한 역사)를 지으셨는데 춘추는 천자의 일입니다. 이리하여 공자가 말하기를 '나를 알아주는 것도 오직 『춘추』이며 나를 죄주는 것도 오직 『춘추』로다'라고 하였습니다.

내가 이 때문에 두려워하여 선성(先聖)의 도를 보호하여 양주(楊朱)와 묵적(墨翟)을 막으며 음사(淫辭)를 추방하여 부정한 말을 하는 자를 하지 못하게 하노니, 그 마음에서 지어져서 그 일을 해하며 그 일에서 지어져서 그 정치를 해하나니 성인이 다시 나타나도 나의 말을 바꾸지 않을 것입니다. … 공자가 『춘추』를 지으시니 난신적자가 두려워하였습니다. … 아비가 없고 임금이 없음은 주공(周公)도 응징한 바입니다. 나도 인심을 바로잡아 부정한 학설을 멈추게 하며 편벽된 행동을 막으며 악한 마음을 추방하여 세 분의 성인(禹 · 周公 · 孔子)을 계승코자하는 것이니 어찌 내가 변론을 좋아하는 것입니까. 나는 부득이하여 말하는 것뿐입니다. 능히 양주와 묵적을 막기를 말하는 사람은 성인의 무리입니다.(公都子曰 外人皆稱 夫子好辯 敢問何也 …(이하생략))

위에서 소개한 바와 같이 맹자가 공도자에게 들려준 말들은 모두 맹자가 변론하기를 좋아하기 때문에 한 것이 아니고 변론하지 않고는 도저히 참을 수 없는 절실한 현실문제를 발견하고 그 문제에 접근하고 그 문제를 해결하고자 하는 것임을 알 수 있다. 요임금이 통치하던 시대에는 물이 범람하여 재해를 일으키고, 우임금이 통치하던 시절에는 치수(治水)를 잘하여 사람들이 평지에서 살게 하고, 그 후로는 폭군[紂]이 일어나 백성을 도탄에 빠지게 하고, 다시 주공이 무왕을 도와 천하를 평화롭게 하였으나 다시 난신적자(亂臣賊子)가 세상을 어지럽게 하므로 공자가 『춘추』를 지어 춘추대의(春秋大義)를 밝히게 된 것을 말하였다. '춘추'는 일반 서민들이나 학자들이 할 수 있는 일이 아니라 천자라는 최고의 통치자가 어떻게 정사선악(正邪善惡)을 판단하여 온 천하를 인의예지가 실현되는 천하로 만들 수 있는지 실례를 들어 포폄(褒貶; 시비선악을 판가름함)하면서 논변한 것이다. 맹자가 특히 여기서 주목한 것은 양주묵적의 주장이 천하에 횡행하면 공자의 도가 드러나지 못하고 인의가 막히게 된다는 것이다. 인의가 막히면 짐승을 내몰아 사람을 잡아먹게 되고 나아가서는 사람이 사람을 서로 잡아먹게 된다(仁義充塞 則率獸食人 人將相食)고 갈파하였다.

맹자는 자신이 말하기를 좋아해서 말하는 것이 아니고 난세를 걱정하는 나머지 말하지 않고는 견딜 수 없는 인의지심을 억제하지 못하였음을 토로하였다. 다시 말하면 맹자의 논변은 인의예지를 구현하기 위한 냉철하고도 당위적인 인류의 이상을 실현하는 논변이라고 할 수 있다. 단순히 말하기를 좋아하여 말하는 것이 결코 아니라는 것이다.

오늘날 인류사회를 보면 맹자가 지적한 바 있는 혼란한 상태와 매우 흡사한 것을 알 수 있다. 자연재해도 극복하지 못한 것은 말할 것도 없고 음담패설이 난무하고 사이비종교가 횡행하고 전쟁을 일삼고 심지어는 무자비한 테러행위와 동족상잔(同族相殘)을 공연히 외치고 저지르며 자랑스럽게 내세우는 현상을 볼 수 있다. 일국의 정치인들(지도자들)은 독재와 장기집권과 향락과 사리사욕과 당리당략을 일삼고 허황된 이념을 표방하여 경거망동하며 국론을 분열케 하며 국민의 냉철한 판단력을 흐리게 하고 국고를 낭비하고 사회적 약자를 억압하고 착취하고 약탈하는 만행을 저지르고 있는 현실은 곧 맹자가 지적한 '인장상식'(人將相食)과 다름이 없음을 부정할 수 없으니 말이다.

일본제국주의의 질곡(桎梏)과 억압을 벗어나 새로운 근대민주주의 국가를 건설한 지도 70년이라는 세월이 흐른 오늘날, 한국에는 많은 지식인이 양산되고 국가발전을 위한 언론과 출판도 비약적으로 발전한 것이 사실이다. 그러나 우리보다 먼저 근대국가를 건설하고 발전한 선진국의 대열에서 보면 아직도 후진성을 벗어나지 못한 국면이 허다함을 인정하지 않을 수 없다. 더구나 우리는 아직도 동족상잔의 유산으로 휴전선을 사이에 두고 남북이 대치하고 위기일발의 기미를 보이기도 하는 긴장된 현실 속에 있음이 엄연한 사실이다. 한국의 지도자들(지성인들)이 창출하는 모든 언론과 표현은 국민의 진정한 번영과 평화와 복지와 자유를 위하여 얼마나 공헌하고 있는지 깊이 반성해야 하며, 마땅히 파사현정(破邪顯正)의 정론(正論)을 정립해야 할 것이다.

(2018. 3 .4.)

물고기와 웅장(熊掌)

나는 물고기에 대하여도 잘 알지 못하는 편이지만 웅장(熊掌)에 관하여도 잘 알지 못한다. 다만 두 가지가 모두 사람이 먹는 음식에 속하며 그것이 결코 값싼 것은 아니라는 것과 물고기보다는 웅장이 훨씬 더 귀한 것임을 짐작하고 있다.

나는 1990년대 초에 타이페이[臺北]에서 자라[鱉;鼈]요리를 먹어본 일이 있고 이어서 중국 복건성(福建省) 난핑[南平]에서 '롱퐁탕'[龍鳳湯]을 먹어 본 일이 있다. 자라 요리는 살아 있을 때의 형태를 거의 그대로 갖추고 접시에 올려 있기 때문에 바로 알 수 있었지만 롱퐁탕은 한국의 명태국을 연상시키는 것이어서 종업원이 말해주지 않았으면 전혀 알 수 없는 것이었다. 나는 '롱퐁탕'의 식재료가 무엇인지 궁금하여 함께 식사하는 중국인 교수에게 물어보았다. 그는 아무렇지도 않게 뱀[蛇]과 닭[鷄]이라는 말을 하였다. 나는 내심으로 은근히 놀라기도 하였지만 침착하고 자연스럽게 식사를 마치고 자리에서 일어섰다. 그러나 혹시 웅장요리는 과연 어떤 것일까 상상하기도 하였다.

그런데 지금으로부터 2,300여 년이나 앞선 중국 전국시대(戰國時代)의 맹자(孟軻, BC 372-289)가 물고기와 웅장에 관하여 언급한 것을 보면 사람들이 웅장을 최고의 요리로 꼽았으리라는 것을 짐작하게 한다. 맹자는 "물고기도 내가 원하는 바요 웅장도 내가 원하는 바이지만 두 가지를 모두 동시에 취할 수 없을진대 물고기를 버리고 웅장을 취하리라."(『孟子』 告子章句 上 '魚我所欲也 熊掌亦我所欲也 二者不可得兼 舍魚而取熊掌者也')고 한 것을 보면 물고기 보다는 웅장이 더 값지고 귀한 고급요리라는 것을 짐작할 수 있다. 여기서 맹자가 물고기를 버리고 웅장을 취하겠다는 것은 물고기가 결코 맛이 없거나 값어치가 없는 요리이기 때문이 아니고 그 것도 버릴 수는 없는 것이지만 부득이하게 양자택일(兩者擇一)이 강요된다면 웅장을 택하겠다는 것이다. 맹자는 이어서 다음과 같이 설파하였다. "삶[生]도 내가 원하는 바이지만 원하는 바가 삶보다 더 간절한 것이 있으므로 삶을 구차히 얻으려하지 아니하며 죽음[死]도 내가 싫어하는 바이지만 싫어하는 바가 죽음보다 심한 것이 있으므로 환난을 피하지 않는 바가 있도다."(『孟子』 告子章句 上 "生亦我所欲 所欲有甚於生者 故不爲苟得也 死亦我所惡 所惡有甚於死者 故患有所不避也") 이것을 다시 간단히 표현하면 사생취의(捨生取義)의 이유를 설명한 것이라고 할 수 있다.

사람들은 두 가지, 세 가지나 또는 여러 가지 일에서 반드시 한 가지만을 선택하지 않으면 안 될 처지에 놓이는 수가 많다. 가정 형편이나 직장의 형편이나 나라의 형편이 항상 무엇을 어떻게 해야 하는

지를 스스로 판단하여 결단을 내리도록 강요하는 수가 많다는 것이다. 그런데 이때마다 어떻게 결단하고 행동하느냐에 따라 그 결과는 매우 크게 차이를 나타내며 뒤늦게 뉘우쳐야 아무 소용이 없게 되는 수도 많다. 사람이 성공하느냐 실패하느냐 하는 문제도 똑같은 과정을 거치는 것이 일상적인 일이다. 어떤 사람은 목전(目前)의 이익을 위하여 결단하고 행동하지만 어떤 사람은 목전의 이익은 멀리하고 원대한 장래의 이익이나 성공을 위하여 결단하고 행동한다. 어떤 사람은 지극히 비근하고 유형적(有形的)인 가치에 비중을 두기도 하지만 어떤 사람은 추상적이고 무형적(無形的)인 가치에 비중을 두기도 한다.

여기서 맹자가 강조하는 것은 사람에게 고유(固有)한 인 · 의 · 예 · 지를 견고하게 지키는 마음이라고 할 수 있는 '병이 의리지양심'(秉彛義理之良心)이다. 인 · 의 · 예 · 지는 측은지심 · 수오지심 · 사양지심 · 시비지심의 실마리라고 보는 것이며, 한 마디로 줄여서 양심이라고 표현할 수도 있으니 이는 곧 불인인지심(不忍人之心)이기도 한 것이다.

사람은 누구나 자기의 생명을 가장 귀하게 여긴다. 그러나 때로는 생명보다도 더 간절히 지키지 않고는 견딜 수 없는 것이 있다는 것이다. 다시 말하면 생명의 보존과 의리의 실천이 양립할 수 없는 극한상황에 처할 수도 있다는 것이며, 이런 긴장된 현실에서 무엇을 택하느냐는 문제는 매우 중요한 것이고 그 결과도 매우 커다란 차이를 나타내는 것이다. 이것은 생명이냐 양심이냐 하는 문제로 단순화할 수 있고 사람은 누구나 양자택일할 수 있는 권리와 자유가 있는 것이며 이때 군자(현자)와 소인의 차별이 드러나게 된다. 그런데 중요한 것은 소인이 따로 있는 것이 아니고 스스로 지니고 있는 양심을 저버리면 소인이 되고 그것을 잘 지키면 군자가 되는 것이다. 인·의·예·지는 어느 특정인의 전유물이 아니고 사람이라면 누구나 고유(固有)하고 있는 천리(天理)인 것이다. 따라서 소인은 쉽사리 자포자기(自暴自棄)하는 나약한 인간으로 그치는 사람들이다.

1592년, 임진왜란(壬辰倭亂)을 당하여 동래부사(東萊府使) 송상현(宋象賢)은 동래성을 지키다가 순절(殉節)하였다. 그는 죽음을 앞두고 '군신의중 부자은경'(君臣義重 父子恩輕)이라는 말을 남겼다고 한다. 부모의 은혜가 절대로 가벼운 것은 아니지만 국난을 당하여 나라를 지키는 의무를 수행하는 처지에서는 군신의 의가 더욱 무거웠던 것이다. 이것은 맹자가 말한 사생취의에 부합하며, 물고기를 버리고 웅장을 택한 것이며, 싫어하는 바가 죽음보다 심한 것이 있으므로 환난을 피하지 않은 것이었다.

인류역사를 더듬어보면 군자와 소인이 허다하게 나타나고 사라져 갔다. 소인들은 목전의 이익을 위하여 인류의 양심을 파괴하고 살육(殺戮)을 자행해 왔으며 군자는 인류의 양심을 보전하기 위하여 자신을 희생하고 목숨을 초개처럼 버리기도 하였다. 인류가 함께 존경하는 성현(聖賢)이나 선지자·선각자·선구자·순국열사·애국지사들은 모두 진리와 의리를 지키고자 모든 것을 희생하고 생명까지 버리기도 한 군자라고 할 수 있지만 이와는 반대로 자신의 부귀영화나 사리사욕을 위하여 인민을 억압하고 착취하고 도탄에 빠지게 하며 전쟁을 일으켜 수많은 사람을 희생케 하는 사람들은 인·의·예·지를 외면하고 천리를 배반하는 소인인 동시에 범죄자라고 할 수 있다.

(2018. 7. 10.)

사라지는 자는 이와 같구나!

벌써 입동(立冬)이 지나고 소설(小雪)이 다가오고 있다. 기온은 영하로 떨어지며 눈과 서리와 얼음이라는 낱말이 자주 오르내린다.

나는 문득 탄천(炭川) 기슭에 늘어선 여러 가지 나무들이 붉고 노랗게 물들고 거의 절반이나 잎이 떨어져 나간 것을 바라보며 넋을 잃은 듯 목을 늘이고 있다. 봄이 언제 왔는지도 모르는 사이에 여름과 가을을 보내고 이제는 겨울을 맞이하는 순간에 이른 것이다.

'서풍에게'(Ode to the West Wind)라는 송시(頌詩; 西風賦)를 쓴 셸리(P. B. Shelley)는 '겨울이 오면 봄이 어찌 멀었으리오?'(If winter comes can spring be far behind?)라는 말로 대미(大尾)를 장식하였지만 그것은 어디까지나 그자신의 울부짖음에 그칠는지도 모른다. 차디찬 서풍이 불어오는 겨울은 가고 따뜻한 남풍이 불어오는 것은 사실일지 모르지만 그것이 누구에게나 희망과 기쁨을 주는 것은 아니라는 사실에 도달하면 그럴 수도 있다는 것이다. 그것은 셸리가 봄을 꿈꾼다고 나도 봄을 꿈꾸어야 하는 것은 아니며 아무리 따뜻한 봄이 온다고 하더라도 차디찬 겨울의 망령을 벗어나지 못하는 사람들은 얼마든지 있을 수 있기 때문이다.

사람들은 화려한 단풍을 아름답다고 예찬하면서 산으로 들로 찾아다니며 가슴을 열고 삼매경에 빠지기도 한다. 그러나 모든 사람이 똑같은 단풍에서 똑같은 아름다움을 발견하고 감탄하고 행복을 느끼는 것은 아닐 것이다. 어떤 사람은 아름다움을 느끼지만 어떤 사람은 비애(悲哀)나 절망을 느낄 수도 있다.

가을에 서리를 맞으며 잎이 화려하게(?) 변하는 것은 푸른 잎이 죽음으로 다가가는 모습이다. 내일이면, 아니 당장이라도 나의 눈앞에서 소리 없이 떨어져 어디론지 굴러갈는지도 모르고 아이들의 발에 짓밟힐지도 모른다. 그리고 냄새나는 시궁창에서 형체를 잃고 그 신기한 향기와 색채는 완전히 사라지고 마는 것이다. 사람들은 '낙엽귀근'(落葉歸根)이라는 말을 즐겨 쓰기도 하지만 가만히 보면 낙엽은 낙엽이고 뿌리는 뿌리로 그치는 것이 일상적인 현상이다.

우리의 주변뿐만 아니라 세상에 가득한 모든 것, 심지어는 우주에 가득한 모든 것은 어디로 가든지 가고 있고 변하고야 마는 것이다. 고산준령이나 창해(滄海)나 창공(蒼空)은 변하지 않는 듯하면서 또한 변하지 않는다는 가설(假說)조차 허용되기 어렵다.

내가 지금 바라보는 탄천은 울긋불긋한 단풍으로 뒤덮여 있고 그 가운데를 맑은 물이 흐르고 있다. 물은 사람들이 건너다니는 다리 밑으로도 흐르고 새들이 날아다니는 날개 밑으로도 흐른다. 용인에서 흘러와서 잠실로, 한강으로, 서해로 흘러간다. 밤이나 낮이나 쉬지 않고 끊임없이 흐르고 다시는 같은 길로 되돌아오지 않는다.

공자는 흐르는 시냇물을 바라보며 탄식하였다.

"사라지는 자는 이와 같구나! 주야를 가리지 않는구나!"(逝者如斯夫不舍晝夜『論語』 子罕篇)

세상에 변화하지 않는 것이 어디 있으랴. 태양계가 변화하지 않는가. 은하계가 변화하지 않는가. 대지가 변화하지 않는가. 초목이 변화하지 않는가. 인생이 변화하지 않는가. 철학이 변화하지 않는가. 이런 것은 모두 사라지거나 변화하는 것이다. 마치 물이 멀리멀리 아주 멀리 흐르는 것처럼…. 그리고 이러한 변화는 끊임없이 이어지는 것이다. 더우면 추워지고, 태어나면 죽어가고. … 인생도 늙어가고 죽어가는 것이다.

물이 주야로 멈추지 않고 흐르는 것을 공자가 탄식한 것은 군자가 진덕수업(進德修業)하고 자강불식(自彊不息)하는 도리를 나타내는 것으로 해석되기도 한다. 그러나 그것은 후세의 학자들이 공자의 철학을 자신의 재량대로 해석하는 것이니 굳이 거기에 구애될 필요는 없다. 다만 세월은 흐르고 모든 것은 변화한다는 사실만은 어찌할 수 없다. 공자는 어렵게 학문을 닦고 벼슬도 하고 주유천하도 하고 사색도 하고 제자도 기르고 성인(聖人)으로 추앙도 받았지만 나이를 먹고 몸은 늙어가고 인생이라면 그 누구나 피할 수 없는 미지의 피안을 바라보고 있었던 것이다.

단풍의 모습이 변화하고 사라지는 것처럼 인간이라는 존재도 변화하고 사라지는 것이다. 변화하고 사라지는 것은 모든 존재의 본질이며 '본질은 존재에 선행(先行)한다'(Essence precedes existence.)는 주장과 동시에 다른 한편으로는 '존재가 본질에 선행한다'(Existence precedes essence)는 것이 보편적인 현대철학의 인식이다.

인간은 이러한 모순과 종합의 세계에서 오늘도 내일도 쉬지 않고 사라져가며 또한 존재해 가는 것이다. 사라지는 자는 흐르는 물과도 같은 것이다.

사람의 성품(性品)에 대한 논변

-『맹자』를 중심으로-

세상에는 선한 사람도 많고 악한 사람도 많다. 부모와 자녀와 형제자매를 비롯한 여러 가지 혈연관계와 친교관계뿐만 아니라 나아가서는 아무런 관계도 없는 사이에도 동정하고 사랑하는 감정을 가지고 그것을 행동으로 옮기는 사람들이 보이기도 하지만 그와는 정반대로 행동하여 인간으로서는 용납할 수 없는 모습으로 나타나기도 한다. 그리하여 사람들은 사람의 타고난 성품이 선한지 악한지를 판단하기 어렵게 되어 예로부터 성선설(性善說)이나 성악설(性惡說)이나 성무선무불선론(性無善無不善論; 또는 백지설(白紙說··)이나 John Locke (1632-1704)가 주장한 Tabula Rasa; 환경을 중시하는 교육만능론)이나 선악혼효설(善惡混淆說)과 같은 주장이 널리 회자되어 왔다.

『맹자』(孟子)는 위와 같은 논변이 소개 된 문헌(文獻) 중의 하나에 속한다. 그 대강(大綱)을 살펴보면 대체로 다음과 같다.

우선 맹자는 고자(告子; 告不害)라는 사람과 논변한 것을 볼 수 있다. 고자는 말하기를 "성(性)은 기류(杞柳; 땅버들)와 같고 의(義)는 배권(桮棬; 그릇)과 같으니 인성(人性)으로 인의(仁義)를 행하는 것은 기류를 가지고 배권을 만드는 것과 같은 것이다."라고 하였는데 맹자는 이에 대하여 다음과 같이 응대하였다. "그대는 능히 기류의 성질을 순하게 하여 배권을 만드는가? 장차 기류를 해친 다음에야 배권을 만드는 것이니 만일 기류를 해쳐서 배권을 만든다면 또한 장차 사람을 해쳐서 인의를 행하게 한단 말인가. 천하지인(天下之人)들을 몰아서 인의를 해치게 할 것은 반드시 당신의 말일 것이다." 고자는 다시 말하였다. "성(性)은 단수(湍水; 여울물)와 같다. 동쪽을 터놓으면 동쪽으로 흐르고 서쪽을 터놓으면 서쪽으로 흐르니 인성에 선(善)과 불선(不善)이 없음은 흐르는 물에 동서(東西)의 분별이 없는 것과 같다." 맹자는 다시 말하였다. "흐르는 물은 진실로 동서의 분별이 없거니와 상하(上下)에도 분별이 없단 말인가. 인성이 선함은 물이 아래로 흐르는 것과 같으니 사람은 불선한 사람이 없으며 물은 아래로 흐르지 않는 물이 없다." 공도자(公都子)는 말하기를 "고자가 사람의 성품에 대하여 무선(無善) 무불선(無不善)을 주장하고, 또 어떤 사람은 말하기를 사람의 성품은 가히 선한 일을 할 수도 있고 불선한 일을 할 수도 있기 때문에 문무[文王 武王]가 나타나면 백성들이 선하기를 좋아하고 유려[幽王 厲王]가 나타나면 백성들이 포악하기를 좋아 한다. 또한 성품이 선한 사람도 있고(性善), 성품이 불선한 사람도 있어서(性不善) 요(堯)가 임금이 되었어도 상(象)이 있으며, 고수(瞽瞍)가 아버지인데도 순(舜)이 있으며, 주(紂)가 제을(帝乙)의 아들이고 또한 임금이지만 미자계(微子啓)가 있고 왕자 비간(比干)이 있었다."고 말하였다.

이러한 여러 가지 논변이 오고 갔지만 가장 중요한 주목을 끌게 하는 것은 다음과 같은 맹자의 논변이다. "측은지심(惻隱之心)은 사람마다 모두 가지고 있으며, 수오지심(羞惡之心)은 사람마다 모두 가지고 있으며, 공경지심(恭敬之心)은 사람마다 모두 가지고 있으며, 시비지심(是非之心)은 사람마다 모두 가지고 있으니, 측은지심은 인(仁)이요, 수오지심은 의(義)요, 공경지심은 예(禮)요, 시비지심은 지(智)이니 인의예지는 밖으로부터 말미암아 나에게 녹아들어 온 것이 아니고 내가 본디부터 가지고 있건만 다만 깨닫지 못할 뿐이다. 그러므로 말하기를, 구하면 그것을 얻고[求則得之] 버리면 그것을 잃는다[舍則失之]고 하니 혹은 그 차이가 서로 두 배가 되고 다섯 배가 되어 헤아릴 수 없는 것은 그 재질을 다 발휘하지 못한 것이다."

여기서 맹자가 말하는 측은지심 · 수오지심 · 공경지심 · 시비지심은 공손추장구 상(公孫丑章句 上) 6장에서 "인개유불인인지심"(人皆有不忍人之心)이라고 말한 것과 상통하며, '불인인지심'은 '불인인지정'(不忍人之政)과 긴밀한 관계를 갖는다. 사람은 누구나 타인에 대하여 참지 못하는 마음을 가지고 있으며, 선왕(先王; 堯 舜 禹 湯 文 武)이 불인인지심을 가지고 있으므로 불인인지정을 행할 수 있었다는 것이다. 맹자는 여기서 측은지심이 없으면 사람이 아니며 수오지심이 없으면 사람이 아니며 사양지심이 없으면 사람이 아니며 시비지심이 없으면 사람이 아니라고 하였다. 맹자는 사람이 불인인지심을 가지고 있다는 것을 주장하면서 그 증거로 어린 아이가 홀연히 우물에 빠지게 되는 것을 보게 되면 누구나 출척측은지심(怵惕惻隱之心)을 갖게 되는 법이니 그것은 어린아이의 부모와 교분을 맺고자함도 아니고 향당(鄕黨)과 붕우(朋友)들에게 명예를 구해서도 아니며 악하다는 비난을 듣기 싫어서 그런 것도 아니라는 것이다. 그리고 측은지심·수오지심·사양지심·시비지심은 각각 인·의·예·지(仁·義·禮·智)의 실마리[端緖]이고 그 실마리는 사람이 사체(四體; 팔 다리)를 가지고 있는 것과 같으니 사체를 가지고 있으면서도 그것을 사용할 수 없다고 주장하는 것은 자신을 해치는 것이라고 하였다.

그렇다면 우리는 지금 어느 학설을 어떻게 비판할 수 있는지 고심하지 않을 수 없게 된다. 성선설이나 성악설이나 성무선무불선론이나 선악혼효설이나 모두 나름대로 근거가 있는 것이 사실로 보인다. 이러한 주장들은 모두 즉흥적이거나 단편적인 것으로 속단하기는 어려운 면밀한 관찰과 추리와 종합과 분석을 통한 결론이라고 보일 수 있기 때문이다. 그렇다고 인성이라는 하나의 객관적인 대상을 놓고 판단한 모든 주장을 모두 오류에 속하거나 모두 정당하다고 보기도 어렵다.

예로부터 인간은 만물의 영장이라고 특별히 일컬어져 왔다. 그러나 인간이라는 존재도 우주의 일부이며 자연의 일부임에 틀림이 없다. 그렇다면 자연에 대하여 선하다거나 악하다는 판단을 내리는 것은 이른 바 자연론적 오류(naturalistic fallacy)를 범하는 것이다. 따라서 성무선무불선론(또는 백지설)이 가장 유력한 설득력을 얻게 된다.

그러나 『맹자』는 자연과학의 범주(範疇)나 차원에서 한 층 올라서서 철학적 윤리학적 범주나 차원에 입각하고 있으며 존재(存在)나 소이연(所以然)의 차원에서 벗어나 당위(當爲)나 소당연(所當然)의 차원에 있다는 것을 우리는 인식할 수 있다. 요컨대 맹자의 성선설은 존재의 차원에서 내려지는 판단이 아니라 당위의 차원에서 내려지는 판단이며 현실적 판단이 아니라 이상적 판단이라고 할 수 있을 것이다.

인간의 본성은 인의예지를 갖추고 있으며 그것을 실현하기 위하여 사리사욕을 경계하고 상부상조하는 아름답고 평화로운 사회를 이룩하는 것이 바람직한 인간의 도리요 윤리라고 보아야 할 것이다.

(2018. 6. 24.)

상도(常道)와 권도(權道)

『맹자』 이루 상편(孟子 離婁 上篇)에는 제(齊)나라의 변사(辯士)로 알려진 순우곤(淳于髡)과 맹자(孟子)가 주고받은 이야기가 있다.

"남녀 간에 주고받기를 친히 하지 않는 것이 예(禮)입니까?"(淳于髡曰 男女授受不親禮與?). "예입니다."(孟子曰 禮與). "형수[嫂]가 물에 빠지면 손으로 구원하리까?"(曰嫂溺則援之以手乎). "형수가 물에 빠졌는데도 구원하지 않는다면 이는 승냥이(豺狼)이니 남녀 간에 주고받기를 친히 하지 않음은 예(禮)이고 형수가 물에 빠져서 손으로 구원하는 것은 권도(權道)입니다."(曰嫂溺不援 是豺狼也 男女授受不親禮也 嫂溺援之以手者權也). "지금 천하가 도탄에 빠졌는데 부자(夫子)께서 구원하지 않음은 무슨 까닭입니까?"(曰今天下溺矣 夫子之不援 何也). "천하가 도탄에 빠지면 도(道)로써 구원할 것이요, 형수가 물에 빠지면 손으로 구원하는 것인데 당신은 손으로 천하를 구원하시렵니까?"(曰天下溺 援之以道 嫂溺援之以手 子欲手援天下乎?)

여기서 순우곤은 먼저 형수가 물에 빠졌을 때는 당연히 '남녀수수불친'(男女授受不親)이라는 예를 벗어나서라도 손으로 구원해야 한다는 맹자의 응답을 유도하고 나서 다시 맹자에게 어찌하여 도탄(塗炭; 世衰道微)에 빠진 천하는 구원하지 않느냐고 추궁하는 것을 볼 수 있다. 두 사람은 천하가 도탄에 빠져 있다는 사실을 공감하고 있으며, 형수가 위험할 때 구원해야 하는 것처럼 천하가 위험할 때도 구원하는 것이 당연하다고 판단함을 알 수 있다. 따라서 맹자가 먼저 말한 권도라는 것은 형수를 구원하는 경우에만 적용되는 것이 아니라 천하를 구원하는 데도 적용될 수 있다는 것이 순우곤의 논리라고 할 수 있다. 그러나 맹자는 형수를 구원하는 데는 권도가 적용될 수 있지만 천하를 구원하는 데는 권도가 적용 될 수 없다는 것이다. -천하에는 성왕(聖王)이 일어나지 않고 제후(諸侯)는 방자하고 처사(處士)는 횡의(橫議)하며 양주(楊朱)와 묵적(墨翟)의 말이 천하에 가득하여 무군무부(無君無父)의 타락한 현상을 나타내고 난신적자(亂臣賊子)가 활개를 치고 있는 전국시대였으니 천하를 구원해야 한다는 것은 당연한 것이었다.-

우리는 여기서 두 사람의 생각이 차이를 드러내는 것을 볼 수 있다. 다시 말하면 맹자는 형수를 구원하는 권도가 천하를 구원하는 데도 적용되는 것은 아니라는 것, 천하를 구원하는 데는 오직 도를 지키고 펼치는 것뿐이지 도를 벗어난 다른 방법이 있는 것이 아니라는 것이다.

예와 권은 상도(常道)와 권도(權道), 또는 경상(經常)과 권변(權變)이라는 말로 표현하기도 한다. 여기서 상도는 어떠한 경우에도 변함이 없는 원칙이요 권도는 때에 따라 상황에 알맞은 방편을 적용하는 것이라고 할 수 있다. 구체적인 사물(事物)에는 본말(本末)·경중(輕重)·완급(緩急)·종시(終始)의 문제가 대두될 수 있기 때문이다. 만일 이것을 물에 빠진 형수를 어떻게 해야 옳은지 판단하는 경우에 적용한다면 '남녀수수불친'이라는 상도를 부득이하게 어기더라도 손으로 형수의 생명을 구원하는 것이 상도의 근본정신을 살리고 실천하는 결과가 된다. 남녀수수불친이라는 상도는 상대방에 대하여 존중하는 정신을 그 핵심으로 삼기 때문에 그 상도에 얽매여 형수를 죽도록 방치하는 것은 오히려 상도[禮]의 근본정신을 파괴하는 것이다. 그러므로 상도가 근본적이고 중요한 것은 사실이지만 현실적으로 필요에 따라서는 권도가 절실히 요구된다. 다시 말하면 상도를 고수하면 형수가 죽게 되고 상도를 초월하여 권도를 행사하면 형수가 목숨을 건지게 되는 것이다.

이러한 실례는 모든 인간사회에서 일어날 수 있는 것이다. 그 대표적인 것은 조선 인조 14년(1636)에 일어났던 병자호란에서도 찾아볼 수 있다. 청나라군사에게 남한산성(南漢山城)이 완전히 포위되어 국가존망의 위기에 놓이자 조정에서는 주화론(主和論)이 제기되었다. 외적을 맞이하여 결사 항전하는 것이 당연하지만 그 결과는 완전한 망국으로 끝나기 때문에 차라리 항복하여 국가의 사직을 보존하자는 것이었다. 당시 영의정 최명길(崔鳴吉)은 항복문서를 작성하고, 척화론(斥和論)을 주장한 김상헌(金尙憲)은 항복문서를 찢어버리게 되었지만 최명길은 그 찢어진 항복문서를 다시 수습하여 결국엔 삼전도

(三田渡)에서 청태종에게 항복하고 말았다. 학자들은 이를 두고 상도와 권도 또는 경상(經常)과 권변(權變)이라는 논리로 설명한다. -무리하고 지나치게 상도를 지키는 것은 권도를 행하는 것보다 어리석은 짓임을 인정하는 것이다.- 그러나 권도야 말로 상도의 근본을 완전히 일탈하는 경지로 추락할 수 있기 때문에 지극히 삼가야 한다는 것은 말할 필요조차 없다. 김상헌과 최명길은 심양(瀋陽)에서 서로 자신의 소신을 피력한 시를 주고받았다고 한다. 두 사람의 시를 소개하면 다음과 같다.(유승국 『한국의 유교』 세종대왕기념사업회 1976. pp.228~231 참조)

성공과 실패는 천운에 달렸으니 [成敗關天運]
모름지기 의(義)가 돌아가는 곳을 볼지어다 [須看義與歸]
비록 아침저녁으로 생각해보아도 [雖然反夙暮]
치마와 저고리는 바꿔 입지 못하는 것 [未可倒裳衣]
권도[權]란 현자라도 그르치기 쉽고 [權或賢猶誤]
상도[經]는 마땅히 많은 사람이 어기지 못하는 것 [經應衆莫違]
이치에 밝은 선비에게 붙여 말하노니 [寄言明理士]
아무리 급하더라도 저울질을 삼갈지어다 [造次愼衡權]

- 김상헌의 시

고요한 가운데 뭇 움직임을 보니 [靜處觀群動]
아무런 꾸밈없이 그대로 나타남이라 [眞成爛漫歸]
끓는 물과 얼음은 모두 물이요 [湯氷俱是水]
갖옷과 갈포는 모두 사람이 입는 옷일세 [裘葛莫非衣]

일은 혹시 때에 따라 다를지라도 [事或隨時別]
마음은 어찌 도리에 어긋나리오 [心寧與道違]
그대 능히 이런 이치를 깨닫겠거니 [君能悟斯理]
말하거나 아니하거나 각기 천기가 있는 것을 [語默各天機]

– 최명길의 시

지금까지 살펴 본 바와 같이 상도와 권도는 서로 불가분의 관계에 있는 것이 사실이며 다만 상도가 있으므로 권도가 있다는 것도 엄연한 사실이다. 따라서 상도의 근본을 떠난 권도란 존재할 수 없으며, 그것을 실지로 사물에 적용함에 있어서는 오직 상도만이 절대적으로 요구되는 경우와 양자가 모두 요구되는 경우가 있다는 사실을 알 수 있다. 물에 빠진 형수를 구하는 것과 도탄에 빠진 천하를 구하는 것은 같다는 것이 순우곤의 논리라면, 같지 않다는 것이 맹자의 논리이다. 인개유불인인지심(人皆有不忍人之心)과 불인인지정(不忍人之政)을 주장한 맹자임을 다시 인식하게 된다.

(2018. 3. 18.)

행운유수(行雲流水)

-전통서각작품전시회를 보고 나서-

중앙문화정보센터에 들렀다가 우연히 '한국전통서각(韓國傳統書刻)작품전시회'에 출품된 목조각(木彫刻)작품들을 감상하고 아울러 작품 제작과정을 보면서 작업의 요령을 대충이나마 터득하게 된 나는 나도 한 번 작품을 만들어보고 싶은 충동을 느끼게 되었다. 동서고금의 성현(聖賢)들이 남겨준 고결하고 지혜로운 말씀과 격언들이 나를 감동시켜주고 조형미를 갖춘 작품들이 나의 어수선한 서재를 장식해 줄 것만 같았다. 그러나 막상 손을 대려하니 조각용 목판도 구하기 어렵고 조각도도 어린이용 밖에 구할 수가 없었다.

나는 궁여지책으로 베란다에 뒹구는 판자 서너 개를 깨끗이 씻고, 녹슨 식도를 숫돌에 갈아서 서툰 작업을 감행하였다. 우선 컴퓨터에서 출력한 고딕체로 된 '독서궁리'(讀書窮理)를 필두로, 내가 연필로 대강 그린 '백련성강'(百煉成鋼)과 '복생어근검 덕생어비퇴'(福生於勤儉

德生於卑退)를 차례로 음각하였다. 굵은 한자(漢字)를 조각한 여백에 '대용서재'(大庸書齋)라는 작은 글자를 조각하고 나서 글자를 흑백으로 채색하고 나니 제법 대견스럽기도 하고 작품의 맵시가 나는 것도 같았다. 남들이 보면 하잘 것 없는 웃음거리에 지나지 않겠지만 나에게는 애착이 가서 때때로 음미하며 들여다보게 되었다.

마지막으로 다시 무슨 글귀를 조각할까 머리를 짜내고 책을 뒤적여 보았다.

진심갈력(盡心竭力) 자강불식(自彊不息)
개물성무(開物成務) 낙천지명(樂天知命)
강건중정(剛健中正) 불괴옥루(不愧屋漏)
주선위사(主善爲師) 정심성의(正心誠意)
지성무식(至誠無息) 수기이경(修己以敬)
군자무본(君子務本) 극기복례(克己復禮)
인자불우(仁者不憂) 눌언민행(訥言敏行)
문질빈빈(文質彬彬) 온고지신(溫故知新)
입인달인(立人達人) 주일무적(主一無適)
낙선불권(樂善不倦) 심조자득(深造自得)
종선여류(從善如流) 거리사의(居利思義)
지명불우(知命不憂) 지도불혹(知道不惑)
해불양수(海不讓水) 유지경성(有志競成)
위선최락(爲善最樂) 빙청옥결(氷淸玉潔)
양옥재공(良玉在攻) 춘화추실(春華秋實)
낙재인화(樂在人和) 잠위인경(潛爲人耕)
독학역행(篤學勵行) 허심정려(虛心靜慮)
존심이경(存心以敬) …

좋은 글귀들이 꼬리를 물고 다가왔다. 모두 새로운 눈길로 바라볼 수 있는 삶의 지표가 될 만한 글귀들이고 마치 성현의 음성을 듣는 듯하였다.

나는 왜 제일 먼저 '독서궁리(讀書窮理)'를 조각하였을까. 가만히 생각해보면 나는 일생을 독서로 살아왔다. 여덟 살부터 학교에 입학하여 24년을 학생신분으로 공부하였고, 가르치면서 공부하고 공부하면서 가르쳤다. '교학상장'(教學相長)이라는 말과 같이 가르치고 배우는 것이 서로 돕는 기능을 발휘한다. 이제는 비록 정년퇴임으로 직장에서는 떠났지만 독서궁리는 내가 버릴 수 없는 생활의 일부요 삶의 화두(話頭)라고 해도 지나치지 않을 것 같다.

다음으로는 왜 '백련성강(百煉成鋼)'을 조각하였을까. 내가 어릴 때 보던 대장간에서는 무쇠를 시뻘겋게 달궈서 두들기고 물에 넣어 식혔다간 다시 두들기는 단근질을 반복하여 마침내 좋은 농기구나 식도(食刀) 같은 물건을 만들었다. 무인들이 사용하는 진검(眞劍)들도 모두 그렇게 만들어진다. '양옥재공'(良玉在攻)이란 말도 '백련성강'과 상통하는 말이다. 아무리 좋은 박옥(璞玉)이라도 잘 다듬지 않으면 그 아름다움이 살아날 수 없듯이 사람도 아무리 타고난 자질이 빼어나도 갈고 다듬지 않으면 안 된다. '훈련은 달인을 만든다'(Uebungen macht Meister)라는 독일인들의 격언이 머리에 떠오른다. 나는 어쨌거나 일생을 통하여 대장간의 무쇠처럼 스승님들과 부모형제와 이웃들에게 단근질을 받으면서, 한편으로는 내가 나를 스스로 단근질하며 살아 온 셈이다. 그 단근질은 결코 누워 떡 먹기나 식은 죽 먹기가 아니었다. 즐거울 때에 못지않게, 힘들고 괴로울 때가 많았다.

그러나 앞으로도 단근질은 끊임없이 계속될 것이고 계속돼야 한다.

다음으로 나는 왜 '복생어근검 덕생어비퇴(福生於勤儉 德生於卑退)'를 조각하였나. 복은 주로 외형적이고 가시적이고 실용적인 개념에 가깝다. 그런데 그것이 게으르고 사치스런 삶에서 얻어지는 것이 아니라, 부지런하고 검소한 삶에서 얻어진다는 이치는 삼척동자도 알아차릴 만하다. 덕은 주로 내면적이고 무형적이고 정신적이고 인격적인 개념에 가깝다. 자존망대하지 않고, 내가 남과 다르듯이 남도 나와 다르다는 것을 항상 이해하고 용납하고 포용하는 것이 아름다운 덕의 모습이며 세상을 살아가는 넓은 길이다. 항상 근검과 비퇴(卑退)로 살면 복이 스스로 찾아오고 덕이 스스로 이루어질 것이다.

나는 마지막으로 '행운유수'(行雲流水)를 조각해 보았다. 드높은 하늘을 떠다니는 구름처럼, 낮은 데로 낮은 데로만 흘러가는 물처럼, 교만이나 물욕이나 명예욕이나 쓸데 없는 집착을 벗어나 살고 싶다. '학도즉무착 수연도처유'(學道卽無着 隨緣到處遊)라고 한 율곡 선생의 말씀처럼 학문도 구름처럼 거침없고 물처럼 겸손한 진정한 자유의 세계에서 이루어져야 할 것 같다.

내가 조각한 글귀들은 내가 걸어온 발자취이면서 나의 생활신조이며 가치관이며 인생관이며 세계관이나 다름없다.

이제 앞으로는 무엇을 하며, 어떻게 살아야 하나? 만일 여건이 허락된다면 우선 자료가 준비된 것들을 정리하여 원고를 쓰고 다듬고 책으로 엮고 싶다. 그리고 '행운유수(行雲流水)'의 철학을 진정으로 깨우치고 본받고 싶다.

부이취지(俯而就之)에 대하여

나는 K씨로부터 '부이취지'(俯而就之)에 대한 해석을 듣고 관심을 갖게 되었다. K씨는 대학에서 교육학을 전공하고 수학강사가 되어 학원을 경영하는 과정에서 어떻게 하면 학생들을 잘 가르칠 수 있을까 궁리하던 끝에 '부이취지'라는 말을 발견하게 되어 그것을 자신의 교육철학으로 삼게 되었다고 한다. 그는 그 네 글자를 써서 서재에 걸어 놓고, 자기의 명함에도 새겨 넣어서 항상 음미하고 그것을 실천하려고 노력한다는 것이다.

그가 말하는 '부이취지'는 '교육을 할 때에는 자기를 낮게 끌어내려서 피교육자에게 접근하여 그 마음에서 떨어지지 않도록 함이 좋다'는 것으로 일역(日譯)되어 있다. 그것은 일본의 한학자 모로바시데츠지(諸橋轍次)의 저서 『동양고전명언사전』(東洋古典名言事典 1978. 東京, 講談社)에 소개된 「근사록」(近思錄)의 한 구절인데 본래의 출처는 다음 문장에서 보인다.

程子曰 聖人之道猶天然 門弟子親炙而冀及之然後 知其高且遠也 使誠以爲不可及 則趨向之心 不幾於怠乎 故聖人之敎 常俯而就之如此 非獨使資質庸下者 勉思企及 而才氣高邁者 亦不敢躐易而進也 呂氏曰 聖人體道無隱 如天象昭然 莫非至敎 常以示人而人自不察.

이 문장은 『논어집주』 「술이편」 "子曰二三子 以我爲隱乎 吾無隱乎爾 吾無行而不與二三子者 是丘也"에 대한 주자(朱子)의 주석에 포함된 것이다.

이것은 대체로 다음과 같이 국역할 수 있다.

> 정자(程子)가 말하기를 성인의 도는 천연(天然)과 같아서, 제자들이 몸소 친근하여 깨닫기를 기구(冀求)한 후에야 그 고원함을 안다. 설령 진실로 미치지 못한다면 그 추향지심은 거의 나태함이 아닌가. 그러므로 '성인지교는 항상 굽혀서 나아감이 이와 같으니' 홀로 자질이 용렬한 자로 하여금 억지로 그 깨우침을 생각하기를 힘쓰고 재기가 고매한 자도 또한 감히 뛰어넘어 나아가지 않게 하는 것이다. 여씨는 말하기를, 성인은 도를 체득함에 숨김이 없어서 마치 천체가 밝게 드러남과 같고 지극한 가르침이 아닌 것이 없으니 항상 사람들에게 보여주고 있지만 사람들이 그것을 살피지 않는 것이다.

논자가 주목하고자 하는 문장은 '성인지교는 항상 굽혀서 나아감이 이와 같다'는 해석이다. 여기서 '굽힌다'는 말은 무엇인가? 아랫

사람이 윗사람에게 몸을 굽히거나 예의를 표시하는 것처럼 겸손하게 행동한다는 뜻으로 보인다. 그러나 실지로 스승이 제자에게 몸을 굽히는 일은 격에도 맞지 않는 것이므로 만일 굽힌다면 '마음을 겸손하게 갖는다'는 말일 것이다. 사람은 누구나 다른 사람에게 겸손해야하는 것은 바람직한 일이지만 공자 같은 성인이 제자들에게 그처럼 겸손하였다는 것은 자연스럽지 않게 보인다. 제자에 대한 스승의 태도는 겸손보다도 친절이나 엄격이 더욱 바람직할 것이기 때문이다.

'성인지교'는 성인의 '가르치는 방법'이라고 볼 때도 스승이 제자들에게 겸손하게 대한다는 것이라고 할 수 있다. 이것은 위에서 언급한 바와 같은 논리라고 할 수 있다.

스승이 제자에게 몸을 굽힌다는 논리에 따르면 현대의 교육에서 문제 학생이 있는 것이 아니라 문제 교사가 있을 따름이다. 교사가 어떤 태도와 방법으로 학생에게 접근하느냐에 따라 교육의 효과는 전혀 달라질 수 있다는 것이다. 따라서 아무리 공부하기 어려운 교과라도 교사만 훌륭하면 학생들은 학업을 성취할 수 있기 때문에 교육의 성공과 실패는 전적으로 교사에게 있다는 것이다. 이것이 K씨의 주장이고 신념이다.

이러한 논리는 다시 『논어』 「자한편」에서 "吾有知乎哉 無知也 有鄙夫問於我 空空如也 我叩其兩端而竭焉"라고 한 데 대한 집주에서 더욱 뒷받침이 되고 있다. 즉 '나는 아는 것이 있는가? 아는 것이 없다. 공부하지 않은 사람이 나에게 진심으로 묻는다면 나는 종시(終始) 본말(本末) 상하(上下) 정조(精粗)를 모두 발동하여 남김없이 가르쳐 준다'는 문장에 대하여 "정자가 말하기를 성인이 사람을 가르치는 것은 굽혀서 나아감이 이와 같으니 중인이 고원하게 여기고 가까이 하지 않는 것을 두려워 한다"(程子曰 聖人之敎人俯就之若此 猶恐衆人以爲高遠而不親也)라고 한 것이다. '교인'이라는 말을 통하여 보면 '부이취지'라는 말이 스승이 제자를 가르치는 데 관한 이야기라는 것은 의심의 여지가 없게 되었다. 그리고 '부취'(俯就)라는 어휘에 대하여 모로바시(諸橋)는 '사장(師長)되는 사람이 자기를 굽혀서 친하기 쉽게 하는 것', '아래 사람의 의견에 따르는 것', '몸을 낮추어 낮은 직위에 취임하는 것'으로 풀이하고 '취'(就)라는 글자는 머리를 낮추는 것, 굽히는 것, 잠복하는 것, 등으로 풀이하고 '머리를 들어 천문을 보고 머리를 숙여 지리를 본다'(仰而觀於天文 俯而察於地理)는 말을 소개하기도 하였다. 또한 '현자는 굽히고 불초는 제겨디딘다'(賢者俯就 不肖企及)는 말을 아울러 소개하고 있다.(『風俗通』 愆禮참조).

여기서 '부취'의 의미가 더욱 확연히 드러났다. '부취'는 어진 사람이 고개를 숙이고 겸손한 태도를 갖는 것이요, '기급'은 어리석은 사람이 고개를 들고 잘난 체하는 것이라고 이해된다. 따라서 모로바시의 견해나 그것을 국역한 학자들의 견해나 모두 정당성을 확보하게 되었다.

그러나 필자는 좀 더 논의를 진행하지 않을 수 없다.

주자는 다음과 같이 말하였다.

도에는 대소정조(大小精粗)가 있으니 대자(大者)와 정자(精者)는 진실로 도(道)이고 소자(小者)와 조자(粗者)도 또한 도이다. 『중용』에서 보면

'크도다. 성인의 도는 양양하도다. 만물을 발육하고 천하의 준극(峻極)이다'라고 하였는데 이 말은 도의 대처(大處)를 말한 것이고 예의삼백(禮儀三百) 위의삼천(威儀三千)은 도의 소처(小處)를 말한 것이다. 성인이 사람을 가르치는 데는 그 작은 것과 가까운 것에 나아가는 것이니 사람으로 하여금 곧 부취(俯就)하게 한다. 이른 바 대자나 정자라는 것도 여기에 있는 것이고 당초에는 두 가지가 아니었다. 요컨대 학자는 하학상달(下學上達)로 스스로 얻을 따름이다. 나에게는 처음부터 숨김이 없다.(원문 생략).

위에서 보면 도를 대처와 소처로 나누어 보았고 소처는 사소한 것과 비근한 것을 말한다. 따라서 비근한 것을 통하여 고매하고 광대한 도를 깨우칠 수 있다는 것이고 이것은 '하학이상달'을 말하는 것이다. 그러므로 '부이취지'라는 말은 처음부터 엄청나게 고원한 도를 깨우치려고 하는 것이 아니라 사소하고 비근한 도를 깨우치려고 접근하는 것이라고 할 수 있다.

이것은 성인이 제자들에게 비근한 데서 고원한 것으로 나아가게 하는 방법을 구사하여 가르친다는 것이 된다. 제자들이 이해하기 쉽도록 하기 위하여 필요한 방법이고 재기(才氣)가 고매한 제자나 자질이 용하(庸下)한 제자나 그 때 그 때 상황에 따라 적절한 방법을 구사할 수 있다는 것을 말하기도 한다. 이러한 교육방법은 매우 역동적이어서 바람직하다고 볼 수 있다.

『논어집주』에서는 '성인지도는 천연과 같다'고 하였는데 그것은 성인의 인격 자체가 천연과 같다는 것이고, 그것을 제자들에게 가르치기 위해서는 말로 표현하고 행동으로 표현하는 것이며 그 표현하는 언행이 곧 성인의 가르침(성인지교)이라고 할 수 있다. 성인의 언행은 반드시 표면으로 나타나는 작위(作爲)만을 가리키는 것이 아니라 표면으로는 나타나지 않는 부작위(不作爲)도 포함된다. 부작위로 나타나는 성인의 가르침은 마치 천지일월성신이 아무 말도 없는 것처럼 스승도 무언으로 제자들에게 감동과 감화를 줄 수 있음을 말한다.

성인의 언행은 제자들이 보고 들어도 잘 이해하지 못하는 경우가 많고 또 그 이해하는 수준에는 개인차가 나타나기 마련이다. 거의 완벽에 가까울 만큼 이해하는 자도 있고 그와는 거의 반대일 경우도 있을 수 있다. 몸소 친근하여 깨닫기를 기구한 연후에야 고원함을 안다고 한 것은 성인지도가 아무나 쉽사리 이해되는 것이 아님을 말한다. 따라서 제자들이 성인지도를 이해하고 체득하기 위해서는 모름지기 분발해야 하기 때문에 자신의 교만한 마음을 버리고 겸손한 태도를 가지고 성인지도를 대해야 하고 성인의 가르침을 받아야 할 것은 다시 말할 나위 없다.

이런 점에서 본다면 자신을 굽히는 주체는 배우는 사람 곧 제자라야 하며 '취지'는 '성인지교'를 성취하는 것이라야 한다. 다시 말하면 '부이취지'는 항상 몸을 굽혀서 성인지교를 겸손히 받아들이고 그 배우고 깨우친 바를 내면화(품성화, 인격화)하는 것으로 이해되고 해석될 수 있다.

공자의 제자들은, 공자의 가르침에는 제자들에게 완전히 노출되지 않고, 감추어진 것이 있다고 생각하였던 모양이다. 그래서 공자는 제자들에게 아무 것도 감추어진 것이 없다고 말하였던 것이다. 그 아무것도 감추어지지 않고 제자들에게 그대로 드러난 것은 마치 천연과 같다고 하였는데 그 천연은 일월성신이며 일월성신은 세상 사람들에게 결코 감추어진 것이 아니라는 것이다. 그러나 아무리 세상에 공공연히 드러난 자연계의 천체라고 하더라도 그것을 이해하려면 많은 관찰과 추리와 사색이 필요하게 된다. 그 천체를 진지하고 정확하게 인식하기 위하여 부단히 관찰하고 추리하고 사색하는 것이 곧 몸소 친근하는 것[親炙]이며 그것이 곧 하나의 '부이취지'라고 할 수 있다.

이렇게 본다면 '부이취지'라는 말은 성인 자신이나 성인의 가르침이 그 주어가 아니라 그 주어는 배우는 자, 곧 제자라야 하고 그 목적어는 성인지교라고 보아야 하며 주어는 문장에서 생략된 것으로 보아야 할 것이다.

한편, 정자의 말을 논리적 관점에서 해석한다면 비근한 것으로부터 고원한 것으로, 저급한 것으로부터 고급한 것으로, 다시 말하면 하학상달하는 방법에서 하학에 중점이 있는 것이므로 추상이나 연역적 방법보다는 구상이나 귀납의 방법에 가깝다고 할 수 있다.

'공맹지도는 다 같은 것이다. 그러나 사람을 가르치는 것은 다르다. 공자가 항상 부이취지하였다면 맹자는 추이고지하였다(孔子常俯而就之 孟子則推而高之)'는 말이 있다(『程氏經說』 論語解). 여기서 부이취지와 추이고지는 대칭적으로 사용되었다. 앞에서도 말한 대로 부이취지가 하학에 중점을 둔 귀납적인 방법에 가깝다고 한다면 추이고지는 상학하달(上學下達)의 방법에서 상학에 중점을 둔 일종의 연역적인 방법에 가깝다고 할 수 있다.

따라서 공자의 부이취지[俯就]는 공자가 자신의 몸을 굽히는 것이 아니라 하학상달로 표현되는 귀납적인 방법을 교육방법으로 활용하였다는 것이라고 할 수 있다. 이것은 몸을 굽혀서 땅 위에 있는 형이하자(形而下者)를 공부하고 나서 몸을 일으켜서 하늘에 있는 천문 또는 형이상자(形而上者)를 추리하고 사색하는 논리와 상통한다.

이리하여 정자가 말한 '부이취지'는 공자가 몸을 굽혀서 제자들에게 가까이 다가간다는 것이 아니라 제자들로 하여금 비근하고 사소한 것으로부터 깨우치게 한다는 것으로 이해할 수 있다.

그런데 세간사(世間事)는 모두 발을 제겨디디고 얻으려하면 어렵고 굽혀서 따르면 쉽다(跂而求之者難 俯而就之者易)는 말이 있다. 그래서 올려다보고 발을 제겨디디는 것은 굽혀서 따르는 것만 같지 못하다(仰而跂不如俯而就)고 한다. 이를테면 애써 가꾸는 화훼는 그렇게 정성을 들여도 꽃이 잘 피지 않지만 아무렇게나 꽂아놓은 버드나무는 저절로 무성하게 자라나서 그늘을 드리운다는 것이다. 여기서 기구(跂求, 仰跂)는 인위적인 욕구가 많이 발휘된 것이지만 부취는 인위적인 욕구가 거의 배제된 자연의 섭리에 가까운 것이며 양자의 관계는 유위(有爲)와 무위(無爲)의 관계에 가깝기도 하다. 이런 관점에서 보면 성인지교가 부취로 표현되는 것은 스승이 제자들로 하여금 비근한 진리를 스스로 깨달아서 스스로 고원한 차원으로 향상될 수 있도록 일깨워주는 것이라고 할 수 있다. 이것은 사람들은 누구나 선천적인 양심을 가지고 있듯이 스스로 깨우칠 수 있는 바탕[良知 良能]을 갖추고 있다는 것을 전제로 말하는 것이며 배우는 자가 스스로 깨우칠 수 있기를 기대하는 것이기도 하다. 또한 이것은 교사중심의 교수학습이론에서 벗어나 학생을 교수학습의 주체로 보는 현대교육사조와도 긴밀한 관계가 있을 것으로 보인다. (張渤寧의 『燈下思潮』 참조).

사람들은 일생을 살아나가는 동안에 하고 싶은 일도 많고 소유하고 싶은 물건도 많다. 사람들은 그것을 분별하고 차별화하고 취사선택할 줄 모르고 혼동하여 욕심을 부리다가 낭패를 당하거나 아무런 보람을 얻지 못하고 마는 수가 허다하다. 그런데 그 많은 것 가운데 무엇을 꼭 해야 하고 무엇을 꼭 가져야 하는지는 지혜로운 사람만이 알 수 있는 것이며 그 지혜는 배움을 통하여 얻어지는 것이므로 스승의 가르침과 따로 떼어 생각하기 어렵다.(張渤寧의 『燈下思潮』 참조).

성현의 말씀을 전하는 고전(古典)은 문리적인 해석으로 그치지 않고 연혁적 체계적 철학적으로 다양하게 해석 될 수 있는 유연성을 발견하게 된다.

(2010. 10. 28.)

*(주) 남회근 저『논어별재』상 하, 참조

2

진리의 주체는 인간이다

영예(榮譽)와 치욕(恥辱)과 국민정신

사람들은 누구나 영예(榮譽)와 치욕(恥辱)을 인식하면서 살고 있다. 그러나 언제나 영예를 추구하려 하여도 그것을 쉽사리 얻을 수 있는 것은 아니며 치욕을 피하려 하여도 쉽사리 피할 수 있는 것도 아니다. 다만 분명한 것은 인간의 의지가 상당히 영향을 줄 수 있다는 사실일 것이다.

사람의 일생을 통하여 고찰해 보면 영예나 치욕보다도 더 간절히 다가오는 문제가 많고 그 대표적인 것이 생명이라고 할 수 있다. 다시 말하면 우리의 생명은 우리의 영예나 치욕을 초월하는 동시에 그 영예와 치욕을 좌지우지하기도 한다. 다시 말하면 인간은 생명을 유지하기 위하여 영예를 버리고 치욕을 감수하기도 한다는 것이다.

우리는 항상 영예와 치욕의 사이에 존재하면서 우왕좌왕하기도 한다. 우리의 일상생활이란 영예와 치욕이 항상 명백하지도 않고 거의 중립적인 수도 많기 때문이기도 하다. 이리하여 우리의 일거수일투족을 가만히 생각해보면 옳으냐, 그르냐, 영예냐, 치욕이냐를 생각하게 되고 때때로 결단(決斷)을 내리지 않으면 아니 되는 수가 허다하기도 하다. 다만 그것이 표면적으로 크게 부각되지 않거나 사소한 문제로 간주되는 수가 있을 뿐이다.

인류문화를 살펴보면 고대로부터 현대에 이르기까지 영예와 치욕의 갈등 속에서 살아 온 역사적 사실이 연면히 이어지고 그것이 종교와 윤리와 철학과 정치와 같은 범주(範疇)에서 논의되고 정립되고 문화적 유산으로 전해 오기도 한다. 그리고 이러한 문화적 유산은 시간과 공간을 따라 갈등하기도 하고 융합하기도 하면서 새로운 모습으로 전승되기도 한다. 이리하여 이념적인 형태와 전통을 이루어 인류를 지배하기도 하고, 여기서 아름다운 전통이 정립되고 그 정립된 전통은 현실을 지배하게 되고 미래에 영향을 끼치기도 한다.

현대국가들, 이른바 근대문화를 창조하는 국가들은 흔히 인습적(因襲的)인 종교나 윤리나 가치관에 대하여 분석하고 비판하고 새로운 차원에서 그것을 재정립하여 보편적인 국민교육에 활용하기도 한다. 이른바 국민정신교육(시민윤리교육)의 이념이나 지침을 삼는 것이다.

비교적 최근에 부각된 하나의 실례(實例)로는 중국의 후진타오(胡錦濤) 국가주석이 주창하고 표방한 '팔영팔치'(八榮八恥)도 이에 속한다. 열애조국(熱愛祖國) · 복무인민(服務人民) · 숭상과학(崇尚科學) · 신근노동(辛勤勞動) · 단결호조(團結互助) · 성실수신(誠實守信) · 준기수법(遵紀守法)

·간고분투(艱苦奮鬪)는 영예로운 것이고, 위해조국(危害祖國)·배리인민(背離人民)·우매무지(愚昧無知)·호일오로(好逸惡勞)·손인이기(損人利己)·견리망의(見利忘義)·위법난기(違法亂紀)·교사음일(驕奢淫逸)은 치욕에 속한다는 것이다. 따라서 여덟 가지 영예로운 일은 권장하고 여덟 가지 치욕에 속하는 일은 하지 말라는 것인데 그 내용을 다시 풀어보면 조국을 열애하고, 인민을 위하여 일하고, 과학을 숭상하고, 부지런히 노동하고, 단결하고 협동하고, 성실하고 신의를 지키며, 기강과 법규를 지키고, 어려움을 무릅쓰고 분투하는 것은 영예로운 것이지만 이와는 반대로 조국을 위해(危害)하고, 인민을 배리(背離)하고, 우매무지하고, 편하기를 좋아하고, 일하기를 싫어하며, 남에게 손해를 끼치면서 자신의 이익을 도모하고, 이익을 당하여 의(義)로움을 잊어버리고, 법을 어기고 기강을 어지럽히고, 사치하고 음일(淫逸)하는 것은 수치스런 일이라는 것이다.

이와 같이 국민들에게 기본적이고 보편적인 윤리덕목으로 내세우고 권장하는 중국의 '팔영팔치'(八榮八恥)는 현대의 모든 국가와 사회에 적용될 수 있고 국가발전 뿐만 아니라 사회발전과 인간계발을 포함하는 매우 유용한 국민교육정책과 문화정책의 기본이 될 수 있다고 볼 수 있다.

여기서 구체적으로 지적한 팔치(八恥)는 온 세계의 모든 나라에서 발견될 수 있는 비국민적 악행악습(惡行惡習)이라고 할 수 있다. 따라서 이러한 비국민적·비인격적 행위는 엄격히 경계하고 때로는 국가의 공권력으로 철저히 규제하고 척결해야 할 과제이기도 하다.

이러한 악행악습의 문제는 특별히 심각한 국가도 있고 그렇지 않은 국가도 있겠지만 지구상의 많은 나라에서 발생하는 문제이며 다만 정도의 차이가 있을 뿐이라고 추측된다. 따라서 건전한 국민윤리 교육뿐만 아니라 엄격한 법규범의 시행과 강화가 요구되는 것이다.

시선을 돌려서 우리나라의 실태를 살펴보면 '팔영팔치'의 요지가 모두 타산지석(他山之石)의 가르침이 될 수 있다고 할 수 있다. 그 가운데서도 특히 '위법난기'와 '교사음일'이 주목을 끄는 것으로 보인다. 날이면 날마다 보도되는 대중매체의 내용을 보면 망언망동을 일삼고 법규범을 함부로 위반함으로써 사회기강을 파괴하며, 교만과 사치에 물들고 안일과 향락에 젖은 사람들의 퇴폐적인 풍조가 다반사처럼 빈번이 지적되고 있음을 보게 된다.

대한민국은 국제적으로 위상이 높아지고 경제개발도 상당한 수준에 이른 것이 사실이지만 국가안전보장을 비롯한 정치·경제·사회·문화·교육 등, 여러 가지 측면에서 보면 긴장과 혼란이 지속되고 있는 상황이니만큼 근간에 두드러지게 나타나고 있는 '위법난기'와 '교사음일'과 같은 반국가적이고 반사회적이며 반윤리적인 현상은 국가의 발전과 사회의 안정과 개인의 안녕을 모두 위협하는 요인이 되므로 크게 경계해야 할 것이다.

물질문명이 발달하면 할수록 정신문화의 발달도 병행해야 함에도 불구하고 그 균형이 깨어짐으로써 문화지체(文化遲滯; cultural lag)현상을 빚어내는 것은 국가사회와 인류사회를 혼란하게 한다. 정신문화의 기능이 물질문명을 이끌어 나가는 동시에 양자의 조화가 바람직하다고 할 수 있다. (2019. 3. 7.)

옷을 입고 건널까? 걷고 건널까?

『논어』헌문편(論語 憲問篇)에는 다음과 같은 이야기가 나온다. 하루는 공자가 위(衛)나라에서 돌경쇠(돌풍류; 磬)를 치고 있는데 삼태기[蕢]를 메고 문전을 지나가는 사람이 말하기를 "뜻이 있구나. 돌경쇠를 침이여!"(曰 有心哉 擊磬乎)라고 하더니 조금 있다가 다시 말하기를 "자기를 알아주는 사람이 없으면 그만둘 일이니, 물이 깊으면 그대로 옷을 입은 채 건너고 물이 얕으면 옷을 걷고 건널지니라."(莫己知也 斯已而矣 深則厲 淺則揭)라고 하였다.

여기서 삼태기를 메고 지나가던 은자는 공자가 아무리 천하를 두루 돌아다니면서 도덕적인 정치철학[德治思想]을 역설하여도 소용이 없기 때문에 차라리 그만두는 것이 현명하다는 것을 말하고 나서 난세(亂世)의 처세술을 가지고 물을 건너는 일에 비유한 것이다. 은자는, 사람이 길을 가다가 물을 건너게 되었을 때는 물이 깊고 얕음에 따라 그 방법이나 양상이 똑같지 않음에도 불구하고 공자는 그 것을 모르고 덤비는 것처럼 비판하였다.

요즘 『논어』는 세계적인 고전이 되어 한국어 · 일본어 · 현대중국어(백화문) · 영어 · 독일어 등으로 번역된 것만 보아도 수십, 수백 종에 이를 만큼 상당히 많은데 그 내용은 거의 공통되지만 서로 서로 약간의 차이를 보이기도 한다.

물을 건너는 방법은 그 환경이나 여러 가지 조건에 따라 다를 수 있음은 말할 것도 없다. 다시 말하면 바지를 걷어 올리거나 통째로 벗거나 또는 배[船舶]로 건너거나 교량(橋梁)을 이용할 수도 있다. 그런데 『논어』의 원문을 번역할 경우에는 그 구체적인 정황이 제시되지 않았더라도 얕은 물을 건너는 방법이야 옷을 걷고 건너는 것[淺則揭]으로 거의 일치될 수 있지만, 깊은 물을 건너는 것[深則厲]은 옷을 입고 건너느냐? 벗고 건너느냐? 의 두 가지가 있을 수 있다.

깊은 물을 건너는 경우[深則厲]는, 필자가 교재로 사용하는 『원본비지논어집주』(原本備旨論語集註 1918년)에는 그 주석(註釋)에 '옷을 입고 건넌다.'[以衣涉水]라고 되어 있고, 그 밖의 몇몇 문헌에서도 같거나 비슷한 점을 확인할 수 있다. 그런데 '여'(厲)는 '여'(石+厲)와 같고 또 '예'(濿)와도 같아서 물속에 있는 돌을 디디고 건넌다는 번역이 가능하다는 것이다. -물속에 돌이 있는 경우에도 그 돌이 물 위에 나타나서 징검다리[stepping stone]로 이용할 수 있는 경우에만 가능할 것이다.- 오늘날 널리 읽히고 있는 번역서에는 '옷'을 또는 '하의'를 '벗고 건넌다'는 것이 절대적인 다수를 차지하고 있다. 옷을 입은 채 물을 건넌다는 것은 도무지 현실적으로 타당하지 않다는 것이다. 이러한 사례는 일찍이 S대 문리대 교수를 역임한 바 있는 K 교수의 번역서에서도 나타나는 바, 그는 James Legge가 '깊은 물은 옷을 입고 건너야 한다.'[Deep water must be crossed with the clothes on.]는 뜻으로 번역한 것도 오역(誤譯)이라고 명백히 지적하였다. 그러나 그 오역은 『원본비지논어집주』에서 보이는 주석을 추종한 까닭이며 번역자 자신의 견해가 아니라고 할 수 있다고 보았다.

필자가 유소년 시절에 살던 시골에서는 냇물을 건널 때에 비가 와서 물이 깊어지면 사람들이 하의(下衣)를 벗고 건너는 모습이 이따금 보였다. 만일 옷을 입은 채 건너면 옷이 모두 젖어서 여러 가지로 불편하기 때문일 것이다. 이리하여 '벗고 건넌다'는 번역이 현실적으로 타당하게 보이고, '이의섭수'(以衣涉水)라는 주석을 벗어나 '벗고 건넌다'는 번역이 가능할 수 있다. 그리고 '심즉여'(深則厲)라는 글귀가 본디는 『시경』패풍(詩經 邶風, 또는 衛風이라고도 칭함)에서 연원되었다는 측면에서 보면 또 다른 연역적(演繹的) 해석에 따른 번역의 여지를 발견할 수도 있을 것 같다. 다만 분명한 것은 얕은 물과 깊은 물은 사람이 건널 때 차이가 있다는 점이고 깊은 물은 얕은 물에 견주어 볼 때 건너기가 어렵다는 사실을 인정하지 않을 수 없다. 따라서 '심즉여'라는 글귀를 '물이 깊으면 어렵게 건넌다'고도 번역할 수 있게 된다.

그러나 문제의 핵심은 '옷을 입고 건너느냐, 벗고 건너느냐'에 있는 것이 아니라 공자가 살던 춘추시대(春秋時代)말기의 혼란 속에서 어떻게 처세하는 것이 가장 바람직한 일인가 하는 것이다. 공자에 대하여 비판한 '은자(隱者)는 어지러운 세상에서 눈을 돌리고 자연과 더불어 안일하게 사는 것'이 현명한 것일지 모르지만, 공자는 아무리 세상이 어지러울지라도, 오히려 어지러우면 어지러울수록 적극적으로 세상에 나가 인의(仁義)와 예악(禮樂)을 깨우쳐주고 환과고독폐질자(鰥寡孤獨廢疾者)가 모두 부양을 받으며, 도절난적(盜竊亂賊)이 없어서 바깥문[外戶]을 닫지 않고 사는 평화로운 세계의 건설이 선각자(先覺者)나 선구자(先驅者)의 이상이요, 사명이었던 것이다.

공자의 제자 자로(子路)는 은자 걸닉(桀溺)에게 나루터로 가는 길을 물었다가 그로부터 "홍수가 흐르듯이 천하가 모두 이 모양인데 누가 이것을 개혁한단 말인가? 그대는 사람을 피해 다니는 사람보다는 차라리 세상을 피하는 선비를 따르는 것이 어찌 낫지 않으리오"(滔滔者 天下皆是也 而誰以易之 且而與其從避人之士也 豈若從避世之士哉)는 말을 듣고 이 말을 공자에게 전한 바 있다. 사람(어리석은 제후나 대부)을 피해 다니는 사람은 공자이고 세상을 피하는 사람은 걸닉과 장저(長沮)를 가리킨다. 공자는 이에 대하여 말하기를 "새와 짐승은 내가 더불어 살지 못할 것이니, 내가 세상 사람들과 함께 살지 않으면 그 누구와 함께 살겠는가? 세상에 도가 행하여진다면 내가 굳이 개혁하려고 하지 않아도 될 것이다."(鳥獸不可與同群 吾非斯人之徒與 而誰與 天下有道 丘不與易也 ;『論語集註』 微子篇)라고 하였다. 공자는 여기서 결코 도가 행해지지 못하는 현실에 대하여 외면할 수 없다는 것을 분명히 말하였던 것이다.

오늘날 우리 사회를 한 번 둘러보자. 날이면 날마다 부정부패, 직무유기와 태만, 탈세, 사기와 횡령, 부정식품, 아동학대, 각종 퇴폐행위와 자살 사건 등이 대중매체를 통하여 보도 되는가 하면 공공질서의 파괴, 폭력행위, 파당주의, 이기주의, 향락주의, 황금만능주의가 피부에 닿을 정도로 만연하고 있지 않은가? 이러한 현실은 난신적자(亂臣賊子)가 나타나고 예의염치가 무너졌던, 공자가 살던 중국의 춘추시대 말엽보다 결코 낫지 않을 것이며 차라리 더욱 심각하다고 말할 수 있다. 따라서 공자와 같은 선각자가 행하였던 모습과 오늘날의 지성인들이 보여주는 모습을 서로 견주어 생각해 볼 수 있다.

국가와 사회를 위하여 봉사하고 헌신하겠다고 공공연히 서약하고, 분에 넘치는 엄청난 보수를 받고 특혜를 누리는 많은 위정자와 지성인들이 국익과 사회정의를 침해하고 파괴하면서 파렴치하게 큰소리치며 군림하고 있다. 얕은 물은 어떻게 건너고 깊은 물은 어떻게 건널 것인지, 차라리 건널 마음조차 먹지 않고 부당한 부귀영화에만 눈이 어두운 것 같다.

이른바 지도층이나 권력층이나 지식층에 속하는 사람들은 국가의 혜택을 받고 인재로 양성된 사람들이다. 국가의 발전을 위하여 양성된 인재에게는 -그만큼 국가의 혜택을 받고 특혜를 누렸으니- 국가를 위한 헌신적인 노력이 요구되는 것이 당연함에도 불구하고 한국의 많은 인재들은 그것을 자각하지 못하는 것으로 보인다.

요즘 가장 많은 국민의 질시와 비난을 받는 사람들은 정치인들이라고 할 수 있다. 오죽하면 국회의사당이 자리 잡은 여의도로 이어진 교량을 '견자교'(犬子橋)라고 부르게 되었을까.

공자를 비판한 은자를 가리켜 고상한 존재라고 찬양할 수는 없다. 비록 진흙을 묻힐지라도 자포자기하지 말고 공자처럼 사명감을 가지고 얕은 물이나 깊은 물이나 가리지 않고 대도(大道)를 실현하기 위하여 나서야 할 것이다.

(2016. 1. 12)

우산지목(牛山之木)의 비유(比喩)

맹자는, 사람은 누구나 인의예지(仁義禮智)라는 본성(本性)을 가지고 있으며, 측은지심(惻隱之心)·수오지심(羞惡之心)·사양지심(辭讓之心; 또는 공경지심(恭敬之心))·시비지심(是非之心)은 그 실마리라고 주장하여 많은 공감을 얻고 그 권위가 인정되기도 하였다. 그는 특별히 측은지심을 중심으로 인간의 성품이 선하다는 것을 구체적으로 설득력 있게 주장한 바 있으며 한 걸음 더 나아가 사람의 성품을 '우산지목'에 비유하여 설명함으로써 자신의 주장을 더 한층 강화하였다. 그의 비유는 대체로 다음과 같다.

"제(齊)나라의 우산(牛山)에 있는 나무들은 일찍이 잘 자라서 아름다웠다. 그러나 큰 도시의 교외(郊外)에 있는 까닭에 많은 사람들의 부근(斧斤; 도끼)이 그 나무들을 찍어내었기 때문에 아름다움을 유지할 수가 없었다. 그것은 나무의 뿌리나 새싹은 주야를 가리지 않고 생장

할 수 있는 힘이 있고 우로(雨露)가 적셔 주기 때문에 싹이 자라날 수 있건만 사람들이 우양(牛羊)을 방목하여 그 푸른 싹들을 뜯어먹게 하기 때문에 벌거숭이가 되는 것이다. 어떤 사람들은 벌거벗은 산을 바라보며 '저 우산은 본디부터 초목이 자랄 수 없는 산'이라고 생각할지도 모르지만 초목이 자랄 수 없는 것이 어찌 우산의 본성이리오?"

"사람에게는 어찌 인의지심이 없겠는가. 다만 그 양심을 내버리는 것은 부근(斧斤)으로 나무를 찍는 것과 같은 것이다. 만일 사람이 날마다 나무를 찍어내는 것처럼 양심을 베어 버린다면 훌륭한 양심이 존재할 수 있겠는가. 그 밤낮으로 생장하는 기(氣)나 평단(平旦)의 기가 있지만, 그 호오(好惡)나 사람과 사람이 상근(相近)하는 것이 거의 드문 것은 그 단주(旦晝; 주간)의 행하는 바를 곡망(梏亡; 구속하고 궤멸시킴)하기 때문이다. 이것이 반복되면 그 야기(夜氣)가 부족하게 되고 야기가 부족하게 되면 인간도 금수와 거의 다르지 않게 된다. 이때 금수와 다르지 않은 사람을 가리켜 본디부터 인의(仁義)를 실천하는 능력이 없는 사람이라고 인정하는 것을 어찌 인간의 정이라고 할 수 있으리오."(『孟子』 告子章句 上 6章 및 8章 참조)

위와 같은 논리로 주장한 맹자의 성선설(性善說)은 후세의 많은 사람들에게 영향을 끼치게 되고, 특히 공자(孔子)를 비조로 하는 유학(儒學; 性理學)에서는 많은 지지를 얻고 있는 셈이다.

이리하여 인의예지(仁義禮智)를 갖춘 인간의 성품을 잘 보존하는 것이 중요한 관심사로 대두되었고 오직 그것을 잘 지키면 곧 그 성품이 보존된다[惟持守之 卽在爾]는 것이다.

오늘날 세계에는 수십억이나 되는 인구가 살고 있으며 그중에는 선한 사람만 있는 것이 아니고 악한 사람도 있는 것으로 보인다. 그러나 이러한 경우에도 성리학자들은 인간의 본성이 선하기도 하고 악하기도 하다고 보는 것이 아니라 모두 선한 것은 분명하지만 주변의 특수한 환경이나 그 밖의 요인에 따라 악으로 기울어지는 것으로 본다. 따라서 사람마다 자기가 타고 난 선한 성품을 잘 보존하는 것이 중요하다는 것이다.

맹자의 변론에 따르면 사람이 인의예지를 보존하는 것은 초목이 야기(夜氣)를 맞이하여 생장하는 데 비유할 수 있다는 것이다. 모든 초목은 밤이 되면 금수나 나무꾼들의 침범이나 위해(危害)를 피할 수도 있고 이슬을 맞으며 생장할 수 있는 것처럼 사람도 때때로 반성하고 각성함으로써 본성(本性; 仁義禮智; 良知良能)을 회복할 수 있다는 것이다.

맹자는 '구방심'(求放心)을 강조하기도 하였다. 인간의 본성은 아무리 선하다고 하더라도 마음은 자칫하면 주변의 환경에 따라 시시각각으로 달라질 수도 있고 인의예지의 본령에서 일탈할 수도 있기 때문에 방심(放心)을 본령으로 거두어들이는 것이 곧 구방심이다. 사람들은 만일 개나 양과 같은 가축이 집이나 울[藩]을 벗어나면 찾으러 나서지만 자신이 잃어버린 자신의 양심을 찾는 사람은 적다는 것을 지적하기도 하였다. 후세의 학자들이 지적한 '경이직내 의이방외'(敬以直內 義以方外)란 말도 구방심의 한 가지 수단이나 요령이 될 수 있다.

인류의 역사를 되돌아보면 성인이나 현인인들 만이 세상을 지배한 것이 아니고 오히려 많은 악인들이 세상을 지배한 것으로 보이며 지금도 그러한 현상은 지속되고 있다. 그러나 아무리 악인으로 보이는 사람일지라도 본디부터 인의예지를 선천적으로 타고 났다는 사실을 인식하고 끊임없이 그 것을 보존하고 실천하려는 노력이 필요하다는 것이다. 이러한 문제는 존재(存在; to be; Sein)의 차원이라기보다는 당위(當爲; ought to be; Sollen)의 차원이며 현실의 차원이라기보다는 이상(理想)의 차원이라고 할 수 있다. 인간이 진실로 인간이기 위해서는 당위의 차원과 이상의 차원을 외면해서는 안 될 것이다. 현실과 이상은 괴리 될 수 없으며 현실은 곧 이상이요 이상은 곧 현실이어야 할 것이다.

맹자의 성선설은 인간의 본성을 긍정적으로 평가하고 인간의 존엄성을 중시하며 자긍심(自矜心)을 길러주는 기능을 발휘한다고 할 수 있으며 그것은 '우산지목'의 비유를 통하여 더욱 큰 설득력을 얻는다고 볼 수 있다.

(2018. 07. 05)

유교문화(儒敎文化)에 대한 비판

C일보 'OOO의 News English'에는 『한국에서 동네북(punching bag)이 된 유교문화』라는 제목이 보였다. 여기서 '동네북'이란 아무나 대들어서 때려도 상관없는 대상이라는 것이므로 한국에서 유교문화는 아무나 비판하고 혹평을 하여도 무방한 상황이라는 것으로 해석된다.

그리고 한국에서 유교가 이렇게 된 것은 나름대로의 이유가 있는 바, 그것은 유교가 온갖 병폐의 원인이 되고 있기 때문이며, 그 병폐의 원인은 권위주의 · 성차별(性差別) · ·숨 막히는 직장의 계급서열 · 고질적인 부정부패라는 것이다. 그리고 세계적 경제전문지 『이코노미스트』는 한국사회의 유교문화가 성차별에서 갑질 · 행패에 이르는 모든 사회악의 원인으로 지탄 받는 원흉신세가 되었음을 지적하였으며, 과거 독재정권들이 효심과 충성심이라는 유교덕목을 악용하여 권위주의적 정권을 정당화하는 수단으로 삼았다는 의견을 인용하기도 하였다고 한다.

우리나라에 유교문화가 자취를 보인 것은 벌써 신라시대부터라고도 하지만 일반적으로는, -고려시대는 불교가 지배적인 것으로 인정되었고- 유교는 근세조선에 들어와 보편화하면서 모든 분야에 영향을 끼치게 되어 유교적 가치관이나 윤리가 가정과 사회와 국가를 지배한 것으로 알려져 있다. 근세조선을 건국한 이성계(李成桂)는 건국하자마자 유교를 국가통치의 기본이념으로 삼았고 모든 정책을 유교철학의 이념에 입각하여 수립하고 시행하였다. 조정(朝廷)에서는 중앙에 성균관(成均館)을 설치하고 지방에는 향교(鄕校)를 설치하였으며 민간에서는 방방곡곡에 서당(書堂)을 설치하여 유교를 연구하고 교육하게 되었다. 이러한 과정을 통하여 유교는 점점 보편화하여 국민의 생활 속에 침투하였으며 조선조 말엽까지 크게 영향을 끼쳐왔다.

그러나 19세기 후반부터 한국에 본격적으로 유입된 서구문화(기독교문화)는 점점 신장하고 특히 일본제국주의의 침략과 더불어 서구문화의 수용과 북한의 남침으로 인한 6.25전쟁 등을 거치면서 유교의 영향력은 매우 미약하게 되었다.

그동안 유교가 한국문화에 끼친 영향에 대하여는 적지 않은 학자들과 지성인들에 의하여 논의되어 왔으며 유교에 대한 그들의 견해들은 대체로 긍정적(肯定的)인 견해보다는 부정적(否定的)인 견해가 우세한 것으로 나타나고 있는데 그 이면에는 그럴만한 상당한 이유가 있는 것으로 보인다. 그리고 그 이유 중의 하나는 우리나라가 일본제국주의에 의하여 국권을 상실하게 되고 또한 서구문화의 학문과 제도와 과학기술에 비하여 우리의 그것이 매우 뒤떨어져 있었다는 사실에 근거하고 있는 것으로 보인다. 따라서 많은 사람들은 유교가 한국문화에 끼친 좋은 영향 보다는 좋지 않은 영향이 컸다고 인식하게 되어 유교를 비판하고 배척하는 한편, 서구의 사상이나 종교에 대하여 호의적인 경향을 보이게 되었다.

유교가 한국문화에 끼친 영향에 대하여 논의한 대표적인 사례는 우선 현상윤(玄相允) 교수의 『조선유학사』(민중서관 1949)에서 찾아 볼 수 있는데 그가 지적한 유학의 긍정적인 영향으로는 먼저 군자학(君子學)의 면려, 인륜도덕의 숭상, 청렴·절의의 존중을 들고 있으며, 부정적인 영향으로는 모화(慕華)사상, 당쟁(黨爭), 가족주의의 폐해, 계급사상, 문약(文弱), 산업능력의 저하, 상명(尙名)주의, 복고사상 등을 들고 있다. 그리고 이러한 견해는 많은 사람들에게 공감을 얻고 영향을 준 것으로 보인다.

그러나 이러한 견해에 대하여 이의(異議)를 제기하는 사례에 주목하게 된다. 그 대표적인 사례는 이상은(李相殷) 교수의 『유학과 동양문화』(범학도서 1979)에서 찾아 볼 수 있다. 이상은 교수는 자신의 저서를 통하여 다음과 같이 비판과 이의를 제기하고 있다.

1. 모화사상이 우리의 민족자주정신과 독립사상을 저해하였다는 것은 인정한다. …(그러나) 모화사상의 죄는 우리 자신에게 있는 것이지 유교자체에 있는 것은 아니다. 당시에는 우리와 접촉하는 타민족 가운데 중국만이 높은 수준의 문화를 가지고 있었기 때문에 중국을 선진국으로 알고 그 문화를 애호함에 따라 그 나라도 존경하게 된

자연스러운 추세이었다.

2. 당쟁이란 것은 정치세력의 다툼이요, 학술사상의 다툼은 아니다. … 당시의 정치인들이 유학정신을 올바로 실천하지 못했거나 그렇지 않으면 그 당시의 정치적·사회적 여건이 중요한 원인으로 작용하였을 것이다. 진실로 군자학을 배우고 실천하였다면 당쟁은 일어나지 않았을 것이다.

3. 가족주의의 폐해에서는 효를 너무 지나치게 중시함으로써 국가나 사회를 가정보다 경시하게 되었다는 점을 지적하고 있는데 이것은 대체로 수긍할만하다. 그런데 …유학사상이 가족을 중시하였다고 하여 그것이 반드시 탐관오리의 사리사욕과 연결될 수는 없다. 유학은 공사(公私)와 의리(義理)를 엄격히 구별하는 까닭에 진정으로 유학정신을 체득하여 실천하는 관리라면 멸사봉공(滅私奉公)과 대의멸친(大義滅親)의 정신을 발휘할 수밖에 없는 것이다.

4. 유학사상에 계급사상이 농후한 것은 유학사상 자체의 본질로 보아 면치 못할 일종의 속성이라고 지적하고 관존민비·반상(班常)·서얼(庶孽)·처첩(妻妾)의 엄격한 구별 등을 실례로 들고 있다. 그러나 여기서 말하는 계급은 그 개념이 분명하지 않고 만일 서계(序階)라는 뜻으로 썼다면 서계는 국가사회의 질서와 안정을 유지하는 데 공헌되는 것이다. 공자는 백성을 다스림에 있어서 군자가 모범을 보여 "백성으로 하여금 따라오게 할 수는 있어도 그 까닭을 이해시키기는 어렵다"(子曰民可使由之 不可使知之 『論語』 泰伯篇)고 말하였고, 맹자는 군자와 야인의 관계에 대하여 서로 분업적으로 역할을 담당한다는 점을 지적하면서 허행(許行)일파의 군민병경설(君民並耕說)을 반박

하였다. 그것은 "…어떤 이는 마음을 수고로이하고 어떤 이는 힘을 수고로이 하며, 힘을 수고로이 하는 사람은 남에게 다스림을 받으며, 남에게 다스림을 받는 사람은 남을 먹여주고 남을 다스리는 사람은 남에게서 얻어먹는 것이 천하에 통용하는 원칙이다."(… 或勞心 或勞力 勞心者治人 勞力者治於人 治於人者食人 治人者食於人 天下之通義也『孟子』滕文公章句 上)라고 하였을 뿐이지 결코 우민화(愚民化)정책이나 관존민비사상을 주장한 것은 아니다. 맹자는 군자의 모범적인 역할을 강조하는 동시에 "백성은 귀하고 사직이 다음이고 임금은 가볍다"(民爲貴 社稷次之 君爲輕『孟子』盡心章句下)는 것을 주장한 바 있다.

5. 산업능력의 저하라는 지적은 유학에서 (1)상공계급을 천시하고, (2)선비나 양반계급은 직접적으로 산업에 종사하기를 좋아하지 않았으며, (3)대가족주의로 인하여 의뢰심이 길러지고 놀고먹는 습성이 생겼다는 것을 근거로 하고 있는데 이 가운데 (3)은 유교의 본질과 직접적으로 관계되지 않는 것이고, (1)과 (2)는 나름대로의 타당성이 있으나 그것은 개인적인 가치관의 문제요, 국가사회의 정책에서 강조된 것이 아니다. 국민 모두가 물질적인 생산에 참여하는 것은 좋은 일이지만 국가나 사회는 물질적인 생산만으로 유지되는 것이 아니고 윤리적·정치적 규범에 의한 권력의 기능과 학문적 기초가 필요하다는 점을 인식해야 한다고 주장하였고 이 밖에도 이상은 교수는 문약(文弱)·상명(尙名)주의·복고사상 등의 폐단은 유학에 있어서 응용상의 잘못이라고 지적하였다.

위에서 살펴 본 바와 같이 유교가 한국문화에 끼친 영향은 순기능적인 것과 역기능적인 것이 있을 수 있으나 현상윤 교수가 지적한 역기능적 영향은 이상은 교수에 의하여 매우 적극적으로 비판되었다고 할 수 있다. 이리하여 유교가 한국문화에 끼친 영향은 (1)군자학의 면려, (2)인륜도덕의 숭상, (3)청렴절의의 존중 등과 같이 개인과 가정과 사회와 국가에 유익한 기능적 영향만이 지지된 셈이다.

유학은 흔히 수기치인(修己治人)의 학문이라고 요약된다. 따라서 자기 자신을 위한 공부인 동시에 남을 다스리는 데 필요한 요건을 갖추는 노작이며 이상적인 인격자가 되는 동시에 이상적인 지도자가 되는 공부이기도 하다.

유교가 한국문화에 끼친 긍정적인 영향에 대하여 다시 정리하면 대략 다음과 같이 요약될 수 있을 것이다.

1. 이상적인 인격자가 되기 위한 가치관과 실천을 고취하였다.

2. 학문을 중시하는 풍조를 조성하였으며 자기를 수련하고 남을 다스리는 데 공헌하였다.

3. 예제(禮制)의 개혁에 이바지 하였다. 특히 주자가례『朱子家禮』는 가족윤리를 중시하는 유교적 가치관에 의하여 가족공동체를 결속시키고 가족윤리를 유지하고 강화하는 기능을 발휘하였다.

4. 국민을 귀하게 여기는 정치제도의 정립에 공헌하였다. 유가의 군주제도에서 선양(禪讓)과 세습(世襲)과 방벌(放伐)이 모두 인정되는 근본적인 이유는 바로 백성을 귀하게 여기는 정치사상에 말미암은 것이다. 흠휼정책(欽恤政策)이나 진휼정책(賑恤政策)도 모두 백성을 귀하게 여기는 정치의 소산이다.

5. 도덕을 중시하는 정신이 앙양되었다. 도덕은 사회의 일반적인 관습이나 풍속에 비하여 한층 수준이 높은 선악의 규준에 의하여

정립된 규범이다. 도덕을 중시하는 사상은 성경공부(誠敬工夫)나 덕치사상(德治思想)의 정신과도 일치하는 것이다.

6. 나라를 사랑하는 사상이 고취되었다. 인류역사를 돌이켜 볼 때 어느 나라를 막론하고 그 국민들이 나라를 사랑하지 않고 번영한 나라는 없다. 가족을 사랑하는 마음이 이웃으로 확대되고 국가로 확대되는 것이다. 임진왜란을 당하여 동래부사(東萊府使) 송상현(宋象賢)이 남긴 '…군신의중 부모은경'(…君臣義重 父母恩輕)은 죽음을 앞에 둔 긴장된 현실에서 결단한 엄숙한 가치판단이라고 할 수 있다.

위에서 살펴본 바와 같이 유교가 한국문화에 끼친 영향은 매우 크다고 할 수 있다. 그리고 그 영향 가운데는 순기능적 영향뿐만 아니라 역기능적 영향도 있을 수 있다. 그러나 그 영향이 어떤 것이든 간에 그것을 과학적이고 객관적으로 접근하기는 결코 용이하지 않다. 신라시대 최치원의 『난랑비서(鸞郎碑序)』에서 볼 수 있는 바와 같이 우리나라에는 풍류도(風流道)가 있었고 그것은 유가사상·도가사상·불가사상을 포함하였던 것이며 서로 조화를 이루어 현묘지도(玄妙之道)의 모습으로 기능하였던 것이다.[國有玄妙之道曰風流 實乃包含三敎接化群生. 出則忠於國入則孝於家 魯司寇之旨也. 處無爲之事行不言之敎 周柱史之宗也 諸惡莫作衆善奉行 竺乾太子之化也]

또한 현대의 한국에는 전통적인 종교 외에 근대적 신종교가 발생하고 기독교라는 서양의 종교와 그 밖의 여러 가지 종교가 유입되어 많은 영향을 미치고 있느니만큼 어떤 하나의 특정 종교만이 한국문화에 영향을 미친다고 보기는 매우 어려운 형편이다.

『논어』에는 "사람이 능히 도를 넓힐 수 있는 것이요 도가 사람을 넓힐 수 있는 것이 아니다"(人能弘道 非道弘人『論語』 衛靈公)라는 말이 있다. 이것은 인간들이 추구하는 모든 진리는 진리 그 자체가 주체(主體; Subjectivity)가 아니고 그것을 추구하고 실천하는 인간이 주체라는 것이다. 따라서 인간들이 신앙하는 종교나 철학이나 사상들이 추구하는 모든 진리는 인간이 주체적으로 발견하고 해석하고 현실에 적용하고 몸소 실천하는 것이지 사람이 그 종교에 얽매여 지배되는 것은 아니며, 만일 그렇지 않다면 인간의 주체성이 침해되고 상실된 상황이 되고 만다는 것이다.

'동네북이 된 한국의 유교문화'는 한국의 유교가 한국의 민족문화 발전에 크게 공헌한 바 있으면서도 다른 한편으로는 그 역기능적이고 전근대적 잔재가 노출되고 있음을 짐작케 한다. 이것은 『공자가 죽어야 나라가 산다』(김경일 1999 바다출판사)는 주장이 주목을 끄는 것을 보아도 능히 짐작할 수 있다. 다시 말하면 한국에서 유교가 비판을 받는 것은 비단 유교뿐만 아니라 모든 종교와 철학과 이념이 시대적 추이와 사회적 변화에 따라 개인과 사회와 국가라는 범위를 초월하여 새로운 문제를 맞이하게 되고 새로운 도전을 받게 된다는 것을 가리키기도 한다.

(2021. 02. 02.)

*이 글은 필자가 『淸原文化』(1992 창간호 pp.20-29)특집 "淸原의 儒敎文化"에 『儒敎가 韓國文化에 끼친 영향』이라는 제목으로 투고한 글을 많이 참조하였다. 이 특집에는 2명의 향토사학자와 3명의 교수가 집필한 5편의 논문이 소개되어 있다.

의식주(衣食住)와 현자(賢者)의 즐거움

- 일단사 일표음(一簞食 一瓢飮)

사람이 살아나가는 데 반드시 필요한 것은 의식주(衣食住)라고 할 수 있다. 즉 옷(의류)과 음식과 주거라는 것인데 여기서 옷이라는 것은 사람의 몸을 보호해주고 보기 좋게 꾸며주기도 한다. 사람의 몸을 보호해준다는 것은 이를테면 차가운 비나 찬바람을 맞을 때 몸을 지켜주는 것이며 나아가서는 여러 가지 외부로부터 오는 침해를 막아주기도 하는 것을 가리킨다. 그리고 사람을 보기 좋게 꾸며 준다는 것은 인간이 가지고 있는 미적(美的) 감각이나 가치 척도에 알맞게 해주는 것을 말한다. 사람은 홀로 있을 때 갖추는 복장과 남의 앞에 나타날 때의 복장과 특별한 행사를 치를 때의 복장이 서로 다른 수가 많다.

의식주라는 것은 인간생활의 가장 기본적인 요소를 간추려서 말하는 것이지만 그 구체적인 경우를 살펴보면 결코 단순하지 않다.

앞에서 말한 옷을 가지고 말하더라도 그 생김새나 빛깔이나 소재나 값어치가 천차만별하다고 할 수 있으며, 음식으로 말하더라도 그 맛이나 영양분이나 기능적 효용에 따라 다르며 그것이 어떻게 획득될 수 있는지에 따라 그 값어치가 달라질 수 있다. 그리고 우리가 살고 있는 집은 그 장소나 크기나 구조나 자재나 모양에 따라 가치의 차이를 나타내기도 한다.

이러한 의식주라는 것은 사람에게 반드시 필요한 것이면서 그 사람의 재력이나, 권력이나 인격에 따라 다르게 나타나기도 한다. 따라서 사람들의 의식주가 어느 수준에 있느냐를 보면 그 사람의 인격이나 사회적 지위나 경제력을 짐작할 수 있게 된다. 다시 말하면 그 사람의 의복[의관]이 얼마나 값지고 귀한 것이며 그 사람의 음식이 얼마나 맛있고 기름지고 귀한 것이며 그 사람의 주택이 얼마나 편리하고 크고 값지냐에 따라 그 사람의 거의 모든 것이 평가될 수도 있다는 것이다.

이러한 논리에 따른다면 의식주가 초라한 사람은 그 인격이나 능력도 초라하다고 평가되기 쉽다. 따라서 예로부터 사람들은 우선적으로 자기의 의식주에 신경을 기울이고 의식주를 확보하기 위하여 여러 가지로 노력하게 되었다. 그리고 이러한 노력은 주로 재물이라는 형식으로 나타나기 때문에 재물에 애착을 갖게 되고 그 애착이 지나치게 심할 경우에는 타인의 빈축을 사거나 나아가서는 불법 또는 위법행위가 되어 국가의 공권력에 의하여 소추(訴追)를 당하기도 하였다. 예로부터 오리(汚吏)나 장리(贓吏)로 손가락질을 받거나 처벌을 받은 사람들이 이에 속한다.

『논어』 옹야편(雍也篇)에는 안회(顔回)의 모습이 다음과 같이 소개되어 있다. "공자가 말하기를 '어질도다. 회여. 한 대그릇의 밥과 한 표주박의 물로 누항에 있으면 사람들이 그 시름을 감내하지 못하거늘 안회는 그 즐거움을 바꾸지 아니하니 어질도다. 회여.'"(子曰 賢哉 回也 一簞食一瓢飮 在陋巷 人不堪其憂 回也 不改其樂 賢哉 回也)

예로부터 누추한 시골이나 거리에서 사는 사람들은 적지 않았다. 그러나 주거의 환경만 좋지 않을 뿐만 아니라 음식도 매우 열악한 수준에서 살면서 항상 즐거움을 누리기는 쉽지 않은 일이다. 그럼에도 불구하고 안회는 그런 환경에서 근심이나 불안을 벗어나 변함없이 즐거움을 누리고 있었고 공자는 그의 훌륭한 인품을 가리켜 어질다고 칭송한 것이다.

사람은 예로부터 여러 가지 기본적인 욕구를 가지고 살아왔으며 오늘날에도 그 욕구는 계속되고 있고 앞으로도 계속될 것으로 볼 수 있다. 흔히 동양에서는 불교계에서 말하는 재욕(財慾), 색욕(色慾), 음욕(飮慾), 명욕(名慾), 수욕(睡慾)과 같은 것을 들고 있다. 재욕은 물질적인 것으로 흔히 말하는 동산이나 부동산이나 현금과 같은 것을 탐하는 것이며, 색욕은 남녀 간의 욕정이며, 음욕은 음식물에 관한 것이며, 명욕은 명예에 관한 것이며, 수욕은 육체적 휴식에 관한 것이다. 이러한 여러 가지 욕구 가운데 모두가 일정한 수준 이상으로 충족되기를 원하게 되고 그렇지 못하면 불만이나 불행을 느끼게 되고 마음의 평정을 지니지 못하게 되어 삶의 즐거움을 유지하기가 어렵게 되는 것이 일반적인 인간들의 모습이다. 그리하여 인간의 기본적인 욕구가 충족되지 못하면 여러 가지 패륜과 반사회적 범죄를 저지를 수도 있어서 때로는 개인적인 문제를 벗어나 사회적인 문제로 확대되고 파급되는 것이다. 그러나 안회는 누항에서 악의악식으로 생활하면서도 그 즐거움을 잃지 않고 있으니 매우 어질다고 공자는 평가한 것이다.

오늘날 우리 사회를 보면 안회처럼 누항에서 그 낙을 변치 않고 즐기는 사람은 많지 않은 것으로 보인다. 기회만 있으면 인욕(人慾)에 사로잡혀 사치와 낭비와 허영에 이끌리어 반인륜적인 나락으로 떨어지는 수가 많다. 특히 일정한 권력을 얻기만 하면 윤리적, 사회적, 법률적 규범을 도외시하고, 강자에게 아부하거나 자신의 권력을 이용하여 방자하거나, 약자를 억압하거나 핍박하거나 유혹하여 범죄 행위를 저지르는 인간들이 나타난다. 그들은 인간의 존엄성이나 품위를 스스로 유지하려하지 않고 기회만 있으면 그것을 파괴하면서 반인륜적 행위를 자행하는 것이다.

우리는 비록 누추한 곳에서 악의악식으로 살아갈지라도 인간의 고귀한 양심을 버리지 않고 인간다운 인간으로 살아가는 것만으로도 그 즐거움을 잃지 말아야 하겠다.

(2020. 9. 8.)

이윤(伊尹)의 선각(先覺)

동서고금을 막론하고 '선각'(先覺)이라는 말이 회자되어 왔으며 선각과 비슷한 낱말로는 '선지'(先知)라는 말이 있다. 그러나 두 개의 낱말은 서로 차이점이 있는 것으로 보이지만 실지로 사용하는 경우에는 별로 차이가 없고 그 차이점을 굳이 구별할 필요를 느끼지 않는 것이 일반적인 현실이다. 분명한 것은 두 개의 낱말이 모두 '남보다 먼저 깨닫는다'는 뜻으로 쓰인다는 점이다. 따라서 양자(兩者)의 뜻을 굳이 분석하고 천착하여 구분할 필요를 느끼지 않기 때문에 여기서도 같은 뜻으로 사용하기로 한다.

세상에는 선각자도 많았고, 선각자로 살면서 훌륭한 업적을 쌓았기 때문에 생전에 존경을 받거나 아니면 사후에라도 추모와 존경을 받는 사람들이 많았다. 선각자들은 살아 있는 동안에 남에게 유익한 지식이나 기술이나 깨달음을 주었기 때문에 많은 사람들을 유익하게 하였던 것이 그 특징이다. 그들은 타고 난 천성(天性; 天稟)에도 보통사람들과 차이가 있을 수 있지만 반드시 그런 것은 아니고 본인이 많이 보고 듣고 생각하고 판단하고 실천함으로써 사람들의 본보기(師表; role model)가 되었던 것이다. 따라서 그들은 자기만의 이익을 추구하는 데 그치지 않고 보다 많은 사람들에게 유익한 것이 무엇인지 깊이 성찰(省察)하여 그것을 실천할 뿐만 아니라 그것을 모르고 사사로운 이익이나 아집(我執)에 사로잡힌 사람들을 깨우쳐주며, 봉사하고 헌신하는 데도 심신(心身)을 기울였다.

사람들은 누구를 막론하고 자기 하나의 몸을 지탱하기도 힘들고 가족을 호구하기도 힘들다. 하물며 자기의 권속(眷屬)을 벗어난 다른 사람들을 위하여 헌신하기는 더욱 어렵기 때문에 이타적이고 자기희생이 따르는 생활을 실천하기는 매우 어렵다. 그럼에도 불구하고 우매(愚昧)한 사람들을 깨우쳐서 서로서로 사랑하고 돕고 존경하며 타인의 고통을 나의 고통처럼 생각하고 실천하는 사람이 곧 선각자라고 할 수 있는 것이다. 동서고금을 통하여 선각자가 존경을 받고 모든 인류에게 회자되고 찬양을 받는 이유가 여기에 있다. 이를테면 공자가 만세사표(萬世師表)라고 추앙을 받는 것과도 같다. 그들은 성현(聖賢)이라고 일컬어지기도 한다.

그러나 선각자는 때때로 어리석은 민중으로부터 인정을 받지 못하는 수가 있다. 어리석은 민중에게 인정을 받지 못하면 그 결과는 핍박(逼迫)과 박해(迫害)와 희생(犧牲)으로 돌아오기도 한다. 어리석은 민중은 그의 선각자적 지혜와 식견을 알지도 못하고 용납하지도 못하며 오히려 민중을 해치는 것으로 오인하는 수가 허다하기 때문이며 정치적 · 사상적 · 이념적 · 적대관계로 착각하기도 하고 심지어는 고의로 악용하기도 하기 때문이다. 이런 시각에서 보면 선각자의 운명은 수난과 희생을 운명적으로 피할 수 없는 경우가 많다. 인류역사를 살펴볼 때 인간으로서 누려야 할 일상적 향락이나 부귀는 고사하고 생명의 위협을 받기도 하고 마침내 순직하거나 순교하거나 순국하는 선각자들을 우리는 많이 보아왔다. 따라서 인류역사에서 빛나는 선각자들은 영광의 주인공이 아니라 비참한 희생자인 동시에 죄인이거나 또는 선구자요, 순교자요, 순국자요, 열사요, 의사(義士)요, 투사의 모습으로 나타났던 것이다.

『맹자』 만장장구 상(孟子 萬章章句 上)에는 이윤(伊尹)에 관하여 다음과 같은 이야기가 기술되어 있다. 이윤은 시골에서 농사를 지으며 자족하고 있었지만 탕왕(湯王)에게 등용되었기 때문에 그 연유에 대하여 낭설이 돌았던 모양이다. 그래서 만장(萬章)이 맹자에게 "사람들이 말하기를 이윤이 벼슬하기 위하여 고기를 요리하여 탕왕에게 바쳤다는 말이 있는데 그런 일이 있습니까?" 하고 물어 보았다. 맹자는 다음과 같이 대답하였다.

"아니다. 그렇지 않다. 이윤이 유신(有莘)의 들에서 밭을 갈면서 요순(堯舜)의 도를 좋아하여 그 의(義)가 아니고 그 도(道)가 아니면 천하로써 국록을 주더라도 돌아보지 않고 천사(千駟)의 말을 매어놓아도 돌아보지 않았으며, 그 의가 아니고 그 도가 아니면 지푸라기 하나라도 남에게 주지 않았으며 지푸라기 하나라도 남에게서 취하지 아니하였다. 탕왕이 사람을 시켜 폐백(幣帛)을 가지고 가서 초빙하자 만족하여 말하기를 '내 어찌 탕왕의 초빙하는 폐백을 받으리오. 내 어찌 견무(畎畝) 가운데에 처하여 이대로 요순의 도를 즐기는 것만 하리오.' 라고 하였다. 탕왕이 세 번이나 사람을 보내어 초빙하자 이윽고 마음을 고쳐 말하기를 '내가 견무의 가운데 처하여 이대로 요순의 도를 즐기기보다는 내 어찌 군주로 하여금 요순과 같은 군주를 만드는 것만 하며, 내 어찌 이 백성으로 하여금 요순의 백성이 되게 하는 것만 하며, 내 어찌 내 몸으로 실천하는 것만 하리오? 또한 하늘이 이 백성을 내심은 선지자(先知者)로 하여금 후지자(後知者)를 깨우치게 하며 선각자(先覺者)로 하여금 후각자(後覺者)를 깨우치게 하심이다. 나는 하늘이 낸 백성의 선각자이니 내 장차 이 도로써 백성들을 깨우치게 해야 할 것이니 내가 그들을 깨우치지 않는다면 그 누가 행하리오?' 이윤은 생각하기를 천하의 백성들이 필부(匹夫)와 필부(匹婦)라도 요순의 혜택을 입지 못하는 자가 있으면 마치 자신이 그를 도랑[溝]으로 밀어 넣은 것처럼 여겼으니 그가 천하의 중임으로써 자임함이 이와 같았다. 그러므로 탕왕에게 나아가서 탕왕을 설득하여 하(夏)나라를 정벌하여 백성을 구제한 것이다." (……天地生此民也 使先知覺後知 使先覺覺後覺也 予天民之先覺者也 予將以斯道 覺斯民也 非予覺之 而誰也 思天下之民匹夫匹婦 有不被堯舜之澤者 若其推而內之溝中 其自任以天下之重 如此 故就湯而說之 以伐夏救民)

이윤은 탕왕의 간곡한 초빙을 받고 드디어 자신이 선각자임을 인정하고 후각자를 깨우쳐주고 모든 백성들이 요순의 혜택을 받도록 하고 탕왕을 설득하여 하왕(夏王)과 같은 폭군을 정벌하게 하였던 것이다. 그는 선각자로서 일신의 안위를 위하여 유신의 견무 가운데서 편안한 일생을 보내는 것보다는 마땅히 후각자들을 깨우쳐주고 모든 백성이 요순의 훌륭한 정치의 혜택을 받게 함으로써 선각자의 사명을 완수하였던 것이다.

오늘날 세계 각국의 현실을 보면 진정으로 선각자의 사명을 수행하는 사례가 얼마나 되는지 의심스러운 경우가 자주 발견된다. 1차산업은 2차산업과 3차산업을 거쳐 바야흐로 4차산업이 세계를 지배하고 경이로운 문화수준에 이르고 있는 반면에 아직도 인류는 전쟁의 위협에서 벗어나지 못하고 원시적인 적대감정과 기아와 질병과 억압과 심지어는 살육(殺戮)이 전개되기도 하는 것은 진정한 선각자의 출현을 요구하는 것으로 해석되기도 한다.

선각자의 모습은 모두 똑같을 수는 없다. 시간적 · 공간적 · 민족적 · 문화적 차이에 따라 그 모습은 다를 수밖에 없다. 그러나 한 가지 분명한 것은 자신이 바르지 못하고 욕되게 행하면서 남을 바르게 하거나 천하를 바르게 할 수는 없다는 것이다. 다시 말하면 사이비선각자는 진정한 선각자와 스스로 구별되는 것이며 사이비선각자는 사회를 혼란하게 할 따름이다. 현대적 지성과 능력과 용기를 갖춘 진정한 선각자가 요구되는 현실이다.

(2018. 5. 16.)

인간의 기본적 욕구와 순(舜)임금의 효순(孝順)

인간에게는 기본적 욕구가 있다고 말한다. 그리하여 때로는 식욕·수면욕·색욕을 들고, 때로는 재욕(財慾)·색욕(色慾)·식욕(食慾)·명예욕(名譽慾)·수면욕(睡眠慾)을 들기도 하여 그것을 얼마나 충족하느냐에 따라 만족이나 행복과 같은 감정을 갖게 된다고 한다. 그러나 그 기본적 욕구는 누구에게나 일치하는 절대적이고 기본적인 것도 있지만 그것을 초월하여 특수한 욕구를 중시하는 경우도 있는 것이 인간사회의 현실이기도 하다. 따라서 어떤 사람에게는 전혀 무가치한 욕구도 어떤 사람에게는 모든 것을 바칠 수 있으리만큼 중요한 비중을 차지하기도 한다. 이렇게 본다면 인간의 기본적 욕구는 인간의 가치관과 깊은 관계가 있고 인간의 가치관은 인간의 생애를 지배하는 중요한 동인(動因)이 된다고 할 수 있다.

잘 알려져 있는 바와 같이 고대 중국의 순임금[舜帝;有虞氏]은 지극한 효행으로 이름난 제왕이며 『맹자』에는 다음과 같은 내용이 서술되어 있다.

"그(순)는 요임금[堯帝; 陶唐氏]이 자기의 자녀 9남 2녀로 하여금 백관(百官)과 우양(牛羊)과 창름(倉廩)을 갖추어 견무(畎畝)의 가운데서 그를 섬기게 하여 천하의 선비들이 모여드는 사람이 많았다. 그리고 요임금은 천하의 인심을 살펴서 그에게 제위(帝位)를 물려주려하였는데 순은 부모에게 순종하지 못하였으므로 마치 궁지에 빠진 사람이 어디론지 돌아갈 곳이 없는 것처럼 불안하게 굴었다. 천하의 선비들이 기뻐하는 것은 누구나 바라는 바이지만 그는 그것으로 근심을 풀지 못하였으며, 호색(好色)은 누구나 원하는 바이지만 요임금이 두 딸로 하여금 처를 삼아주어도 근심을 풀지 못하였으며, 부유(富裕)함은 누구나 바라는 바이지만 천하를 모두 소유하였어도 근심을 풀지 못하였으며, 존귀하기는 누구나 바라는 바이지만 천자(天子)가 되어서도 근심을 풀지 못하였으니 다시 말하면 사람들이 나에게 순종함과 여색과 부유함과 고귀함[권력]에서는 근심을 풀만한 것이 없었고 부모에게 효순(孝順;순종하고 화합하는 것)해야만 근심을 풀 수 있었다고 한다. 사람이 어릴 때에는 부모를 사모하다가 여색을 좋아할 줄 알면 젊고 예쁜 소녀를 사모하고, 처자를 두면 처자를 사모하고, 벼슬하면 군주를 사모하고, 군주에게 신임을 얻지 못하면 가슴속에 열병이 일어난다. 그러나 위대한 효도는 종신토록 부모를 사모한다. 나이가 50이 되어도 부모를 사모하는 자를 순에게서 보게 되었다."(『孟子』 萬章章句上. "帝使其子 九男二女 百官牛羊 倉廩備 以事舜於畎畝之中 天下之士 多就之者 帝將胥天下而遷之焉 爲不順於父母 如窮人無所歸 …大孝終身慕父母 五十而慕者 予於大舜見之矣")

위에서 볼 수 있는 바와 같이 맹자는 순임금의 효도를 말하면서 인간의 욕구를 (1)천하의 선비들이 나를 좋아하는 것, (2)아름다운 여색을 충족하는 것, (3)물질적인 부유를 충족하는 것, (4)권력을 충족하는 것을 구체적으로 열거하면서도 (5)부모를 사모하는 것을 말하고 부모를 사모하는 것이 충족되지 않으면 다른 것들이 아무리 충족되어도 근심을 풀지 못하고 부족하다는 것을 지적한 것이다.

사람들은 누구나 부모로부터 출생하여 부모의 극진한 양육을 받고 성장하므로 부모의 은혜는 말로 표현할 수 없으리만큼 많이 입은 것이 사실이다.(『불설대보부모은중경』 주1 참조). 그럼에도 불구하고 점점 성장하고 사회생활을 경험하면서 여러 가지 욕구를 갖게 되고 그 욕구를 충족하는데 관심과 노력을 기울이게 되는 까닭에 부모의 은혜를 점점 잊어버리게 되기도 하고 심지어는 부모의 은혜를 완전히 배반하는 일도 일어나게 되는 수가 있다.

전하는 바에 따르면 순임금은 부모와의 관계가 특이한 점이 있다. 그는 일찍이 생모(生母)를 잃고 계모 밑에서 상(象)이라는 이복동생과 더불어 살게 되고 극심한 차별을 받았던 것이다. -순은 생명마저 위협을 받은 경우가 많았다.- 따라서 취처(娶妻)하는데도 순조롭게 부모의 허락을 받을 수는 없는 형편이었다. 이에 대하여 맹자는 만장의 질문을 받고 응답한 일이 있다. 『시경』(詩經)에는 취처하기 위해서는 반드시 부모에게 고해야하는데 순은 어찌하여 부모에게 고하지 않고 취처하였느냐는 질문이었다. 이에 대하여 맹자는 대답하기를 "부모에게 아뢴다면 취처를 못하였을 것이다. 남녀거실(男女居室)은 사람의 큰 윤리(人之大倫)이니 만일 부모에게 아뢰었다면 사람의 큰 윤리를 폐하게 되어 부모를 원망하게 되었을 것이다. 이리하여 고하지 않은 것이다."라고 하였다. (『孟子』萬章章句 上. "孟子曰 告則不得娶 男女居室 人之大倫也 如告則廢人之大倫 以懟父母 是以不告也") 여기서 순임금이 불고이취(不告而娶)한 까닭과 같이 요임금이 순임금의 부모에게 혼사를 고하지 않은 것도 같은 이유라는 것이다.

자녀의 처지에서 혼인을 할 때는 당연히 부모의 허락을 받아야 하는 것이지만 만일 부모가 완악하여 자식의 혼인을 허락하지 않을 때는 부득이하게 부모의 허락을 받지 않고서라도 혼인하는 것이 마땅하다는 것이다. 이것은 부모의 허락을 받는 것보다는 받지 않고라도 혼인하는 것이 더욱 근본적이고 고차적인 윤리(규범)임을 의미하는 것이며 따라서 아무리 일상적인 효도의 윤리가 중요하다고 하더라도 그보다 근본적인 윤리를 파괴해서는 안 된다는 것을 뜻한다. 다시 말하면 인간이 지켜야 할 규범에는 근본적인 것과 말단적인 것의 차별이 있다는 것이다. 이것은 이른바 소의(小義)와 대의(大義)의 경우와도 같다. 소의를 지키기 위하여 대의를 파괴하는 것이 정당화하거나 합리화하기는 어려운 것이다.

우리는 일상생활에서 본말(本末)과 종시(終始)를 비롯하여 대소(大小)·경중(輕重)·선후(先後)·완급(緩急)을 도외시하거나 혼동함으로써 중대한 과오를 범할 수도 있다. 지엽이나 말단에 지나지 않는 윤리에 얽매여 근본적이고 기초적인 윤리를 위반하거나 파괴해서는 안 된다. 이러한 원리는 상도(常道)와 권도(權道), 강상(綱常)과 권변(權變), 규범윤리(規範倫理)와 상황윤리(狀況倫理)의 원리에도 부합하는 것이다.

한국사회는 전통적 가치관으로부터 근대적 가치관으로 전환하면서 많은 가치관의 혼돈을 경험하였으며 그것은 너무나 급격한 변천과정에서 야기되는 많은 부작용이기도 하였다. 그러나 아무리 급격한 변화과정을 거친다고 하더라도 국가와 사회발전에 기여하고 그 토대가 될 수 있는 전통(傳統)은 아낌없이 발굴하고 보존하고 발전시켜야 한다. 구시대의 잔재라고 간단히 규정하거나 버려야 할 문화유산에 지나지 않는다고 가볍게 판단하지 말아야 할 것이며 아름다운 문화유산을 보존하고 발굴하고 발전시킬 수 있는 슬기와 탐구와 노력이 요구된다고 할 수 있다.

(2018. 4. 30.)

주1. 『佛說父母恩重經』

1) 懷眈守護恩 2) 臨産受苦恩 3) 生子忘憂恩 4) 咽苦吐甘恩 5) 廻乾就濕恩

6) 乳哺養育恩 7) 洗濯不淨恩 8) 遠行懷念恩 9) 爲造惡業恩 10) 究竟憐愍恩

자로(子路)와 안연(顔淵)과 공자(孔子)의 대화

공자(孔子)에게는 많은 제자들이 있었고 그중에는 공자와 자주 만나서 거동을 함께하기도 하고 심지어는 침식을 함께하며 주유천하(周遊天下)를 한 제자들도 많았던 것으로 보인다. 따라서 그들이 대화를 자주하는 것은 지극히 자연스런 일이었을 것이다.

공자의 교육방법은 전문가들의 견해에 따라서 여러 가지로 분석하고 설명할 수 있겠지만 나의 소견으로는 적어도 지식을 암기하고 남에게 그것을 나타내는 주입식교육(注入式教育)은 아니었을 것이라고 생각된다. 흔히 공자의 교육은 예 · 악 · 사 · 어 · 서 · 수(禮 · 樂 · 射 · 御 · 書 · 數)를 내용으로 하는 이른바 육예(六藝)라고도 일컬어지지만 그것은 내용과 형식의 문제를 말하는 것이고 그 교육의 방법이나 원리에 있어서는 사물을 관찰하고 남의 이야기를 듣고 깊이 생각하고 분별하고 적용하고 실천하며 반성하는 방법이었을 것이라고 믿는다. 그리고 이러한 교육에서는 무엇보다도 독서나 사색이나 궁리나 토론이나 대화나 실천이라는 방법이 중요한 비중을 차지할 것으로 보인다. 따라서 공자의 모든 사상과 제자들의 교육이 기록된 『논어』(論語)에는 공자와 그 제자들과의 문답식 대화가 많은 분량을 차지하고 있으며 그 대화를 통하여 공자의 철학적 윤리적 인생관과 세계관과 가치관을 엿볼 수 있으며 교육철학과 그 방법론을 파악할 수 있다고 생각된다.

『논어』 공야장편(『論語』 公冶長篇)에는 자로(子路)와 안연(顔淵)과 공자가 자기의 생각을 서로 주고받은 내용이 간략히 소개되어 있다. 여기서는 공자가 먼저 제자들에게 자기의 뜻을 말하라고 하였다. 그리하여 자로가 먼저 말하였다.

"저는 거마(車馬)를 친구와 더불어 이용하고 피복(皮服; 輕裘)을 친구와 더불어 입되 그것이 낡아서 못쓰게 되어도 유감스럽게 생각하지 않기를 원합니다."(曰願車馬 衣輕裘 與朋友共 敝之而無憾).

오늘날에는 자동차공업이나 항공기술이나 항해기술과 같은 교통기술이 발달하고 신체를 보호하는 의복도 크게 발달하여 많은 문제가 해결되었지만 공자가 주유천하(周遊天下)하던 중국의 춘추시대에는 그렇지 못하였기 때문에 거마(車馬)를 이용하고 거기에 알맞는 경구(輕裘)를 착용하는 것도 매우 중요한 일이었으므로 거마와 경구는 서로 서로 아끼고 남에게 잘 빌려주기도 쉽지 않은 물건이었을 것이다. 그럼에도 불구하고 그것을 친구와 더불어 사용하여 그것이 쓰지 못하게 망가지더라도 그것을 유감스럽게 생각하지 않겠다는 것이다. 이것은 아마도 자로의 너그럽고 믿음 있는 교우관계를 나타내는 데 부족함이 없는 말이라고 할 수 있을 것이다.

이어서 안연은 말하였다.

"내가 잘 한 일을 자랑하지 아니하며, 남을 수고롭게 하지 않겠습니다."(曰無伐善 無施勞).

여기서 말하는 '잘 한 일'은 '착한 일'이요, '남에게 칭찬을 들을만한 일'이라고 할 수 있다. 그리고 수고로움은 공로가 있는 것을 가리키기도 하고 정신적으로나 육체적으로나 수고로운 일이거나 때로는 위험하기도 한 일일 수 있으므로 당연히 남에게 그런 일을 감당케 하지 않는다는 것을 가리킨다. 실지로 인간들의 사회생활을 보면 그와는 반대로 특별히 수고로운 일이나 물질적으로나 정신적으로 부담이 되는 일은 될 수 있는 대로 회피하고 남에게 폐를 끼치는 사례가 있는 현실에 비추어 볼 때 안연은 자기희생적인 윤리적 행동을 선택하는 것이다. 사람들은 이러한 착한 일과 수고로움을 이루어냈을 때는 자연히 자랑스럽게 생각하고 그것을 밖으로 나타나게 하고 그것에 대한 적당한 보상이나 칭송을 기대하는 것이 일반적인 현상이다. 그러나 안연은 그러한 일반적인 사람들과는 달리 자신의 업적을 겉으로 드러내지도 않고 그 대가나 보상을 원하지도 않는다는 것이다. 이것은 『역경』 계사전 상(『易經』 繫辭傳 上)에 나오는 '자왈 노이불벌'(子曰 勞而不伐)과 상통하는 내용이다. 다시 말하면 수고롭고 희생적인 일을 하면서도 그것을 겉으로 드러내지 않고 겸양의 미덕을 발휘하는 것이다. 사람이 남을 위하여 수고로운 일을 하면 할수록 그 공로를 스스로 드러내기 쉽고 만일 공로가 드러나지 않으면 억울하게 생각하고 스스로 드러내기도 하고 아니면 그 수고로운 일을 외면하고 포기하는 것이 인간들의 일반적인 성품이라는 사실을 볼 때, 수고롭고 희생적인 일을 하면서도 그것을 드러내지 않는 것은 지극히 훌륭한 인격(또는 인품; 성품)의 표본이라고 할 수 있다.

안연과 자로가 위와 같이 공자에게 자신의 뜻을 말씀드리고 나자 자로는 공자의 뜻을 듣고 싶다는 말을 하였다. 이에 대하여 공자는 "노인을 편안히 봉양해드리고, 붕우를 믿음으로 대하며, 어린이를 은혜로써 품어준다."(子曰 老者安之 朋友信之 少者懷之)고 대답하였다.

이와 같은 세 사람의 말에 대하여 송나라의 정자(程子)는 평가하기를 공자는 안인(安仁)하고, 안연은 불위인(不違仁)하고, 자로는 구인(求仁)하는 것이라고 풀이하였다. 여기서 공자가 '안인한다'는 것은 이미 인을 완전히 체득하고 품성화(personalization; characterization)하여 항상 그것을 역동적으로 실천하고 있는 상태를 가리키는 것이며, 안연이 '인을 어기지 않는다'는 것은 인을 실천하는 인지적(認知的) 능력과 정의적(情意的) 능력이 체득된 상태를 말하는 것이며, 자로가 '구인한다'는 것은 적어도 인에 대한 인지적 능력이 배양되어 항상 인을 실천코자 하는 의지를 가지고 있음을 말한다고 할 수 있다.

인은 유가철학의 근간을 이루는 사단(四端)이라고 부르는 인 · 의 · 예 · 지(仁 · 義 · 禮 · 智)를 대표하는 윤리의 개념으로 사용되는 수가 많다. 인간은 인의 실마리를 가지고 있으며, 의의 실마리를 가지고 있으며, 예의 실마리를 가지고 있으며, 지의 실마리를 가지고 있다는 것이 유가철학의 이론적 근간을 이룬다. 이 사단은 희·노·애·

구·애·오·욕(喜·怒·哀·懼·愛·惡·慾)이라는 칠정(七情)에 포함되어 있으며 인간의 모든 정신적 육체적 행동을 지배하는 원동력을 이룬다고 볼 수 있다. 공자가 그 제자들에게 보여주고 전해준 가르침은 매우 다양하게 설명할 수 있겠지만 그것을 간추려 말하면 바람직한 인간관계에서 요구되는 '인'을 핵심으로 한다고 할 수 있다.

그들의 대화는 단순한 언어의 교환에서 그치지 않고 자신의 인격수련과 윤리적 품성을 구체적으로 나타낸 교육의 원리이기도 하다. 교육은 우리가 주고받는 일상생활 속에서 소리 없이 이루어지는 것이기도 하다.

(2020. 7. 27.)

진리(眞理)의 주체는 인간이다

사람들은 진리(眞理; 道)를 추구하고 실현하려고 노력한다. 그리고 그 진리에 대하여 존엄하고 유용하기도 한 값어치를 인정하는 데 주저하지 않는다. 그러나 그 진리가 구체적으로 무엇을 말하는 것인지는 설명하기도 어렵고 정의(定義)하기도 쉽지 않다.

진리라는 용어는 여러 가지 종교에서도 많이 회자되고 있다. 우선 기독교의 『성경』(聖經)에서는 'Truth'나 'Faithfulness'로 영역되어 거의 100번이나 나타나고 있으며, 진리에 대한 개념을 이해시키고 왜 그것을 믿어야하며 실천해야 하는지를 매우 다양하게 나타내고 있다. 진리(또는 진실)와 상반되는 말은 흔히 허위(虛僞; 거짓; 假說)라고 할 수 있고 두 가지 개념의 상호관계는 현대의 모든 국가에서 교육하는 논리학(論理學, Logic, 邏輯, 理則學)에서 다루어지며 철학의 일부분을 차지하고 있다.

서양철학에서는 진리(Truth)는 '은폐되지 않은 것, 망각되지 않은 것; Alethe'로 설명하기도 한다. 장애물이나 어떤 것에 가려진 물체나, 사람이 망각한 사물은 우리가 그것을 정확하게 인식하기가 어렵다. 만일 가려진 물체를 그 겉모습만 보고 판단하면 '오류'(false; fallacy)에 빠지기 쉽다. 진리란 아무것에도 가려지지 않은 실체를 가리킨다고 할 수 있기 때문이다.

우리나라에는 언제부터인지 모르게 '진짜'와 '가짜'라는 말이 유행하게 되어 지금은 일상적이고 보편적인 용어가 되어 있다. -나는 아직도 그런 말을 기피하는 형편이긴 하지만 '진짜'라는 말이 진리와 매우 가까운 말이고 '가짜'라는 말이 거짓과 매우 가까운 말임에 틀림이 없는 것으로 보인다.

이제는 진리와 매우 가깝게 이해되는 '도'(道)라는 말에 대하여 생각해보고 싶다. 나는 1992년 가을, 중국 복건성 무이산시(福建省 武夷山市)에서 열린 '주자학술사상연토회'(朱子學術思想硏討會)에 참가하였다가 거기서 뜻밖에도 홍도(弘道) 선생을 만나게 되었다. 홍도 선생은 한국의 국립대학교에 근무하다가 교육부의 어문교육정책에 반기를 들었다는 이유로 교수직에서 물러나 있었는데 우연히 연토회에서 상면하게 된 것이었다. '홍도'(弘道)는 그의 아호였다. 그는 학술회의가 열리는 첫날 늦은 저녁에야 현지에 도착하여 짐을 풀게 되었다.

첫날 저녁엔 만찬회에 이어 차회(茶會; 茶話會)가 열리고 휘호(揮毫) 행사가 이어졌다. 서예에 조예가 없는 나는 홍도선생이 뒤늦게 도착한 것을 알고 침실로 찾아가서 상황을 말씀드리고 모임에 나오기를 간청하였다. 지체하지 않고 쫓아오신 홍도선생은 붓을 잡았다. 그의 휘호는 상당한 수준이어서 한국학자의 체면을 충분히 지켜 주었다. 나는 그날을 기념하기 위하여 하나의 작품을 부탁하였다. 그는 『논어』 위령공편(論語 衛靈公篇)에 나오는 '인능홍도 비도홍인'(人能弘道 非道弘人)을 휘호하여 나에게 주셨다. 그런데 여기서 말하는 도란 무엇인가. James Legge(1815~1897)는 '도'(道)라는 말을 'principle'이라고 영역하였으나 매우 넓은 뜻이 담겨 있는 것으로 보인다. 한국에서는 흔히 '원리'나 '원칙'이나 '방법'이나 '길'이나 '진리'라고 번역되는 것 같다.

그런데 『논어』의 취지는, 아무리 훌륭한 진리가 있다고 하더라도 그 진리자체가 능동적으로 사람을 넓혀주는(enlarge, enlightening) 것이 아니고, 그것을 신봉하고 체득하고 실천하는 주체가 되는 인간이 그 진리를 넓힌다는 것이다. 다시 말하면 진리를 실천하는 주체는 인간이라는 것이다. 나는 『논어』에서 말하는 뜻을 그대로 받아들이고 있었고 그것을 신봉하는 홍도선생을 만나게 된 것이 매우 반갑기도 하였다. 나는 귀국 후에 그 휘호를 표구하여 나의 서재에 걸어놓고 지금까지도 무언의 가르침을 받는다.

세상에는 길도 많고, 원칙도 많고, 진리도 많고, 도(道)도 많다. 그러나 사람에 따라서는 똑같은 사물에 대하여서도 전혀 상반되는 인식을 가지고 있으며 그로 말미암은 가치판단에 따라 상반되는 인식과 판단을 내타내기도 하며 때로는 심각한 갈등을 일으키기도 한다. 이런 점에서 보면 도는 무위(無爲)하면서도 인위(人爲)에 따라 그 본질과 현상이 다르게 파악될 수도 있는 것이다. 여기서 진리의 상대성이 용납될 수 있을는지도 모른다. 실지로 오늘날 진리의 상대성을 인정하는 것은 일반적인 현상이다.

그렇다면 진리는 어디까지나 주관의 장벽을 초월하지 못하고 거기에 갇히고 말 수도 있다. 그러나 인간은 그것까지도 좌지우지하는 주체가 아닌가. 따라서 아무리 진리가 상대적인 모습으로 나타날지라도 그것을 인식하고 지배하고 실현하는 주체는 인간이며 인간의 주체는 개개의 인간을 초월하는 보편적 인간의 이성(理性)에 기초한다고 보아야 할 것이다.

진리는 진리로되 무위(無爲)의 원천에서 인간의 실천을 매개로 하는 유위(有爲)를 통하여 그 값어치가 좌우되는 것이다. 따라서 사람이 능히 진리를 실현하는 것이요 진리가 인간을 실현하는 것은 아니다. 다시 말하면 인간은 진리를 실현하는 진리의 주체라는 것이다.

(1992. 10.)

진정한 선비의 모습

'선비'라는 낱말은 사농공상(士農工商)이라는 직업적 구별이 분명하였던 전근대적 전통사회에서 많이 사용하던 말이고 현대와 같은 산업사회에서는 좀처럼 사용하지 않는 낱말이다.

그러나 요즘도 사람들은 이따금 존경할 만한 사람을 가리켜 '선비'라고 높이기도 하고 반대로 남을 비하하기 위하여 '땔 나무꾼'이니 '장사치'니 '사기꾼'이니 심지어는 '쌍놈'이라는 말을 사용하기도 하는 것을 볼 수 있다. 이런 측면에서 보면 '선비'라는 낱말은 학식이나 인격이나 행동이 매우 이상적이어서 남에게 모범이 될 만한 사람에게 사용하는 낱말임을 분명히 알 수 있다. 따라서 남으로부터 '선비'라는 말을 듣는 것은 대체로 칭찬으로 받아들이게 되고 은근히 자긍심을 느끼게도 된다.

현대사회의 시민들은 사농공상을 거의 가리지 않고 자신의 소질과 능력에 따라 자신과 가정과 국가사회를 위하여 헌신하고 봉사한다. 따라서 어느 직업이 특별히 귀하고 천하다는 관념은 거의 사라지고 얼마나 그 능력을 발휘하여 자아실현을 성취하느냐는 것이 중요한 가치관이 되고 한 생애를 평가하는 기준이 되기도 한다.

사람(국민)들은 적어도 공직자나 정치인들이 존경을 받고 '선비답기'를 바란다. 모든 일에 공정하고 봉사적이며 직무수행에 최선을 다하고 적어도 국민들을 실망시키지는 말기를 기대한다. 경우에 따라서는 간혹 실수할 수는 있어도 고의로 상식을 어기거나 품위 없고 무책임하고 교만하거나, 함부로 선동적인 말을 쓰거나 범법행위를 저지르지는 않기를 기대한다. 정치인을 포함하는 공직자는 관계법령에 따라 성실의 의무, 복종의 의무, 친절의 의무, 비밀엄수의 의무, 청렴의 의무, 품위유지의 의무 등이 부과되어 있다. 그럼에도 불구하고 성실의 의무나 청렴의 의무는 고사하고 국리민복을 외면하는가 하면 부당한 특권이나 누리려 하고 일반 시민들이 생계를 위하여 부득이하게 저지르는 파렴치한 범죄를 스스로 저지르고도 국가의 공권력에 저항하고 거짓 말하기를 밥 먹듯 하는 철면피한 꼴을 너무나 자주 보여 주고 있음이 우리의 현실이다. 그리하여 언제부터인지도 모르게 한국사회에서는 공직자나 정치인들에 대한 신랄한 비판적 평가가 수없이 회자되고 있어서 경우에 따라서는 듣기가 민망할 때도 많다.

동서고금의 모든 경전(經典)은 사람의 도덕적 윤리적 생활규범과 인격에 관하여, 다시 말하면 기본적인 인간상(人間像)에 대하여 말하고 있으며 유가(儒家)의 경전에서는 그 기본적인 인간상을 선비[士]로 표현하기도 한다.

『논어』(論語) '자로편'(子路篇)에는 자공(子貢)과 공자가 선비에 대하여 주고받은 문답의 내용이 보인다. 자공은 어떠한 사람을 선비라고 할 수 있는지 공자에게 몇 차례나 거듭하여 질문하였고 공자는 대략 다음과 같이 대답하였다.

첫째로 선비는 스스로 실천하는 데 책임감이 있고 사방(四方)에 사신(使臣)으로 다니면서 임금의 명을 욕되게 하지 않는 사람이며, 둘째로는 그의 종족(宗族)이 효성스럽다고 칭송하고 지역사회[鄕黨]에서 공순하다고 칭송하는 사람이며, 셋째로는 비록 식견이 천박한 소인이라도 말[言]에는 반드시 믿음이 있으며 행위에는 반드시 실천이 있는 사람이라고 하였다.

다시 말하면 자신의 행위에 대하여 잘못을 반성하여 깨닫고 만일 잘못이 있을 때에는 부끄러워할 줄을 알아야 하고, 자기의 잘못이 통치자의 기대나 명령에 어긋나지 않도록 해야 하며, 집안과 일가친척과 마을에서는 효성스럽고 공순(겸손)해야 하며, 다소간 옹색하기는 하더라도 언행(言行)에는 신의가 있는 사람이라야 선비라고 할 수 있다는 것이다.

그렇다면 당시의 노(魯)나라에서 권력을 장악하고 있던 대부(大夫)들은 어떠하냐고 다시 자공이 물었다. 이에 대하여 공자는, 녹봉이나 가지고 많으니 적으니 따지는 좀스런 안간들[斗筲之人]은 선비라고 할 수가 없다고 하였다. 공자는 노나라의 대부들을 선비다운 선비라고 볼 수 없었던 것이다. 그러면서 공자는 다시 중행(中行)을 얻지 못하여 더불어 하지 못한다면 차라리 광자(狂者)와 견자(狷者)가

낫다고 하였다. 광자는 뜻이 지극하여 나아가 취하는 바가 있고 견자는 아무 일이나 함부로 행하지 않고 절제하는 바가 있다는 것이다. 공자의 견해로는 중도(中道)를 실천하는 훌륭한 선비가 이상적이지만 그런 훌륭한 선비를 얻기 어려우면 차라리 뜻이 매우 높거나 아니면 지식이 다소 부족한 광자나 견자라도 취할 수밖에 없다고 하였다. 광자와 견자는 비록 중도를 행하기는 어렵지만 선비에 매우 가까운 인물들이라는 것이다.

우리의 현실은 지금 어떠한가. 과연 공직자로서 중도를 실현할 만한 선비다운 인물이 얼마나 있는지 의심스러울 때가 많다. 날이면 날마다 공직자의 망언과 비리와 범죄가 대중매체의 기사로 등장하지 않는 날이 없으니 말이다. 선량한 국민들은 타락한 공직자의 모습을 보며 구토를 느끼고 침을 뱉지만 자신도 모르게 그들을 비난하면서 동시에 따라 배우는 수도 많다. 심지어는 모두가 더러운데 '나만 어찌 깨끗할 수가 있느냐'고 구차하고 비열하게 자기를 변명하고 합리화하기도 한다. 공직자들이 보여주는 추악한 모습이 그대로 선량한 국민의 양심과 가치관으로 침투하여 온 나라를 병들게 하는 것이다. 공직자가 국민에게 미치는 영향은 마치 천 길 만 길이나 벼랑을 떨어지는 폭포수처럼 힘차다. 웃물이 맑아야 아랫물도 맑다는 속담을 상기하게 한다.

진정한 선비의 모습이 그리운 오늘날이다.

(2015. 9. 10.)

타인에 대하여 참지 못하는 마음[不忍人之心]

사람은 누구나 부모와 형제자매와 친인척과 이웃과 더불어 국가 권력의 지배를 받으며 살아 나간다. 그리고 사람들로부터는 여러 가지 사랑을 받기도 하고 도움을 받기도 하고 가르침을 받기도 하지만 경우에 따라서는 엄격한 제재(制裁)나 억압이나 나아가서는 배척이나 침해를 받는 수도 있다. 이러한 모든 현상은 '인간은 사회적 동물'이라는 명제를 여실히 깨닫게 한다.

그런데 사회(社會; 'society' 'community')란 무엇인가. 사회는 흔히 '공동생활을 하는 사람들의 유기적 집단'을 가리킨다고 할 수 있다. 아무튼 우리는 혼자서 사는 것이 아니고 많은 사람으로 이루어진 유기적 집단 속에서 사는 것이며 아무리 1인가구를 유지하고 살고 있더라도 유기적 집단을 벗어난 것은 아니기 때문에 결코 완전히 고립된 생활이라고는 볼 수 없다.

사람이 사회생활을 영위한다는 것은 사람을 만나고 소통한다는 것을 가리킨다. 우리는 공동주택의 복도에서나, 또는 학교에서나, 직장에서나, 시장에서나, 관공서에서나 자연스럽게 마주치기도 한다. 직접적으로 만나는 동시에 때로는 여러 가지 매체를 통하여 간접적으로 만나는 수도 많다.

우리는 사람을 만나면 우선 시각적으로나 청각적으로 교감이 되고 언어나 몸짓이나 표정으로 자신의 감정을 나타내는 동시에 그것을 상대방에게 전달하기도 한다. 이러한 일종의 교감(交感)은 나이나 지위나 체력이나 재력에 관계없이 자연스럽게 이루어지는 수가 많다. 그리고 이런 현상은 대체로 어느 상대방이 매우 곤란한 처지에 있을 때 뚜렷이 나타난다. 이를테면 어느 노인이 길을 가다가 갑자기 넘어져서 다치고 피를 흘린다면 그것을 본 사람은 누구든지 달려들어 그 노인을 부축하고 적당한 조치를 취하게 한다. 이러한 행동은 사람이라면 누구나 가지고 있는 본심(本心)에서 우러난 것이라고 할 수 있다. 이러한 본심은 피를 흘리는 노인을 보호함으로써 그 가족에게 칭찬을 듣거나, 물질적인 보상을 바라거나, 사회적으로 표창을 받거나, 아니면 그런 일을 하지 않고 방관함으로써 비난을 받지 않으려고 하는 것이 아니다. 그저 피 흘리는 노인을 돕는 것만으로 만족하고 그것으로 보람을 느끼는 것이다. 다시 말하면 이해관계(利害關係)를 초월하여 착한 일을 행함으로써 기쁨을 느끼고 보람을 느끼는 것이다.

여기서 노인을 가엾게 여기고 돌보아주고 싶은 마음이 곧 측은지심(惻隱之心)이다. 사람은 누구나 측은지심을 가지고 있기 때문에 위와 같은 바람직한 행동이 일어나는 것이다. 그런데 하필이면 어찌 측은지심뿐이랴. 우리는 때때로 사람답지 못한 행동을 하거나 사욕(私慾)으로 실수하였을 때에는 부끄러워하는 마음이나 미워하는 마음을 갖게 되고 이러한 마음을 수오지심(羞惡之心)이라고 한다. 그리고 남에게 양보하는 마음을 갖게 되면 이를 일컬어 사양지심(辭讓之心)이라 하고, 우리가 하는 행동이 옳은지 그른지 분별하는, 다시 말하면 시비(是非; 옳고 그름)를 가리는 마음을 시비지심(是非之心)이라고 한다. 다시 말하면 측은지심 · 수오지심 · 사양지심 · 시비지심은 내가 억지로 지어서 나타내는 마음이 아니고, 남의 눈을 의식하지도 않고, 남의 평판을 의식하지도 않고 그것을 초월하여 나타나는 것이다. 『맹자』는 우리들 인간이 이들 네 가지 마음을 고유(固有)한다고 주장하였다. 억지로 지어서 먹는 마음이 아니고 생래적으로, 선천적으로 타고 난 마음이라는 것이다. 그러나 아무리 고유한 것이라 하더라도 함부로 방임(放任)하면 그것을 잘 보존하기가 어렵게 된다. 그러므로 방심하였을 때에는 그것을 다시 찾고 달아나지 않도록 고이 간직해야 한다. 이것이 '구방심'(求放心)이다.

『맹자』 공손추 상편(孟子 公孫丑 上篇)에는 '인개유불인인지심'(人皆有不忍人之心)이라는 말이 있다. 이 말은 대체로 '사람은 누구나 차마(참아)하지 못하는 마음을 가지고 있다'고 번역한다. 그러나 이런 번역은 웬만큼 타당성이 인정되면서도 불완전한 측면을 벗어나기 어렵다.

불인인지심이란 이를테면 어린 아이가 물에 빠지려는 순간과 같이 위태로운 형편일 때에 그것을 그대로 보아 넘길 수 없는 마음이다. 다시 말하면 즉시 달려가서 무조건하고 물에 빠지지 못하게 해야 한다는 진실한 마음이다. 보고도 못 본 체 하고 내버려두면 사람들에게 비난을 받을까 봐 그런 것도 아니고, 그 아이를 구해주지 않고는 견딜 수 없는 타고 난 마음이 있기 때문에 그런 마음이 발로된다는 것이다. 요컨대 측은하게 여기는 마음도, 부끄러워하는 마음도, 사양하는 마음도, 시비를 가리는 마음도 모두 나의 마음에 고유(固有)하는 것이며 불인인지심의 하나라는 것이다.

측은지심 · 사양지심 · 수오지심 · 시비지심이 각각 종개념(種槪念)이라면 불인인지심은 유개념(類槪念)이라고 할 수 있다.

이처럼 '타인에 대하여 참지 못하는 마음'은 남이 불행할 때만 적용되는 것이 아니고 다행할 때도 적용된다. 남이 칭찬을 받을 만하면 그를 칭찬하지 않고는 견딜 수 없는 것이 인간의 본성이다. 친구가 훌륭한 일을 하여 포상을 받게 되면 마치 내가 포상을 받는 것처럼 기뻐하는 것이다.

그러므로 "인개유불인인지심"이란 말은 '사람은 누구나 타인에 대하여 참지 못하는 마음을 가지고 있다'고 해석함이 바람직하다. 남이 불행한 일을 당하면 불쌍하여 참을 수가 없고, 남이 행운을 당하면 나도 그것을 기뻐하는 마음을 갖게 된다는 것이다. 다시 말하면 친구가 성공하면 나도 기쁘고 친구가 실패하면 나도 슬픈 것이 인간의 양심이라는 것이다. 『맹자』는 "…선왕이 불인인지심을 가지고 있기 때문에 불인인지정을 행하고 있는 것"(…先王有不忍人之心 斯有不忍人之政矣)이라하고 이어서 "남에 대하여 참지 못하는 마음으로 남에 대하여 참지 못하는 정치를 행하면(以不忍人之心 行不忍人之政) 천하를 다스리기는 가히 손바닥 위에서 행해질 수 있다"(治天下可運於掌上)는 것이다. 여기서 '불인인지심'은 '불인인지정'으로 이어진다는 것을 알 수 있다. 백성들의 마음을 잘 알고 살펴서 그와 함께하는 마음으로 정치를 한다면 그 정치는 손바닥 위에서 하는 것처럼 아주 쉽게 된다는 것이다. 따라서 불인인지심은 "남의 기쁜 일이나 슬픈 일이나 내가 모른 척 하고 내버려두지 않는 마음"이라고 풀이할 수 있다.

타인에 대하여, 백성에 대하여 참지 못하는 마음을 갖는 것은 인간관계나 정치의 기본원리라고 할 수 있다. "불인인지심"을 쉬운 말로 해석하고 번역함에 있어서는 '차마(또는 참아) 하지 못하는 마음'보다는 차라리 '타인에 대하여 참지 못하는 마음'이라고 해석하고 번역하는 것이 한층 타당성을 유지하게 된다.

오늘날 인류사회를 보면 정치이론과 정치기술이 극도로 발달한 사실을 부인하기 어렵다. 그러나 권력을 가진 자가, 『맹자』가 말하는 불인인지심을 가지고 국민의 원하는 바와 원하지 않는 바를 잘 살펴서 거기에 부합하는 정치를 행하지 않는다면 그 정치는 매우 어려울 것이 분명한 일이다. 따라서 불인인지심이야 말로 정치의 성공과 실패를 좌우하는 핵심적 요소라고 할 수 있다.

(2020. 11. 3.)

주) '人皆有不忍人之心'의 국역에 대하여는 지교헌 "『맹자』 불인장 '불인인지심'에 대한 이해와 바람직한 국역에 대하여" 『정신문화연구』 1993. 16권 3호 (통권52호) pp.101~117 참조.

학문지도(學問之道)

사람들은 예로부터 학문(學問)을 숭상하고 누구나 학문을 하고 싶어하였던 것 같다. 그러나 학문을 하고 싶다고 하여 누구나 학문을 할 수 있었던 것은 아니다. 적어도 학문을 할 만한 환경과 여건이 허락해야 하기 때문이다. 다시 말하면 우선 신체적으로 건강하여 학문을 하는 데 지장이 없어야 하고 경제적으로도 학문을 하는 데 필요한 비용을 충당할 수 있어야 하며 사회적 분위기도 작용하기 때문에 아무리 학문에 뜻을 두어도 그것을 실현할 수 없는 사람이 무수히 많았던 것이 역사적 사실이다.

그럼에도 불구하고 근대사회에 들어와서는 온 세계적으로 학문(學問)하는 사람들이 많은 편이다. 넓게 말하면 모든 공식적 비공식적 교육기관에서 공부하고 연구하고 가르치는 모든 사람들이 학문하는 사람에 속하기도 한다. 그리고 학문은 그 전공분야나 수준에 따라 그 학문적 가치가 차별적으로 평가되기도 한다. 그러나 일반적으로는 평균적 수준을 넘어서 전문적인 과정을 거치거나 그런 분야에 종사하는 사람들을 학자(學者)라고 특칭하기도 한다.

그러나 학문이라는 말의 개념은 시대에 따라 달리 인식되고 해석되고 평가되기도 한 것을 짐작할 수 있다. 동양에서는 특히 인문학(人文學)을 중시하고 기타분야는 학문의 영역에서 따로 떼어 보았던 것 같다. 그리하여 학자라면 당연히 독서 · 궁리(讀書 · 窮理)하고 실천하는 것을 중시하였다. 박학지(博學之) · 심문지(審問之) · 신사지(愼思之) · 명변지(明辨之) · 독행지(篤行之)와 같은 과정은 매우 전형적인 학문의 본질을 말한다고 할 수 있다.

잘 알려지고 있는 바와 같이 맹자는 인의(仁義)를 강조하였다. 그는 말하기를 "인(仁)은 인심(人心)이요, 의(義)는 인로(人路)라"고 하였다. 중국 송(宋)나라의 유학자들은 '인은 마음의 덕(德)이며 마치 곡식의 씨앗과 같으며, 의는 행사(行事)의 마땅함이 출입 왕래할 때에 반드시 행해야 할 길이라고 하였다. 따라서 인의는 사람으로서 존재하는 가장 기본적 요건이라고 할 수 있다. 그럼에도 불구하고 어떤 사람들은 인의를 외면하고 저버리는 수가 있어서 문제가 된다. 다시 말하면 인심(사람다운 마음)을 잃어버리고 찾을 줄을 모르는 것이다. 그들은 가정에서 기르는 닭이나 개가 보이지 않으면 동네방네 헤매며 찾으려 하고 어찌해서라도 기어이 찾아내고야 말지만 자신이 보존해야 할 인심(人心; 仁)은 잃어버리고도 찾을 줄을 모르고 인로(人路; 義)를 벗어나고도 그것을 좀처럼 따르려고 하지도 않는다는 것이다.

사람들은 자기의 마음이 얼마나 바르고 정당한지 잘 모르고 행동하는 수가 있으며, 심지어는 바르지 못하고 정당하지 못하고 마땅하지 못하다는 것을 스스로 인식하고 있으면서도 함부로 행동하는 수가 있다. 다시 말하면 인심을 잃어버린 상태에서 함부로 행동하는 것이다. 이리하여 일어난 행동은 출입왕래(出入往來)의 바른 도리를 벗어나기 때문에 저절로 인의를 저버리는 결과가 되고 인심과 인로는 사라지고 없어진 상태가 된다. 따라서 이러한 상태에서 생각하고 판단하고 실천하는 인간의 모든 행위는 인의를 벗어난 것이며 크게 과오를 저지르는 것이다.

그러면 우리는 어찌해야 하는가. 말할 것도 없이 인(仁; 人心)과 의(義; 人路)를 잘 보존하고 잘 지켜나가야 한다. 이러한 과정이 곧 학문의 길이며 잃어버린 마음(달아난 마음; 방심)을 찾아서 보존하는 것이다. 따라서 학문지도(學問之道)는 다름이 아니라 달아난 마음[放心]을 찾아서 회복하는 것이며 이를 통하여 인로(人路; 義)를 회복하게 되는 것이다.

맹자가 말한 방기심(放其心)과 사기로(舍其路)는 학문하는 근본에서 멀리 어긋난 것이며 학문의 요체를 완전히 상실한 상태라고 할 수 있다. 맹자가 "학문지도는 다름이 아니라 구방심(求放心)일 따름이다"라고 역설한 것은 학문의 근본을 가장 간명하게 드러낸다. 방심을 구하는 것은 인(仁; 人心)을 회복하는 것이요 아울러 의(義; 人路)를 회복하는 것이다.

학문하는 요체는 곧 그 방심을 찾는 것일 뿐임을 지적한 맹자의 말은 오늘날의 많은 인류가 재음미하고 명심하고 실천해야 할 논리라고 할 수 있다. 왜냐하면 방심을 찾지 않은 상태에서는 올바른 학문을 할 수도 없거니와 아무리 노력하여도 그것이 참된 인간이 되는 길이라고 보기도 어렵기 때문이다. 구방심을 망각하거나 벗어나거나 외면하는 학문은 자신이나 국가나 인류를 위하여 공헌하기도 어려우며 심지어는 커다란 재앙으로 기능할 수도 있는 것이다.

(2018. 9. 7.)

호연지기(浩然之氣)에 대하여

나는 일찍부터 '호연지기'라는 말을 들어왔다. 이따금 선생님들에게도 듣고 지식층에 있는 사람들의 입에서 튀어나오는 것을 들어왔다. 그리고 수년 전부터는 자주 드나들게 된 공공장소에서도 '浩然之氣'라는 훌륭한 휘호(揮毫)를 보게 되었다. 언제나 독서하기를 좋아하는 K 교장의 입에서 "호연지기가 무엇인지, 강의를 듣고 싶다."는 말이 튀어 나왔다.

그것은 나에게 던져진 말이었다. 명색이 동양철학을 전공했다는 나를 향하여 자연스럽게 던져질 수 있는 말이고, 고전적이고 철학적이어서 누구나 관심을 가질 만한 말이기 때문에 K 교장의 말은 색다른 여운을 남겼다.

그러나 솔직히 말하면 나는 "호연지기"가 『맹자』에 나오는 말이라는 사실밖에 별로 아는 것이 없었다. 막연하게 '호연한 기운', '광

대하고 무변한 기운'쯤으로 이해되고, 그것은 아무나 가질 수 없는 차원 높은 기운이며 드높은 인격수련의 경지에 도달한 수준이라는 짐작이 다가올 뿐이었다. 그러다가 최근에 와서야 중국 고전을 탐구하는 동아리모임에서 강의를 진행하다 보니 이제는 어디로 도망치지도 못하고 '호연지기'를 천착하지 않을 수 없게 되었다.

『맹자』 공손추장구 상(『孟子』 公孫丑章句 上)에서는 공손추가 맹자에게 부동심(不動心)에 관하여 질문하였는데 맹자는 "… 의지는 기(氣)의 장수요 기는 몸에 꽉 차있는 것이니 의지는 지극한 것이요 기는 그 다음이다. 그러므로 말하기를 그 의지를 잘 잡고도 그 기를 침노하지 말라고 하는 것이다."(…夫志氣之帥也 氣體之充也 夫志至焉 氣次焉 故曰 持其志 無暴其氣)라고 밝혔다. 그리고 이어서 맹자는 "의지가 한결같으면 기를 동하게 하고 기가 한결같으면 의지를 동하게 한다."(志壹則動氣 氣壹則動志)고도 하였다.

여기서 본다면 의지[志; 뜻]는 기(氣)를 거느리고 지배하는 위치에 있으며 기는 의지의 지배를 받기는 하지만 때로는 기가 의지를 움직이게 할 수 있다는 것이다. 정호(程顥; 明道)는 이에 대한 주석에서 '의지가 기를 지배하는 것이 아홉이라면 기가 의지를 지배하는 것은 하나'라고 하였다. 다시 공손추는 맹자의 장점에 대하여 질문하였고 맹자는 "… 나는 나의 호연지기를 잘 기르노라."(…我善養吾浩然之氣)고 답하였다. 이어서 공손추는 무엇이 호연지기인지 다시 질문하였고 맹자는 대답하였다. "말하기 어렵도다. 그 기됨이 지극히 크고 지극히 강하니 정직으로써 기름에 해가 없으면 천지지간에 가득하게 된다."(曰難言也 其爲氣也 至大至剛 以直養而無害 則塞于天地之間)고 하였다. 또 이어서 말하기를 "그 기(氣)됨이 의(義)와 도(道)로 짝 하는 것이니 그렇지 않으면 결핍하게 된다."(其爲氣也 配義與道 無是餒也)고 하였다. 여기서 말하는 의라는 것은 인심지재제(人心之裁制)요 도라는 것은 천리지자연(天理之自然)이라고 보았다. 이것은 천리의 자연과 인심의 재제가 서로 조화된 지대지강한 기가 곧 호연지기라는 것을 말하는 것이다.

이와 같이 본다면 맹자가 기르는 호연지기라는 것은 인간의 의(義)와 천지자연의 도(道)가 완전히 결합하여 일체를 이룬 기운의 경지라고 볼 수 있다. 따라서 고자(告子; 告不害)와 같은 사람의 경우와는 다른 차원의 호연지기를 맹자는 체득하였다고 볼 수 있다. -고자에 관련되는 논변은 생략하기로 함- 여기서 우리는 천인합일사상(天人合一思想)을 볼 수도 있어서 인간은 천지자연을 떠나 존재할 수 없으며 마땅히 천지자연과 합일하여 존재해야만 한다는 것을 깨우치게 된다.

인간은 천지자연의 한 구성원인 동시에 그 피조물이기도 하다. 따라서 천지자연의 어떤 질서와 힘에 대하여 거역하고 독자적으로 독립하거나 분리하여 생존하기는 어렵다. 천지자연중심의 사상이나 또는 창조주를 중심으로 하는 신중심의 사상이나 인간중심의 사상이 모두 인간의 사유에서 창출될 수는 있지만 그것은 우주라고 일컫는 범위를 벗어날 수도 없고 초월할 수도 없고 거역할 수도 없다고 보는 것이 보편적인 상식이다. 따라서 인간의 모든 일거수일투족은 천지자연의 원리와 섭리에 완전히 부합되는 것이 마땅하다는 것을 인정하게 된다.

그럼에도 불구하고 인간의 역사는 때때로 천지자연의 섭리를 벗어나려 하고 배반하려 하고 무시해버리려는 사고와 행위를 감행하기도 한 것이 부정할 수 없는 사실이다. 그것은 때때로 '자연에 대한 도전'이나 '정복'이라고 표현되기도 하였다. 자연에 대한 도전이나 정복이라는 말은 인간의 능력을 과시하는 동시에 천지자연의 섭리를 경시하고 거부하는 태도에서 비롯되는 것이었다.

인류역사를 회고해 보면 인간은 천지자연에 순응하는 것만으로 생존이 가능한 것만은 아니었다. 자연재난을 비롯한 여러 가지 난관을 극복하고 생존하는 능력을 기르고 인내해야만 하였다. 인류는 그 여러 가지 장애와 난관을 가리켜 인간에 대한 자연의 도전(挑戰; challenge)이라고 해석하고 그 도전에 대하여 응전(應戰; response)함으로써 멸망을 면하고 발전해 왔다고 믿는다. 그것은 믿을 만한 사실이며 인류역사가 증명하기도 하였다. 그러나 거기에는 천지자연의 근본적인 원리를 벗어날 수 없다는 진리가 엄연히 존재하며 만일 그렇지 않으면 멸망으로 가고 있음이 증명되고 만다. 크게 보아 인간은 자연을 거역하기 어렵다는 것이다.

인간의 의지는 천지자연의 도(道)와 인간의 의(義)를 떠나 희망을 창조할 수 없으며 호연지기를 기를 수도 없다. 맹자의 호연지기는 그의 부동심과 불가분의 관계에 있으며, 천인합일의 사상인 동시에 인본주의 사상이기도 하다.

(2018. 2. 18.)

3

김 사장과 여직원

'가정의 달'과 '부부의 날'에 대하여

5월은 가정의 달이라고 부른다. 어린이날(5일), 어버이날(8일), 가정의 날(15일), 부부의 날(21일)이 들어 있고, 스승의 날(15일)과 성년의 날(16일)도 들어 있다.

가정은 사회를 구성하는 가장 기초적인 조직체라고 할 수 있으며 사람은 가정을 통하여 출생하고 양육되고 성장하며, 국가나 사회의 제도적인 교육기관에서 교육을 받기 전에는 가정에서 가장 기본적인 교육을 받기도 한다. 따라서 사람들은 가정교육을 통하여 사회생활에서 필요한 기초적인 소양을 습득한다. 이리하여 사람의 인품이 원만하게 보일 때는 가정교육을 잘 받았다고 인정되기 쉽고 인품이 원만하게 보이지 못할 때는 가정교육을 잘 받지 못한 것으로 인정되기 쉽다. 이때 가정교육의 중심체는 부모이기 때문에 자녀들의 행동이 비판을 받을 때에는 그 부모도 함께 비판의 대상이 될 수밖에 없다.

실지로 부모의 언행이나 가치관이나 생활습관은 자녀에게 많은 영향을 미친다. 오이디푸스 콤플렉스(Oedipus complex)나 일렉트라 콤플렉스(electra complex)와 같은 교육심리학적 이론도 있지만 대체로 아들은 아버지를 많이 모방하고 딸은 어머니를 많이 모방하는 것으로 알려져 있다. 사람의 성품은 대개 6세 이전에 그 기초가 형성된다는 견해에 비추어 보면 부모의 영향이 얼마나 지대한 것인지 짐작할 만하다.

자녀들에게 절대적인 영향을 주는 부모는 자녀들과의 관계 이전에 먼저 부부라는 관계를 가지고 생활한다. 이러한 부부의 관계를 기독교에서는 대략 다음과 같이 서술하고 있다.

이브는 아담을 돕는 배필이다. 하나님은 아담의 갈빗대 하나를 취하여 그것으로 여자를 만들고 그를 아담에게로 이끌어 주었다. 아담이 이르되 '이는 내 뼈 중의 뼈요 살 중의 살'이라고 하였다. 남자가 부모를 떠나 그의 아내와 합하여 둘이 한 몸을 이룬다.(『구약성서』 창세기 2:20-24 참조) 자기의 아내 사랑하기를 자기 같이 하고 아내도 그 남편을 경외하라.(『신약성서』 에베소서 5:22-33 참조)

여기서 특별히 주목할 만한 것은 부부가 일심동체(一心同體)를 이룬다는 것인데 분명히 사람은 두 사람인데도 불구하고 '한 사람'이 되어야 한다는 것이며, 그것은 두 사람이 마음을 한 가지로 하고 서로 이기심을 버리고 사랑하고 존중해야 한다는 것이다.

그런데 이러한 부부의 윤리는 매우 바람직하지만 현실적으로 실천하기는 결코 쉬운 일이 아니다. 부부라는 두 사람은 서로 성장배경이나 생활환경이나 교육수준이나 가치관이나 취미나 성격이나 많은 차이를 가지고 부부라는 특수한 관계를 맺기 때문에 개체적으로 드러난 그 차이는 갈등으로 발전하기 쉬운 요인으로 작용하기 쉽다. 인류역사를 살펴보면 동서고금을 막론하고 부부가 서로 멸시하거나 증오하거나 언쟁하거나 폭력으로 다투거나 심지어는 이혼하기도 하였고, 특히 남성우위의 전근대적 불문율이 금과옥조처럼 여겨지던 일부 지역과 사회에서는 남편에게 부당한 차별과 억압을 받으며 사는 아내의 고통은 말할 수도 없었을 것이며, 따라서 부부의 화합이 주체적이고 합리적으로 이루어지기는 어려웠던 것이다.

현대사회에서는 원만하고 행복하고 이상적인 부부관계를 위한 여러 가지 내용의 '부부계명'이 대중매체를 통하여 널리 퍼지고 많은 사람들에게 회자되기도 한다. 다양한 형태로 나타나고 있는 '부부계명'의 내용은 대체로 다음과 같이 정리될 수 있을 것 같다.

배우자가 완벽할 것이라는 생각을 버려라. 천생연분을 인정하라.
상대방에게 일을 맡겨두어라. 상대방의 판단을 인정하고 존중하라.
상대방의 인격을 존중하고 장점을 인정하라.
상대방의 이야기를 경청하라. 함부로 끼어들거나 화내지 말라.
대답할 여지가 있도록 질문하라.
낙천적인 사람이 되라. 상대방의 처지와 고충과 고통을 이해하라.
상대방의 팬이 되라. 칭찬하라. '혼인서약'을 상기하라.

함께 식사하라. 함께 외출하라. 함께 여행하라.
기념일을 기억하라. 편지를 써라.
취미를 함께 하라. 일을 도우라.

오늘날 지역이나 계층에 따라 차이가 있겠지만 남녀의 학벌이나 경제력이나 사회적 적응능력의 차이는 점점 줄어들고 거리는 좁아지고 있다. 이제 한국의 경우에도 여자의 교육수준이 남자의 교육수준을 앞지르는 단계에 이르렀다. 따라서 과거처럼 남자가 우월하게 인정되던 시대는 지나고 거의 평준화하기에 이르렀기 때문에 '부창부수'(夫唱婦隨)나 아내가 남편에게 일방적으로 순종하는 시대는 거의 사라진 셈이다. '남녀평등'이라는 용어 대신에 '양성평등'(兩性平等)이라는 용어를 쓰게 된 것도 주목할 만한 현상이다.

아무튼 부부는 화합해야 한다. 화합의 비결은 위에서 소개한 '부부계명'에서 찾아 볼 수 있다. 부부의 화합은 자녀들에게 지대한 영향을 미친다. 부모가 화합하지 못하여 갈등하면 자녀는 정서가 불안하고 인격형성에도 좋지 않은 영향을 끼치게 되고 '부부'라는 인간관계에 대하여 바람직하지 못한 편견이 형성되어 장차 자녀가 가정을 이루는 데도 역기능을 초래하게 된다.

부부는 서로의 의무와 과업을 인식하고 수행하는 데 최선을 다해야 한다. 부부의 의무와 과업은 모든 가정에서 저절로 우연히 깨달아지거나 습득되거나 수행되는 것도 아니기 때문에 사전에 권위있는 기관에서 '남편교육'이나 '아내교육'이나 '부모교육'을 받는 것도 긴요하다. 선진국은 말할 것도 없고 한국에서도 종교단체를 비롯한 여러 사회단체에서 '부부학교'와 '부모학교'의 과학적인 프로그램을 개발하여 실시하고 있는 것으로 안다. 이러한 교육이 바로 개인을 행복하게 하고, 훌륭한 가정을 건설하고, 자녀들을 성공시키고, 국가사회를 발전시키는 비결이기도 하다.

우리는 때때로 '군자의 도리는 부부관계에서 비롯된다'(君子之道 造端乎夫婦. 『중용』 12장)라는 말을 깊이 음미할만하다. 인간의 도리는 가장 가까운 부부의 도리에서 출발하여 부모와 자녀로, 형제로, 이웃으로, 사회로, 국가로, 세계로 확대되고 발전하는 것이다. 가정의 달을 맞이하여 '부부의 날'을 특별히 기억해야 할 이유가 여기에 있다.

(2011. 5.)

'고독'(孤獨)이라는 것

'고독'이라는 낱말이 무엇을 뜻하는지는 굳이 밝히지 아니하여도 알고 있는 사람들이 많다. 흔히 '외로움'[loneliness; Einsamkeit]이라는 낱말과 같은 뜻으로 사용하고 있고 나름대로 체험하기도 한다는 사실에 비추어 보면 더욱 그렇다. 그러나 굳이 한문문화권(漢文文化圈)에서 살펴보면 『예기 예운편』(禮記 禮運篇)에서 보이는 '환 과 고 독 폐질자'(鰥 寡 孤 獨 廢疾者)를 생각해 볼 수 있다. 여기서 말하는 '고독'은 부모 없는 자식들과 자식 없는 부모들이라고 할 수 있고 그 뜻이 한 걸음 변용되어 넓게 활용될 수 있음을 알 수 있다.

부모 없는 아이들을 한 번 상상해보자. 다른 아이들은 부모가 먹여주고 입혀주고 보호해 주고 사랑해 주는데, 그런 부모가 없어서 소외되어 있다면 그 얼마나 불행하고 서러운 일인가. 혹시 부모가 없어도 여러 가지 경로를 거쳐 훌륭하게 성장하는 사람도 없는 것은 아니지만 부모의 사랑이 소중하고 필요한 것은 두 말할 나위가 없다. 또한 자식 없는 노인들을 한번 생각해 보자. 늙어서 근력이 없고 병들고 봉양해 주는 자식도 없으면 비록 사회보장제도가 발달하고 이웃의 보살핌이 있더라도 그 얼마나 외로울 것인가.

사람이 늙으면 부모와 사별하고 때로는 자식들과 동거하거나, 아니면 따로 살면서 정을 나누고, 가까이 사는 사람들끼리 서로 어울리는 것이 일반적인 세태이다. 한국사회는 전통사회의 대가족제에서 소가족제로, 다시 핵가족제와 일인가족제로 변천하면서 점점 정서적으로 고독감을 느끼는 사람들이 증가해 왔다고 할 수 있다.

현대가족제의 사회적 구조에서 고독을 느끼는 노인들은 수시로 자녀들이나 친인척이나 친지들을 만나기도 하고, 떨어져 있는 손자 손녀들의 소식을 기다리고 틈나는 대로 찾아와 주기를 바란다. 때로는 스마트폰으로 문자(메시지)를 보내고 통화도 하고 될 수 있으면 페이스 토크(face talk)를 하려고도 한다. 요즘은 멀리 외국에 나가 있을 때도 부담 없이 마주 보며 이야기를 나눌 수 있으니 참으로 다행한 일이다.

그럼에도 불구하고 세상에는 고독을 느끼는 사람들이 상당히 많은 것 같다. 그들은 독서도 하고, 글도 쓰고, 여행도 하고, 산책도 하고, 노래방이나, 무도장이나, 교회나, 사찰도 찾아간다. 특히 근년에 많이 마련된 주민행정복지센터나 노인복지관에 가서 여러 가지 프로그램에 따라 교양도 넓히고 취미도 살리고 사교(社交)도 하면서 고독을 달랠 수도 있다.

나는 며칠 전에 지인(知人)의 전화를 받았다. 그는 누가 보아도 훌륭한 인격자요 학자이며 교육자이다. 그는 대학에서 퇴임한 후에 수년 동안이나 부모님의 산소 옆에서 시묘(侍墓)를 하면서 수준 높은 동양고전에 몰두하였다가 근년에는 영어와 일본어로 기독교 성서(聖書)를 완전히 독파하였고 성당에 나가서 봉사활동도 하고 명상도 하며 기독교정신을 실천하는 중이라고 하는데 작년에는 갑자기 부인상(夫人喪)을 당하였다고 한다. 그는 전화에서 말을 잇지 못하고 울먹이는 것 같았다. 차디찬 고독의 전율이었다. 그의 음성은 내 마음을 아프게 자극하였지만 나는 그를 위로할 지혜가 우러나지 않았다. 조문(弔問)의 기본적인 예절도 지키지 못한 형편이고 염치도 없었다. -내가 지방대학에서 근무하다가 자리를 옮겨왔을 때, 그는 만사를 제쳐놓고 나를 만나기 위하여 달려오지 않았던가. 우리는 서로 존경하고 그리워하는 사이였다.

나는 근년에 친지의 부음(訃音)을 받고도 인사를 하지 못한 경우가 여러 번 있었다. 대개는 이미 지나간 후의 일이거나 그렇지 않으면 몸이 피로하여 조문하러 나갈 용기가 나지 않았다. 어떤 때는 조문을 나가다가 중도에 포기하고 돌아 온 일도 몇 차례나 있었다. 졸도를 하기도 하고 다리는 불편하고 머리는 무거워서 도중에 쓰러질 것만 같은 불안이 감싸는 것이었다.

며칠 전에는 경로당에 나오던 P 선생이 주거를 옮겼다고 한다. 6·25한국전쟁(1·4후퇴) 때에 북한에서 월남하여 갖은 애로를 극복하고 교직에 근무하면서 자녀를 잘 길러서 모두 성공시켰으나 근자에 이르러 그 부인이 질병으로 요양병원에 입원하게 되자 그도 자녀들의 권고에 따라 최신식 실버타운으로 가게 된 모양이다. 그는 경로당에서 이따금 점심을 사고 때때로 술잔을 기울이고 다과를 나누곤 하였었다. 거동이 점잖고 부인을 존중하고 자녀를 사랑하던 그는 이제 경로당에도 자주 나오기가 어렵게 되었다. 모든 면에 원만하기만 한 그가 나오지 않으니 빈자리가 뚜렷이 나타나곤 한다. 자녀들이 모두 출세하여 가까이 있지만 직접적으로 봉양하기는 어려운 형편이란다.

아침에 일어나 남쪽 발코니로 나가보니 하늘이 너무나 맑았다. 아무리 보아도 신기할 정도로 구름 한 점이 없는 것이다. 어제 저녁에 비를 내렸던 구름은 온데간데없고 영장산 기슭이 깊숙한 녹색으로 나를 반겨주었다. 나는 유리창 너머로 멀리멀리 바라보았다. 10년 전만하여도 서남방으로 광교산이 보이고 그 너머로는 고향하늘이 이어지고 있다는 생각에 우두커니 바라보곤 하던 버릇이 지금도 남아 있는 것이다. 나는 멀리멀리 눈길을 주며 부모님과 형제들과 친구들을 어렴풋이 떠올리고 있었다. 그런데 앞에 있는 상가(商街)건물의 옥상에서 서너 마리의 까마귀가 짖어대더니 한 마리가 울부짖으며 바로 내 앞까지 날아왔다가 다시 제자리로 돌아가는 것이었다. 두 세 번이나 반복하여 날아오는 까마귀의 행동은 참으로 이상하기도 하였다. 죽은 사람의 영혼을 안내한다는 이야기를 들어 본 듯하고, '늙은 어미에게 먹이를 물어다 봉양하는 새'[反哺之鳥]라는 이야기도 들었던 것이 어저께 같다. 서양에서는 길조(吉鳥)라고 하지만 동양에서는 흉조(凶鳥)이면서도 효조(孝鳥)가 아닌가. 나에게 누군가의 부고를 전하는 것처럼 보이기도 하고 부모님을 기억하고 생전에 하지 못한 은혜를 갚고 효도를 깨우치라고 훈계하는 것도 같다. 까마귀는 나의 불효를 너무나 잘 알고 있을 터이니 나는 절대로 까마귀에게 나를 감추기는 어려울 뿐만 아니라 감히 그럴 생각도 할 수가 없다. 틀림없이 온 우주와 삼라만상을 지배하시는 절대자의 충직한 사자(使者)가 되어 어리석은 나에게 다가와 준엄한 메시지를 전하고 돌아가는 것만 같다.

머리가 무겁고 기분이 우울하다. 굳이 까마귀가 아니라도 나는 때때로 나도 모르는 고독에 휩싸이는 것을 느낀다. 병고에 시달리며 죽음의 문턱에서 불가해(不可解; 不可思議)의 세계를 바라보며 우왕좌왕하는 한 늙은이의 고독이다. 죽음을 향하여 한 걸음 한 걸음 다가가는 인간이라는 존재(Sein zum Tode)는 고독을 면할 수 없는 존재이다. 그러나 눈을 똑바로 뜨고 우주와 만물을 창조하고 지배하는 절대자가 반겨준다는 사실도 깨달아야 할 것이다. 절대자는 바로 내 앞에 계시고 나의 그 두려운 고독을 감싸주시고 어루만져 주신다고 믿는다.

‘로만 채리티’(노인과 여인)

고대 로마의 역사학자, 발레리우스 막시무스(Valerius Maximus)가 쓴 책, 『Memorable Acts and Sayings of Ancient Romans』(기록할만한 고대 로마의 연극과 전설) 속에 나오는 이야기에는 ‘노인과 여인’이 소개되어 있다. 로마에 사는 노인 시몬(Simon)은 죄를 지어 감옥에 갇히게 되고 음식을 주지 않아 굶어 죽게 하는 형벌[餓死刑]을 받게 되어 극한상황에 이르렀다. 그의 딸 페로(Pero)는 아버지를 면회 갔다가 감방 안에서 간수(교도관)의 눈을 피하여 아버지에게 젖을 빨게 하였다. 이런 사실을 알게 된 로마법정은 페로의 지극한 효심에 감동하여 시몬을 석방해 주었고 시몬은 훗날 로마의 훌륭한 정치가가 되었다는 것이다.

위에 소개한 고대 로마의 전설은 ‘로만 채리티’(Roman Charity, 로마인의 자비심)라는 제목으로 16-18세기 유럽(주로 이태리와 네덜란드)의 화가들이 즐겨 그리는 그림의 소재가 되어 여러 가지 형태의 작품으로 형상화(形象化)하였다. 작품들 속에 나타나는 인물들은 늙은 아버지와 젊은 딸과 젖먹이 아기와 간수들이다. 개중에는 늙은 아버지가 너무나 쇠약하여 뼈만 앙상한 모습, 딸이 아버지를 똑바로 응시하는 모습이나 반대 방향으로 고개를 돌려 창문으로 감시하는 간수를 바라보는 모습도 있다. 대부분은 감방 안에서 젖을 물리고 있지만 감방 바깥 창살 사이로 젖을 물리고 있는 장면도 있다. 그리고 한쪽 젖은 아기에게, 다른 한쪽은 아버지에게 물리는 모습도 있으나 아기는 따로 떼어 놓은 모습도 있으며, 어떤 작품은 여자가 완전히 나체로 그려져 있기도 하다. '로만 채리티'는 여러 가지 그림으로만 그려진 것이 아니라 조소품으로도 제작되었다. 당시의 화가들은 기독교의 금욕주의가 지배하는 분위기 속에서 신화와 전설 속에 나오는 이야기를 소재로 하면서도 여체의 아름다움과 관능을 표현하는 경향이 많았다. 따라서 어떤 작품은 부녀(父女)가 아닌 남녀의 애정처럼 보이는 것도 있는 것이다.

작품 가운데는 루벤스(Rubens 1577-1640)가 그린 그림이 있는데 원제목은 'Roman Charity'이고 'Simon & Pero'라는 부제가 붙어 있으며, 남미에 있는 푸에르토리코의 국립미술관에 전시되어 있고 푸에르토리코 사람들은 민족혼이 담긴 최고의 예술품이라고 자랑스럽게 평가하고 전시관의 맨 첫머리에 진열하고 있다는 말이 떠돌고 있으나 사실여부는 필자가 확인한 바 없다.

푸에르토리코는 1493년 콜럼버스가 상륙하여 스페인국왕의 영토임을 선언한 후로 스페인의 통치를 받았으나 19세기 후반부터 독립운동이 거세지자 1897년 스페인은 자치권을 부여하였다. 그러나 미국과 스페인의 전쟁으로 1898년에는 미국이 점령하고 군정을 실시하면서 미국령이 되었고 1930년대에 이르러 독립을 주장하는 여론과 미국편입을 주장하는 여론이 대립하여 많은 혼란을 야기하였으나 1970년대 이후로는 독립이 아닌 미국과의 관계설정이 주요 쟁점으로 나타나 자유연합주(自由聯合州)로서의 지위를 유지하고 있다. 이처럼 외적의 지배를 받으며 독립운동가가 배출된 푸에르토리코는 '로만 채리티'라는 작품 속에서 아사형(餓死刑)을 받고 목숨이 꺼져가는 늙은 독립운동가에게 젖을 먹이는 여인의 행위를 영웅적인 행위로 보고 남다른 의미를 부여할 수 있다.

루벤스의 작품 중앙에는 붉은 의상을 입은 딸이 가슴을 헤치고 왼손으로 유방에 손을 대고 아버지에게 젖을 먹이고 오른 손으로는 아버지의 등을 끌어안은 채 시선은 창문에서 바라보는 간수에게 집중되어 있다. 수염이 길어서 마치 짐승처럼 보이는 아버지는 두 손이 쇠사슬에 묶인 채 가슴과 배꼽이 드러나 있고 기운이 없어서 간신히 딸의 유방을 물고 있다.

늙은이는 서럽다. 나이를 먹어 자연적으로 노쇠하고 병드는 것도 서러운데 쇠사슬에 묶인 채 감방에서 굶어 죽는 것은 더욱 서럽고 비참하다. 그러나 독립운동가들은 그보다 더한 어떠한 경우도 두려워하지 않고 조국을 위하여 기꺼이 그 길을 택하고 목숨을 바치는 것이다. 500년 동안이나 침략자의 억압 속에서 살아온 푸에르토리코의 인민들은 자기의 조국과 조상이 겪어 온 고난과 비극을 남다르게 느낄 것이다.

그러나 이런 이야기는 사실과 많은 차이가 있다고 한다. 그것은 이 그림이 푸에르토리코의 독립운동과는 아무런 관계가 없으며 그림이 보관되어 있는 장소도 네덜란드 암스텔담국립미술관(Rijks Museum)이라는 것이다. 그러나 루벤스의 '로만 채리티'가 어디에 소장되어 있거나 또한 세상 사람들이 그것을 어떻게 해석하던지 간에 그 작품의 내용으로 보아 고대 로마의 전설로 전하는 부녀간의 이야기를 소재로 하였다는 것은 분명한 사실이다. 작품의 해설에서 '고사문학(古事文學)에 나오는 효도의 한 본보기'(example of filial piety in the literature of antiquity)라고 한 것도 이를 뒷받침한다.

독일에서 태어난 피터 폴 루벤스는 이태리에 유학하였고 화려함과 역동성을 특징으로 하는 바로크회화를 집대성하였다고 할 만큼 훌륭한 작품을 남겼으며 그의 화풍은 감각적이고 관능적이며, 밝게 타오르는 듯한 색채와 웅대한 구도가 어울려 생기가 넘친다고 평가된다. 그의 '로만 채리티'에서도 그의 독특한 화풍의 일면을 볼 수 있다. 화가는 비참하고도 장엄하고 성스러운 사랑이 넘치는 소재를 하나의 캔버스에 옮겨 놓은 것이다.

한국에는 며느리가 시아버지에게 젖을 먹였다는 설화가 전해지고 있다. 사실 여부는 확인할 수가 없지만 실지로 있을 법한 이야기이다. 여인들의 모유는 아이를 낳아 기르는 데 없어서는 아니 될 귀중한 것이다. 오늘날에는 직업여성들이 늘어나다 보니 모유를 인위적으로 억제하는 경우가 많지만 그것은 부득이한 경우에 불과하고 아이를 모유로 기르는 것이 영아의 질병면역력의 증진과 성장에도 매우 유익하다고 한다. 모유는 어머니가 섭취한 모든 영양소와 생리적 기능에 의하여 만들어진 것이며 어머니의 생명과도 같이 귀한 신비스러운 최고의 영양소이기 때문에 하느님의 커다란 선물이다.

그러나 여자들이 그 귀한 모유를 자식이 아닌 늙고 쇠약한 부모에게 먹인다는 것은 매우 드문 일이며 그것은 무한한 사랑과 공경의 발로이며 자식에 대한 본능적 애정을 초월한 부모에 대한 사랑의 윤리적 실천이다.

나는 일찍이 유럽을 여행하면서 네덜란드 화가 렘브란트(Rembrandt, 1606-1669)의 그림 중에서 '어머니의 손'이라는 작품을 보고 감명을 받은 일이 있었다. 등불 밑에 『성경』을 펼쳐 놓고 『성경』 위에 손을 얹은 어머니의 모습을 그린 것이다. 어머니의 손은 작지만 가사노동에 단련된 흔적이 보이고 손등에는 잔 주름이 많이 생겨서 어머니의 희생이 그대로 엿보였다. 그 어머니의 손은 바로 나를 길러주신 거룩한 우리 어머니의 손이었다. 어머니는 손이 닳도록 일하시고 남는 시간에는 항상 『성경』을 읽으시고 기도하시고 찬송가를 부르셨다.

예술은 사람의 마음을 잔잔히 가라앉히기도 하지만 거세게 흔들어 주기도 한다. '어머니의 손'은 어머니에 대한 아리고 쓰린 감정과 존경스러운 감정을 동시에 흔들어 주는 작품이었다. 그러나 그 어머니의 손은 영영 다시 볼 수가 없고 그리운 마음만 허공을 날고 있다.

'로만 채리티'와 '어머니의 손'과 같은 좋은 작품들을 곁에 두고 바라보고 싶다.

(2010. 6. 23.)

'좋아하기'와 '사랑하기'와 '존경하기'

사람들은 '좋아한다', '사랑한다', '존경한다'는 말을 자주 쓴다. 그러나 그 용법이 적절하고 올바른지 분명하지 않을 때가 자주 있다. 사전적 의미로 보면 '좋아한다'는 말은 '좋은 느낌을 갖는다', '사랑하여 귀엽게 여긴다'는 뜻으로 쓰고, '사랑한다'는 말은 '애틋이 여기어 아끼고 위한다', '남녀가 서로 정을 들이어 애틋하게 그린다', '동정하여 친절히 대하고 너그럽게 베푼다', '동정 · 긍휼 · 구원 · 행복의 실현을 지향한다.'는 뜻으로 쓰며, '존경한다'는 말은 '높이어 공경한다.'는 뜻으로 쓴단다. 여기서 세 가지 말은 때에 따라 그 뜻이 서로 겹쳐지는 경우가 있음을 인정하게 되는 동시에 차이점도 엄연히 존재한다는 것을 발견하게 된다. 영어에서 흔히 보이는 'like', 'love', 'respect'라는 낱말의 뜻이 서로 겹쳐지는 부분이 있으면서도 서로 차이가 있는 것과 비슷하다.

사람들은 돈이나 명예나 권세를 좋아하기는 하지만 그것을 좀처럼 사랑하거나 존경하지는 않는다. 사람들은 형제자매를 사랑하고, 친구를 사랑하고, 연인을 사랑하고, 이웃과 동포를 사랑하지만 그 사랑의 대상을 반드시 언제나 존경하는 것은 아니다. 그러나 자기의 부모나 훌륭한 인격자나 국가 사회를 위하여 헌신하고 봉사하는 사람에 대하여는 좋아하고 사랑하는 차원을 넘어서 존경하는 수가 많다. 사람들은 알게 모르게 여러 가지 대상에 대하여 좋아하고 사랑하고 존경하면서 살고 있다.

성리학(性理學)의 사단칠정론(四端七情論)에 따르면 사람이 어느 대상에 대하여 좋아하거나 사랑하거나 존경하는 것은 희·노·애·구·애·오·욕(喜·怒·哀·懼·愛·惡·欲)이라는 감정이 있기 때문이다. 기뻐하고, 노여워하고, 슬퍼하고, 두려워하고, 사랑하고, 미워하고, 욕망하는(좋아하는) 감정이 어느 대상에 대하여 윤리적 타당성을 가지고 감발(感發)하는 것은 천리(天理)에 부합하는 것이요 사람의 자연스런 성품이다. 이러한 현상은 인지적(認知的) 수준에서 정의적(情意的) 수준을 거쳐 행동적(行動的) 수준으로 발전하기도 한다. 이를테면 불의(不義)를 증오하는 것이 바람직하다는 것을 인식하면 그것을 실천하고자하는 감정(의지)을 갖게 되고 다시 그것을 실천(행동)으로 옮기게 된다는 것이다.

앞에서도 지적된 바와 같이 우리는 어떤 대상을 좋아하고 사랑하는데서 그치지 않고 존경하기도 한다. 존경의 대상은 좋아하거나 사랑하는 수준보다 한 층 높은 것이어서 종교에서는 성신(聖神)이나 성인(聖人)이 그 대상이 된다. 상경지례(上敬之禮)나 흠숭지례(欽崇之禮)나 공경지례(恭敬之禮)라는 말도 있다.

그런데 사람들은 흔히 '좋아한다'는 말과 '사랑한다'는 말이나, '사랑한다'는 말과 '존경한다'는 말을 엄격히 구별하지 않고 쓰는 수가 많다. 이것은 언어자체의 속성이나 언어생활의 미숙에 그 원인이 있을 것 같다.

나는 어느 모임에서 「한국의 효사상」이라는 연제로 강연한 일이 있었는데 발표가 끝나고 나서 서면질의가 들어왔다. 질의의 요지는 '사랑'의 뜻은 무엇이며 누가 누구에게 쓰는 말인지, '존경'의 뜻은 무엇이며 누가 누구에게 쓰는 말인지 밝혀 달라는 것이었다. 질의한 사람은 시간의 제약으로 답변을 들을 수 없음을 알고 서면으로 답변을 보내달라고 하였다. 질의의 동기는 흔히 젊은이들이 '사랑'과 '존경'을 엄격히 구별하지 않고 혼동하여 쓰는 것을 자주 목격한 나머지 그것을 토론하고 밝혀보려는 것으로 보였다.

"엄마 아빠, 사랑해요."

이것은 흔히 자식들이 부모에게 하는 말이고 우리는 이런 말을 대중매체를 통하여 자주 들을 수 있다. 그런데 '엄마'나 '아빠'라는 말도 어린이들의 말이라 제 길로 한 길 다 큰 자식들이 쓰기에는 어울리지 않는 말이거니와 여기서 말한 '사랑'은 흔히 친구나 아랫사람이나 연인 사이에 어울리는 말이 그대로 부모에게 쓰여 진 것이다. 그런데 부모는 친구나 아랫사람이나 연인과는 다른 특별한 관계에 있고 독특한 위치와 권위가 인정되는 존재가 아닌가. 따라서

"사랑해요"라는 말로는 부모의 특별한 존재를 드러내지 못하므로 그 말의 불완전성이나 부적합성을 부인할 수 없다. 예로부터 애친(愛親)이라는 낱말이 있기는 하지만 부모는 사랑의 대상이면서도 공경의 대상이요, 경애의 대상이요, 효순(孝順)의 대상이기 때문이다. 부자자효(父慈子孝)라는 말과 같이 부모는 자녀를 자애하고 자녀는 부모에게 효순(孝順)하는 관계에 있으므로 단순히 "사랑해요"라는 말만으로는 미흡한 느낌을 준다.

한국사회에서 일반적으로 보면 부모에게 "공경해요", "존경해요", "경애해요"라는 말을 쓰는 자식들은 거의 없는 것 같다. 그렇다고 부모를 특별히 공경(존경, 경애)하는 마음은 없고 다만 친구나 연인 정도로 밖에 여기지 않는 까닭은 아닌 것 같다. 예로부터 제 부모를 사랑하지 않고 남을 사랑하는 것은 패덕(悖德)이요, 제 부모를 공경하지 않고 남을 공경하는 것은 패례(悖禮)라고 하였는데 패덕과 패례가 너무나 예사로운 세상이 되어서 그런 것도 아닐 것이다. 아무튼 자식은 부모를 존경하고 부모는 자식을 사랑하는 관계에서 볼 때 '사랑'이라는 말은 부모가 자식에게 할 말이고 '존경'이라는 말은 자식이 부모에게 할 말임이 분명하다.

우리는 언제부터인지 모르게 부모와 자식 사이에 '사랑한다'는 말이나 '존경한다'는 말을 직접적으로 자주 쓰지는 않는 것 같다. 직접적인 말로 표현하지 않아도 자식에 대한 부모의 사랑이 얼마나 극진한지를 알고 부모에 대한 자식의 공경심이 얼마나 지극한지를 알고도 남는 이심전심(以心傳心)의 경지이기도 하다. 가만히 생각해보면 극진한 사랑과 공경은 쉽사리 말로 표현되는 것이 아니기 때문인 것 같다. 말이야 어떻게 쓰이든지 사랑하고 존경하는 자녀와 부모의 관계는 영원히 변하지 않을 것이다.

(2015. 6. 13.)

내 탓이오

– 강의하러 가던 날

모처럼 만에 공자의 '군자론'(君子論)을 중심으로 강의하기 위하여 참고자료를 미리 보내 놓고 기다리던 참이었다.

아침에 일어나 우선 해결해야 할 일은 배변이었다. 사흘이나 걸렸기 때문에 머리도 무겁고 몸이 불편하였다. 내딴엔 여러 가지 방법으로 시도하였으나 몸만 피로하고 머리가 어지러웠다. 역류성 식도염을 치료하기 위하여 복용하는 약물이 변비의 부작용을 일으키는 모양이다. 이것저것 찾아서 짐을 챙기다 보니 가방이 묵직하였다. 척추분리전방전위증으로 무거운 물건을 들기 어려운 나는 가방이 부담스러웠지만 그래도 참고 정류장까지 걸어가 버스를 타고 모란역으로 가서 다시 지하철을 이용하여 겨우 목적지에 도착하였다. 나는 직원들과 만나 간단한 사무적인 일을 마치고 다시 화장실로 달려갔다. 한참이나 힘겨운 작업(?)을 시도하였으나 도로(徒勞)에 그쳤다. 강의시간은 금세 닥쳐오고 말았다.

담당직원이 나를 초조하게 기다리다가 강의실로 안내하였다. 강의 전에 부르는 노래가 진행되고 있었다. 나는 맨 앞자리에 가 앉아서 '강사 소개'를 받았다. 소개의 내용은 거창하게 들렸다. 그러나 그 거창한 소개에 걸맞게 제대로 알찬 강의가 될지는 의문이었다.

나는 강의하기 위하여 자리에서 일어섰다. 그러나 나는 나도 모르게 갑자기 옆으로 넘어지고 말았다. '쾅!' 하는 소리와 함께 정신이 아찔하였다. 바퀴 달린 의자가 미끄러지면서 몸은 넘어지고 뒤통수는 옆에 있는 책상에 부딪혔다. 강의실에 가득한 수강자들이 모두 놀라 나에게 시선을 던졌다. 나는 옆 사람의 부축을 받으며 간신히 일어나 의자에 앉아 가만히 정신을 차렸다. 한참이나 시간이 흐르고 나서 나는 드디어 일어섰다. 그리고 "미안합니다."를 연발하고 나서 간신히 매직펜을 들었다. '박학(博學) 심문(審問) 신사(愼思) 명변(明辨) 독행(篤行)'을 써 놓고 입을 열었다.

이어서 군자의 개념은 무엇이며 군자의 생활철학은 무엇인지 강의가 진행되는 가운데 '군자구저기 소인구저인'(君子求諸己 小人求諸人)이라는 글귀가 나왔다. 무슨 일이 잘못되었을 때 군자는 그 원인을 자기의 잘못이나 실수로 돌리지만 소인은 그것을 남의 잘못이나 실수로 돌린다는 것으로 설명하면서 나는 내가 방금 자리에서 일어나다가 넘어진 원인에 대하여 스스로 반성하는 자세로 말하였다. "내가 넘어진 것은 바퀴 달린 의자 때문"인 것처럼 말한 것은 바로 소인의 행동이라고. 그러자 강의실에는 긴장감이 풀어지고 웃음이 번져 나갔다. 인상 좋은 숙녀들이 고개를 끄덕여 주는 것이 고마웠다.

가만히 생각해보면 나는 소인의 행동을 많이 하면서 살아왔다. “가정환경 · 학교환경 · 사회환경이 좋지 않아서, 때를 잘못 타고나서, 사람을 잘못 만나서, 재수가 없어서, 운이 나빠서, 시간이 없어서, …” 이러쿵 저러쿵 언짢은 일은 거의 모두 남의 탓으로 돌린 일이 한 두 번이 아니었다.

무엇이든지 잘못된 것은 모두 남의 탓으로 돌리고 남에 대하여 비난과 질책과 심지어는 폭언이나 폭력으로 공격하기도 하는 사람이 있다. 자신이 널리 배우고, 탐구하고, 사색하고, 변별하고, 조심하고, 근신하고, 노력하고, 근검하고, 이해하고, 충성하고, 남을 존중하였으면 일어나지 않았을 일도 남의 탓으로 돌리고, 남을 원망하고, 시기하고, 증오하고, 비방하고, 심지어는 사실과 다르게 호도하여 급기야는 인과응보(因果應報)의 원리에 따라 자신의 불행을 자초하는 사람들도 있다. 이러한 사람이나 집단이 많으면 많을수록 우리 사회는 인화(人和)가 깨어지고 정의가 무너지고 살기는 점점 어려워지게 되는 것은 불을 보듯 명백한 일이다.

내가 강의실에서 넘어진 것도 모두 내 탓이지 결코 남의 탓이 아니다. 어디 그뿐인가. 건강이 나빠지고 학문적으로 더 나아가지 못하고 사회에 봉사하지 못하고 남에게 존경 받지 못하는 모든 것이 오직 ‘내 탓’일 뿐이지 결코 ‘남의 탓’이 아니라는 것을 부인할 수 없다.

나는 어느 기독교 단체에서 ‘내 탓이오’라는 캠페인을 펼치고 자동차에 ‘내 탓이오’라는 스티커를 붙이고 다니는 것을 본 일이 있다. 무엇이든지 남의 탓이 아니고 나의 탓이라는 생각은 자신을 낮추고 겸양하고 남을 높이고 존중하는 것이므로 저절로 인화(人和)가 조성되고 협동이 이루어져 좋은 가정이 되고 사회가 되고 국가가 될 것으로 믿는다.

내가 강의실에서 넘어진 사실에 대하여 '바퀴 달린 의자 때문이 아니라 나 자신의 부주의 탓임을 자백한 것은 불행 중 다행이었다. 만일 나의 건강에 원인이 있었다고 하더라도 그 건강은 남의 탓이 아니고 나의 책임임인 것이다.

그러나 사람이 한 평생을 살다보면 결코 내 탓으로만 돌릴 수 없는 명백한 사례도 경험하는 것이 사실이다. 삼척동자라도 판단할 수 있을 만큼, 나의 책임과는 아무런 인과관계가 없는 타인의 행동에 의하여 터무니없는 위험이나 피해를 당하는 수도 분명히 있는 것이다. 이런 경우에도 과연 모든 것을 내 탓으로만 돌리고 말 수 있을까? 만일 그렇다면 그것은 인과관계를 무시하는 억지에 불과하고 반이성적(反理性的)이고 위선(僞善)에 지나지 않을 수도 있을 것이다. 이런 경우에 우리에게는 날카로운 지적 판단이 요구된다.

공자는 "남이 나를 속일 것이라는 것을 미리부터 속단하여 받아들이지 말고 남이 나를 믿지 않으리라는 것을 미리부터 억측하지 말 것이니 모든 것을 사전에 먼저 깨닫는 것이 현명한 일이다."(不逆詐 不億不信 抑亦先覺者 是賢乎[論語 憲問篇])라고 하였다. 그러나 이러한 공자의 말은 매우 높은 경지의 지적 능력을 요구한다. 사회생활에서 만나는 모든 타인과의 관계에서 어떻게 모든 일을 먼저 깨달을 수가 있을까 하는 회의를 벗어 던지기 어렵다.

아무리 판단하기 어려운 문제에 부딪히더라도 항상 남을 탓하기

전에 먼저 내 자신을 탓하는 정신이 필요하고도 중요한 것임은 다시 말할 나위가 없다. 이리하여 나는 이제 좀 더 많이 소인의 탈을 벗고 군자의 탈을 쓰기 위하여 '내 탓이오'의 정언적 명법(定言的 命法)을 실천해 나갈 것이다.

(2015. 11. 22.)

곡식과 다북쑥

사람들이 하나의 가정을 이루어 살다 보면 여러 가지 모습이 드러날 수 있고 그 가운데는 바람직하지 못한 모습이 드러나기도 한다. 그 바람직하지 못한 모습은 바로 가족의 구성원이 게으르거나 도박이나 주색에 빠지거나 쓸데없이 남과 다투거나 공부를 게을리하거나 하여 말썽을 일으키는 모습이기도 하다. 이때 나머지 가족들은 속이 상하지만 그 속내를 겉으로 나타내거나 남에게 말하기도 어려워서 속으로만 끙끙 앓기도 한다.

가정에서 말썽을 일으키는 사람들은 가정에 유익하지 못할 뿐만 아니라 사회나 국가에도 유익하지 못하다. 그들은 자신의 가정만 해치는 것으로 그치지 않고, 미풍양속을 해치고 국법을 어기기도 하며 남에게 정신적 물질적 손해를 끼치거나 나아가서는 남의 생명을 위협하거나 빼앗기도 한다.

이런 점에서 보면 가정에나 사회에나 국가에 도움이 되는 사람도 있지만 지극히 해로운 사람도 있는 것이 분명하다. 날이면 날마다 대중매체에 오르내리는 사건사고들은 가정과 사회와 국가에 도움이 되지 못하거나 심지어는 매우 해로운 사람들이 저지르는 일들이다. 그러나 그 장본인들은 그것을 인식하는지 못하는지 도무지 알 수 없는 때도 많다. 그리고 그런 일을 저지른 사람들은 모두 공부하지 않은 무식한 사람들이 아니고 오히려 공부를 많이 하고 사회적으로도 안정되고 심지어는 존경을 받는 사람인 경우도 매우 많다. 다시 말하면 남에게 본보기가 될 만한 위치에 있는 사람이 오히려 남의 지탄을 받거나 법의 심판을 받는 수가 자주 있는 것이다. 그들의 행위는 선의에 따른 실수가 아니라 고의(故意)에 따른 중대한 범죄임이 드러날 때 국민들은 실망하고 그들을 원망하고 증오하고 저주한다.

'학자는 곡식이나 벼와 같고, 불학자는 다북쑥이나 잡초와 같다'(學者如禾如稻 不學者如蒿如草)하고, 이어서 '곡식이나 벼는 나라의 좋은 양식이요 보배이지만 다북쑥이나 잡초는 농부가 혐오하고 김매는 자가 번뇌한다'(如禾如稻兮 國之精糧 世之大寶 如蒿如草兮 耕者憎嫌 鋤者煩惱)는 말이 있다.(『明心寶鑑』 勸學篇)

여기서 말하는 학자는 가정과 사회와 국가에 도움을 주는 사람들이고 불학자는 그 반대에 해당하는 사람들이다. 그러나 오늘날 우리 사회에는 공부한 사람들은 많아도 진정으로 사회에 도움이 되는 사람들은 많지 않다고 느낄 때가 많다. 지식인이 저지르는 부정부패를 비롯한 여러 가지 범죄가 만연한 것을 부정할 수 없기 때문이다. 가정과 사회와 국가의 혜택으로 공부하여 출세하고 나서는 그 은혜를 갚으려하지 않고 오히려 반사회적 언동을 일삼거나, 사리사욕이나 부정부패나 방탕이나 반사회적 향락에 몰입하는 사람들이 많이 발견된다.

오늘날의 지식인 사회에서 보면, 전통사회에서 초학자들이 읽던『명심보감』과 같은 책은 그 수준이 매우 낮은 것으로 평가되는 경향이 있으며, 그것을 읽고 내용을 제대로 깨우치고 실천하려는 사람은 많지 않다. 또한『소학』(小學)이라는 책도 마찬가지로 철모르는 소인(어린이)들이 학문으로 들어서기 위하여 배우는 지극히 초보적인 생활의 원리요 실천요령을 공부하는 책이다. 그럼에도 불구하고 조광조(趙光祖) 이장곤(李長坤) 김안국(金安國)과 같은 훌륭한 학자를 길러낸 조선시대의 김굉필(金宏弼 1454-1504)은 평생을 '소학동자'(小學童子)로 자칭하면서 가장 기초적인 인간의 도리를 실천하고자 노력하였다고 전한다.『소학』의 실천이 곧 일생의 좌우명이었던 것이다. 참된 생활의 지혜는 결코 멀리만 있는 것이 아니고 오히려 가까운 곳에 있음을 보여준다.『명심보감』이나『소학』은 영원한 인류의 지침서이다.

하나의 지역사회나 국가뿐만 아니라 인류사회는 시시각각으로 변하고 있다. 온 인류가 서로 교통하고 협력하고 공영(共榮)하려고 애쓰기는 하지만 그것이 결코 쉬운 문제가 아니다. 국가의 이해관계는 말할 것도 없고 인종간의 편견이나 문화의 차이나, 이념이나 신앙이나 가치관의 차이는 때때로 대립하고 충돌을 일으키기도 한다. 이러한 양상은 여러 가지 갈등을 조성하고 개인으로 하여금 처신하기를 어렵게 만든다. 따라서 주어진 환경과 처지에서 냉철히 판단하고 행동하는 데는 넓고 깊은 통찰력이 요구되기도 한다.

이제 내 나이 너무 많아 직장에서도 은퇴하고 난 오늘날, 덧없이 흘러간 지난날을 되돌아보면 나는 얼마나 곡식이나 벼와 같은 나라의 보배로 살았으며 지금도 살고 있는지, 아니면 다북쑥이나 잡초와 같은 골칫거리로 살았으며 지금도 살고 있는지 스스로 살피게 된다.

곡식이나 벼처럼 나라의 식량이 되지는 못할망정 다북쑥이나 잡초처럼 나라에 골칫거리나 되지 않도록 모든 국민이 반성하고 크게 깨우쳐야 할 것이다.

(2016. 9. 14.)

김 사장과 여직원

나는 아트센터를 바라보며 S아파트관리사무소가 있는 '과수원공원'으로 발길을 옮겼다. 어떤 노인이 벤치에 홀로 앉아 있었다. 옆에 있는 벤치에 앉으면서 인사를 건네었다.

"안녕하십니까? 오늘은 날씨가 아주 좋습니다."

"그렇습니다. 마침 어린이날이라 아이들이 많이 나와서 놀고 있군요."

"선생님은 아주 건강하게 보이십니다. 건강이 제일입니다."

"심장이 약간 좋지 않아 약을 먹고 있습니다."

"저는 요즘 감기도 들고 몸이 좋지 않은 편입니다."

"헬스클럽에 나가지 않으시는지요? 헬스클럽에 나가니까 확실히 효과가 있는 것 같습니다."

"헬스클럽에는 나가지 않습니다. 운동도 별로 하는 것이 없고요."

"저는 헬스클럽에도 나가고 이따금 산에도 갑니다. 체중도 많이 감량이 되고 잠도 잘 옵니다."

"지금 직장에 나가시나요?"

"조그맣게 개인 사업을 하고 있습니다."

"개인 사업이라는 것이 아무나 하는 것이 아니잖습니까? 능력이 있어야 하지요."

"저는 상대(商大)를 나왔기 때문에 그런대로 해나가고 있습니다."

"무역계통이십니까?"

"그렇습니다. 말은 무역이지만 외국산 유리그릇과 건해삼(乾海蔘)을 수입하여 판매하고 있습니다."

"영어도 잘 해야 하고, 해외출장도 자주 다니셔야겠네요?"

"그렇습니다. 그럭저럭 남의 손을 빌리지 않고 내 손으로 해 나갑니다. 경험이 있으니까요. S상대 ○○학번 『회고록』을 발간하였는데…. 모두 좋은 자리에서 일하였지만 일찍 은퇴하고 나니까 노는 사람이 많아요. 그런데 나는 시시하나마 오래도록 근무하니까 다행으로 압니다."

"그렇지요. 오래도록 할 일이 있다는 것이 얼마나 행복한 일인지 모르지요. 그래 『회고록』에는 무엇을 쓰셨나요?"

"나는 실수한 일도 쓰고 그저 시시콜콜한 이야기를 썼는데 내자가 내용을 보더니 창피해서 모임에 나가지 않겠다고 하더군요."

"무엇이 창피하다는 것인가요?"

"내 친구들은 모두 출세하였는데 나는 못하였다는 거지요. 그런데 수십 편의 글 가운데서 우수작품을 뽑아 시상을 하는데 내 것이 최

우수작품으로 뽑혔답니다."

"실례지만 저도 한 번 읽어보고 싶네요. 어떻게 쓰셨는지."

"건해삼수입 이야기니, 영화수출 이야기니, 직원들 이야기니, 정말로 시시콜콜한 이야긴데 상을 주더라고요. 건해삼은 동남아 일대에서 생산되는데 나는 일단 수입하여 모두 풀어보고 규격에 맞지 않거나 불량품이라고 보이는 것은 가려내고 약간 넉넉하게 중량을 달아서 재포장하고 가려낸 것들은 별도로 염가 판매합니다. 그러다 보니까 내 물건이 항상 최고품으로 품평을 받게 되고 물건이 없어서 팔지 못합니다."

"네. 그렇습니까? 참 재미있습니다. 또 무엇을 쓰셨나요."

"영화수출 이야기도 썼지요. 홍콩에 지사장으로 근무할 때인데 필리핀인이 영화를 수입한다고 했어요. 그런데 무려 20,000불이나 주고 우리 영화를 수입하겠다는 거예요. 그래서 내가 5,000불만 내고 가져가라고 하였더니 처음에는 기분이 상하는 눈치였어요. 자기를 무시하는 것으로 느끼는 것 같더라고요. 그래서 실지로 5,000불이면 정당한 가격이라고 겨우 설득했어요. 회사에서는 내가 잘못하는 것으로 생각하였지만 그 후로 연속하여 고객이 늘어나 결과적으로는 큰 이익이 되었지요. 그때 만일 내가 20,000불을 다 받았으면 단지 한 번으로 거래가 끝났을 겁니다."

나는 김 사장의 글을 꼭 한 번 읽고 싶다고 말하였다. 그는 집에 책이 몇 권 있으니 한 권을 줄 수 있다고 하였다. 그러면서 주소를 알려주시면 우편으로 보내주겠다고 하였다. 나는 당장 서둘러 그의 아파트로 달려가서 책 한 권을 얻어가지고 집으로 돌아와서 '우표

한 장'이라는 글을 읽었다.

여직원 하나를 고용하고 있는데 무슨 심부름이든지 생각보다 일찍 하기 때문에 마음에 들었단다. 그런데 국제우편물을 부치러 우체국에 가기만 하면 예상 외로 늦게 돌아오더란다. 필시 인근의 백화점에 들르거나 아는 사람 집에 들러 시간을 보내는 것으로 알고 몇 번을 벼르다가 하루는 화를 발끈 내고 큰 소리로 야단을 치고 말았다는 것이었다. 그랬더니 그 순진한 여직원이 눈물을 쏟으며 밖으로 나갔다가 한참 후에 돌아온 것을 인근다방으로 데리고 나가서 차를 주문하고 화를 낸 데 대하여 정중히 사과하였단다. 그리고 그래 왜 그리 편지를 부치는데 시간이 많이 걸렸느냐고 물었더니 다음과 같이 대답하더란다.

"인근에는 우체국이 세 군데가 있는데 우체국마다 우편요금이 약간씩 차이가 나서 세 군데를 다 돌아다녀서 계산해 보고 제일 싼 곳에서 편지를 부치면 1불짜리 우표 한 장은 절약되었어요. 온 나라가 불경기로 사장님도 형편이 좋지 않은데 우표 한 장이라도 아끼고 싶었어요."

김 사장은 자기가 화낸 것을 진심으로 후회하는 한편, 그 여직원이 얼마나 성실한지를 다시 한번 깨닫고 즉시 봉급을 인상해 주었다는 것이었다.

너구리는 공격하지 않는다

종일 집 안에서만 시간을 보내고 저녁에야 산책길에 올랐다. 평소와는 달리 운중천을 거슬러 가다가 봇들마을 동편길을 걸어서 이매고등학교를 거쳐 탄천 매송중학교 앞에서 잠시 걸음을 멈추었다.

산책길의 한쪽은 드문드문 서 있는 나무와 어른 키보다도 높이 자란 갈대와 억새가 빽빽한데 길가에는 너구리 한 마리가 웅크리고 앉아서 지나가는 사람들을 구경하며 이따금 사진의 모델이 되기도 하였다. 풀숲에 반쯤은 숨어있는 너구리는 체구가 작은 편이었다. 때마침 어떤 여인이 강아지를 끌고 다가왔다. 여인들은 소리쳤다.

"너구리가 있어요. 강아지 조심하세요!"

그러나 나는 너구리가 어디론지 달아날지도 모른다는 생각에서 여인들에게 조용히 하라고 하였다. 사람이 여럿이 있고 주인이 끌고 가는데 감히 너구리가 강아지를 공격하리라고는 생각지 못하였기 때문이다. 나는 다만 너구리의 행동이 궁금하기만 하여 지켜보고 있었다. 너구리는 몸을 약간 뒤로 숨기는 듯하였다. 여인은 무사히 강아지를 끌고 너구리 앞을 지나갔다. 그러나 그것으로 일이 끝난 것은 아니었다. 강아지가 약 15미터쯤 지나갔을 때 너구리는 잽싸게 강아지를 향하여 달려가 허리춤을 무는 것이었다. 강아지는 비명을 지르고 주인은 깜짝 놀라 강아지를 끌어안았다. 너구리는 계속하여 다시 달려들 기세였으나 여인의 팔에 안긴 강아지에게는 뛰어오르지 못하였다.

듣고 보니 바로 그 언저리에 너구리 새끼가 네 마리나 있고 어미가 또 한 마리 있다는 것이었다. 필시 어미는 강아지를 사냥하여 새끼들과 잔치를 벌일 작정이었던 것이었다.

그런데 문제는 나의 예상이 너무나 현실과 어긋난 것이었다. 사람들이 너덧이나 되고 아직도 날이 어둡지도 않은 상황에서 감히 사람이 끌고 가는 애완견을 그 너구리가 공격하리라고는 상상하지 못하였던 것이다. 그러나 너구리는 강아지가 다가오는 것을 보고 일부러 몸을 뒤로 약간 숨겼다가 안심하고 지나가게 한 후에 뒤에서 재빨리 달려들어 공격하였고, 공격을 받은 강아지는 틀림없이 상처를 입고 동물병원으로 갔을 것이다.

나는 생각하였다. 너구리에 물린 강아지는 국제무대에서 침략을 당한 약소민족과 같은 처지가 아닌가라고. 약소민족은 어떤 강대민족이 자기를 침략한다는 사실을 잘 모르고 있었던 경우가 많았을 것이다. 더구나 강대국의 보호를 받으며 사대주의정책(事大主義政策)을 견지하던 민족이 안심하고 있다가 뜻밖의 적에게 공격을 받은 예는 얼마든지 있었을 것이다.

16세기 조선왕조는 명나라를 사대하여 많은 문화적 · 군사적 · 외교적 · 경제적 혜택을 받으면서 한편으로는 일본인들을 섬나라오랑캐라고 멸시하였다. 이때의 조선은 믿을만한 주인에게 보호를 받으며 의기가 양양한 강아지와 같은 처지가 아니었을까? 그러나 믿고 섬기던 주인이 있음에도 불구하고 일본이라는 너구리에게 여지없이 꽁무니를 물리고 말았다. 왕은 몽진하고 백성은 코가 잘리고 귀가 잘리고 조총에 맞아 죽거나 일본도에 목이 잘렸다. 많은 백성이 노예로 잡혀가고 문화재가 약탈당하였다. 그것으로 그치지 않고 20세기 초에는 국가의 주권마저 송두리째 강탈당하고 인권을 유린당하고 경제를 수탈당하였다.

오늘 일어난 사건을 보면 이미 여인들이 그 너구리의 공격성을 알고 있었으나 내가 제지하는 바람에 팔짱을 끼고 바라보기만 하다가 일어난 사건이었다. 강아지가 물린 책임은 누구에게 있는 것일까. 제1차적인 책임은 무심히 강아지를 끌고 지나가던 주인에게 있겠지만 사전에 경고하던 여인네들의 말을 무시하고 가로막은 나에게도 커다란 책임이 있는 것이다. 사람들이 지켜보고 있는 앞에서 주인이 끌고 가는 강아지를 너구리가 공격하리라고는 생각지 못한 것이 나의 커다란 오산이요 실수였던 것이다.

'실수'란 '부주의로 잘못을 저지름'이라고 하는데 영어로는 'mistake', 'error', 'blunder', 'wrong', 'failure' 등과 같은 뜻으로 사용되는 것 같다. 내가 평생을 통하여 저질은 실수는 허다히 많아서 일일이 열거할 수가 없다. 어떻게 보면 나의 일생은 실수의 연속이었다. 아주 작은 실수도 무수히 많았지만 커다란 실수도 많았다. 그 중에는 나에게 유형무형의 피해를 준 것도 있지만 남에게 피해를 준 것도 허다하다. 만일 내가 저지른 실수가 반으로만 줄었어도 오늘날과 같은 나는 아닐 것 같고, 그 실수들 가운데는 남에게 사과해야할 것들이 대단히 많은 것으로 판단된다.

나는 직업상 논문을 자주 쓰게 되었고 퇴직한 후에는 수필도 몇 권 쓰고 소설도 써 보았다. 그러나 그 작품들이 모두 만족한 것이 못 되는 것은 나의 실수 때문이었다고 생각한다. 연구나 글쓰기의 대상이나 구성도 그렇고 특히 사소하게 보이는 용어의 선택과 격식에 맞는 문장과 맞춤법에 이르기 까지 실수투성이임을 숨길 수 없다. 한 달에도 남의 글을 수십 편씩 읽는 나는 남의 글 가운데서도 실수를 발견하지 않는 것은 아니지만 나의 글에서는 더 많은 실수가 발견되리라는 것을 짐작한다.

사람들은 '실수'라는 말에 대하여 용서될 수 있는 것, 대단치 않은 것, 누구나 저지르는 것쯤으로 너그럽게 이해하려는 경향이 있다. 그러나 아주 사소한 실수도 있고 중요한 실수도 있으며 그 사소하고 중요하다는 기준이 뚜렷한 것도 아니어서 쉽사리 판단하기가 어렵다. 그것은 마치 동기를 중시하는 동기론이나 결과를 중시하는 결과론처럼 어느 한 쪽에 치우칠 수 있다.

일본에게 침략을 당하고 심지어는 주권을 빼앗겼던 당시의 민족 지도자들은 이따금 실수라는 말로 변명되거나 옹호되는 경우가 많다. 그러나 과연 단순한 '실수'라고 보기에는 너무나 중대한 결과를 빚었던 사례는 어마든지 있는 것이다.

정년으로 퇴직한 지도 벌써 기나긴 세월이 흘렀고 그 동안 잡문도 쓰고 강의도 하면서 나는 아직도 크고 작은 많은 실수를 거듭하고 있는 것이다. 심히 두려운 일이다.

(2015. 6. 16.)

M 교수의 서거를 보고

일찍이 이름을 떨쳤던 M 교수가 서거하였다고 한다. 그것도 자연사(自然死)나 병사(病死)가 아니고 스스로 목숨을 버렸다고 하니 끔찍한 일이다.

나는 M 교수와 직접적으로 사귄 일은 없다. 다만 그의 글을 통하여 대강 알고 지내온 형편이다. 내가 직장에서 근무하던 어느 날, C 교수가 월간잡지를 한 권 들고 나타나 M 교수의 글을 보여주었다. 제목은 '성(性)의 해방을 위하여'이었다. 내용을 훑어보니 성의 완전한 개방을 위하여 모든 편견을 없애고 심지어는 형법(刑法)의 규정을 개정하거나 폐지해야 한다는 것이었다. 대중 앞에서 행하는 외설행위(음란행위)나 담배를 피우는 행위는 서로 다를 것이 없다는 것이었다.

나는 M 교수의 인생관이나 세계관이 무엇인지 깊이 알지는 못하였으나 그의 글 '성의 해방을 위하여'에서 주장하는 내용을 그대로 무관심하게 넘길 수는 없었다. 문득 생각해보아도 우리의 미풍양속을 크게 해치는 주장이라고 보였다. 나는 거의 즉흥적으로 펜을 들어 그의 주장을 비판하는 글을 써놓고 출판사로 전화를 걸어 M 교수의 주장에 대하여 반론을 제기한다는 취지를 말하였다. 출판사에서는 40매의 원고를 20매 이내로 축약하여 보내달라고 하였다. 나는 서울 송파에서 버스를 타고 여의도까지 달려가서 담당자에게 원고를 전하고 돌아왔다.

나의 글은 머지않아 잡지에 게재되었다. 나는 M 교수의 반응에 대하여 호기심을 가지고 기다렸으나 몇 달이 지나도 반응은 보이지 않았다. M 교수는 나의 주장을 그대로 받아들이거나 용납하는 것인지 아니면 전혀 무시해버리는 것인지 알 수도 없었다. 은근히 궁금한 생각이 가시지 않게 되고 M 교수에 대한 관심이 이어져 그의 글이라면 손에 닿는 대로 섭렵하게 되었다.

세상에 널리 알려진 바와 같이 M 교수의 작품들 가운데 『즐거운 사라』라는 것이 있었다. 출판된 지 얼마 되지 않아 저자는 형사소추를 받게 되어 처벌을 받고 작품은 출판금지령과 판매금지령이 내려졌다. 시중에서 이야깃거리가 되고 호기심도 자아내게 되었다. 나도 직접 확인하기 위하여 그 책을 읽었다는 친구에게 부탁도 하였으나 허사였다. 나는 그저 상상하는 것으로 그치고 말았다. 세월은 흐르고 세상에서는 관심이 없어진 듯하였다. 그런데 나는 우연히도 뜻하지 않은 곳에서 그 금서(禁書)를 발견하게 되었다. 공동주택단지 내에서 쓰레기 버리는 날 쌓인 쓰레기덤이 속에서 그 책을 발견하게

된 것이다. -나는 주말마다 노인회장과 더불어 쓸 만한 책을 수집하여 경로당 서가에 진열하곤 하였었다.-

나는 『즐거운 사라』를 읽고 나서 마음이 착잡하였다. 작품은 문학의 영역을 멀리 벗어난 것으로 보였기 때문에 사회규범의 차원에서 비평하지 않을 수 없다고 생각되었다. 개별적인 음란행위(?)도 있을 뿐만 아니라 집단적인 것도 있고 사제간(師弟間)의 것도 있으니 윤리학을 염두에 두고 살아 온 나로서는 거부감을 느끼는 것이 당연한 것이었다. 나는 현행형법에서 규정하고 있는 법리(法理)를 존중하고 싶었다. 대한민국의 실정법에는 '성 풍속에 관한 죄'(풍속을 해하는 죄)가 엄연히 규정되어 있기 때문이다. 그러나 M 교수는 한국의 실정법(實定法)의 한계를 멀리 초월하여 인간의 원초적 본능을 억제하지 말고 자유롭게 충족해야 한다는 것이 아닌가.

M 교수는 스트레스에 관하여 상당히 넓고 깊은 지식을 가지고 있는 것으로 안다. 일상생활에서 받는 모든 스트레스를 열거해 보면 놀랄 정도로 많은 것이 사실이고 그 스트레스를 적절히 풀지 않으면 심각한 정신적 육체적 질병을 유발하거나 사회적인 문제를 일으킨다는 것이 그의 견해였다. 따라서 성적 욕구를 억압하는 것은 스트레스를 유발하기 때문에 매우 바람직하지 않다는 것이다.

역사적으로 보면 세상에는 사회적 통념이나 규범에 앞서 급진적인 이념이나 사상이 끊임없이 대두되었고 오래지 않아 그것이 실현되기도 한 것이 사실이다. 그러나 거기에는 일정한 한계가 있는 것이며 오랜 세월이 흘러도 변화하지 말아야 할 근본이 있는 것이다.

외설문학으로 판정되어 출판이 금지된 사례는 동서고금을 통하여 빈번이 있었던 일이며 그것이 시대적 사회적 변화에 따라 완전히 뒤바뀌어진 사례도 적지 않다. 그리고 보는 사람에 따라서는 M 교수의 주장에 동의할 수도 있고, 또한 그의 주장이 머지않아 현실화할 것으로 예측할 수도 있었을 것이다. 실지로 한국에서는 그의 주장대로 간통죄(姦通罪)가 폐지되고 말았다는 사실에 주목하게 된다. 그럼에도 불구하고 M 교수의 주장은 그 한계를 상당히 초월하고 있었던 것이 당시의 보편적인 상식이었다.

법은 최소한의 윤리규범이라는 말도 있다. 다시 말하면 법이 허용하는 범위에서 행동하는 것은 말할 나위 없고 자신의 신념이나 가치관이나 사회적 요구에 따라서는 자신의 행위를 억제하고 욕구의 충족을 유보하며 자신을 희생할 수도 있는 것이다. 여기에 인간의 인간다움과 지성인의 지성인다움이 있는 것이다.

한때 많은 지성인들의 시선을 끌고 시시비비를 논의하게 하였던 M 교수의 서거를 애도하여 마지않는다.

(2017. 9. 16.)

만남

사람은 항상 만남을 통하여 살고 있다. 죽은 사람이라면 몰라도 산 사람이 사람을 만나지 않고 산다는 것은 상상할 수도 없는 일이다.

우리는 우선 나면서부터 부모를 만나고 형제자매를 만나고 친인척과 이웃을 만날 뿐만 아니라, 거리에서나 학교에서나 직장에서나 사회에서나 항상 사람을 만나게 된다. 이따금 문 밖엘 나가지 않고 집 안에 들어앉아 있어도 전화를 주고받고 편지도 주고받으면서 간접적으로 사람을 만난다. 살아 있는 사람만 만나는 것이 아니라 죽은 사람도 만난다. 자식이 조상의 제사를 지내고 공부하는 사람들이 옛 선현을 사숙하는 것이 모두 하나의 만남이니 말이다.

사람이 사람을 만나는 일은 우연히 이루어지기도 하지만 어느 한쪽에서 적극적으로 행동함으로써 이루어지기도 한다. 다시 말하면 나의 의사와는 전혀 관계없이 만나는 수도 있지만 상대방의 의사와는 전혀 관계없이 나의 일방적인 행동으로 만나는 수도 있다. 이리하여 우리는 전혀 뜻하지 않은 사람을 맞이하게 되기도 하고, 나의 일방적인 의사에 따라 남을 맞이하기도 한다.

우리의 선인들은 한결같이 만남을 소중히 여기고 살아왔다. 그들은 훌륭한 사람을 만나 배우고 싶어 하고, 훌륭한 친구를 만나 사귀고 싶어 하였다. 공자나 맹자는 훌륭한 제자를 만나는 것이 즐거웠고, 훌륭한 군주를 만나 인의(仁義)를 실현하는 정치를 펴고 싶어 하였다. 그러나 훌륭한 제자를 만나는 일이나 훌륭한 군주를 만나는 일이 결코 쉬운 것은 아니었다. 공자는 무려 70여 명이나 되는 군주(제후)를 찾아다니며 인의(仁義)를 실현하려 하였지만 실패에 실패를 거듭하였다. 당시의 군주들은 인의보다는 부국강병을 원하고 수기안민(修己安民)보다는 사치와 향락을 추구하였다. 공자의 주장은 지극히 타당하지만 그것은 이상사회(理想社會)에서나 필요한 것으로 보였다. 현실과 이상의 만남이 어려운 것처럼 춘추시대의 군주와 공자의 만남도 어렵기는 마찬가지였다.

사람과 사람의 만남은 참으로 놀라우리만큼 많이 이루어지고 있다. 그러나 우리는 그 많은 만남을 일일이 기억하지 못할 뿐만 아니라 아무런 보람도 느끼지 못하는 수가 많다. 만남도 만남 나름이기 때문이다.

기쁘고 즐거운 만남은 감던 머리를 움켜쥐고 달려나가게 하고 입에 든 음식을 뱉고 반기게 하지만, 괴롭고 귀찮은 만남은 눈에 든 가시처럼 거슬리고 비 오는 날 개를 사귀는 것처럼 싫어진다.

우리의 만남이 훌륭한 만남이 이루어지기 위하여는 의기상투(意氣相投)의 경지에 이르러야 한다. 단순히 만나는 것으로 그치거나 자기의 이익을 추구하는 것으로 그치는 것이 아니라 기쁨과 보람과 이상(理想)이 일치하여야 한다. 다시 말하면 존경과 우정과 애정과 가치판단이 서로 어울려야 한다. 그래야만 진정한 사제관계, 선후배관계, 붕우 관계, 혈연관계, 친지 관계, 형제자매 관계가 이루어지게 된다.

중국의 고전 『열자』(列子)에는 백아(伯牙)와 종자기(鍾自期)의 만남이 소개되어 있다. 백아는 거문고를 잘 뜯었는데 백아가 높은 산을 생각하며 거문고를 뜯으면 종자기는 '좋구나, 태산처럼 높고 크도다'라고 하고, 백아가 흐르는 물을 생각하며 거문고를 뜯으면 종자기는 '좋구나, 장강과 황하처럼 광대하도다'라고 하였다. 종자기는 백아의 악상(樂想)을 그대로 알아차리고 감상하였던 것이다. 하루는 백아가 태산의 북쪽 기슭에서 갑자기 소나기를 만나 바위 밑에서 비를 피하다가 마음이 울적하여 거문고를 뜯게 되었다. 처음에는 마치 부슬비 내리는 것처럼 가볍고 느리게 연주하다가 나중에는 마치 산이 무너지는 것처럼 무겁고 급하게 연주하였는데 종자기는 그때그때 백아의 마음을 그대로 알아차렸다. 이리하여 백아는 거문고를 내려놓고 '좋구나 좋구나, 그대는 나의 곡조를 들으면 나의 마음까지도 함께 듣는구나. 나의 거문고는 그대의 상상을 벗어 날 수가 없구나.'라고 하였다. 백아의 연주를 들으면 백아의 악상까지 그대로 감상할 수 있었던 종자기는 먼저 죽고 말았다. 백아는 자기의 음악을 그토록 깊이 이해하고 감상하는 친구를 잃은 슬픔을 이기지 못하여 거문고의 줄을 끊어버리고 다시는 연주하지 않았다고 한다. 지음(知音)이니 지음인(知音人)이니 하는 말은 두 사람의 고사에서 나온 것이며 의기가 상투하는 사람을 가리키는 말로 쓰이고 있다.

우리에게는 지금 진정으로 의기가 상투하는 만남이 얼마나 이루어지고 있을까. 의기상투는 고사하고 서로가 자기의 이익만을 취하기에 여념이 없고 심지어는 상대방의 권익을 침해하면서라도 자신의 권익만을 위하여 갖은 비열한 행동을 서슴지 않는 금수만도 못한 만남을 자행하고 있지는 않을까.

김정희(金正喜)는 일찍이 세한도(歲寒圖)의 발문(跋文)에서 '권세와 이익으로 만난 사람은 권세와 이익으로 헤어진다'고 하여 세상 사람들의 얄팍한 만남을 탄식하지 않았던가. 오늘날 우리가 살고 있는 세태는 김정희가 살던 세태보다 조금도 나을 것이 없을 것 같고 오히려 몇 갑절이나 못할 것처럼 느껴진다. 친족과 친지와 친구 사이에 사기와 횡령을 비롯한 갖은 범죄가 빈발하고, 부모가 자식을 버리고 자식이 부모를 버리는 말세적 범죄 행위가 공공연히 자행되고 있으니 말이다.

우리는 지금 서로의 마음을 위장하고 드러내지 않는 수가 많다. 착한 마음을 그대로 드러내도 그대로 믿어주지 않고, 악한 마음을 드러내면 자기에게 이로울 리가 없는 까닭이다.

지금 우리는 한국전쟁 이후로 가장 큰 국가적 위기를 맞이하였다고 한다. 외환(外換)의 위기는 경제적 위기로, 사회적 위기로, 국가적 위기로 발전하여 온 국민은 불안에 떨고 있다. 그러나 이러한 위기를 조성한 정치인들이나 경제관료나 기업인들이나 금융인들은 좀처럼 반성의 빛을 보이지 않고 철면피한 변명으로 버티고 있으며, 수많은 공직자는 부정부패의 중독증에서 헤어나지 못하고, 수많은 지도층과 지성인들은 안일무사와 수수방관으로 사회악을 조성하고 있다. 그들은 국민과의 만남을 송두리째 외면하고 있으니 참으로 서글픈 만남이다.

백아와 종자기의 만남처럼, 국민의 진심을 알아차리고 국민과 함께 기뻐하고 함께 슬퍼하는 정치인과 공직자와의 만남을 간절히 바란다.

*주) 『동천홍문표회갑기념문집』에서
출처 홍문표문학과인생총서18-만남, 그 소중한인연이여
(창조문학사 출판, 교보문고e북) 판매

4

아집(我執)의 굴레

문예(文藝)와 무예(武藝)의 조화(調和)

신문을 펼쳐보니 하얀 도복(道服)을 입은 두 사람의 무예인(武藝人)이 공중으로 뛰어 올라 발로 공격하고 방어하는 사진이 보였다. 푸른 하늘과 함께 배경을 이루고 있는 건물에는 '택견전수관'이라는 간판이 뚜렷하였다. '2019충주세계무예마스터십대회'를 여는데 대회의 정식 종목으로 먼저 손꼽히는 택견의 고수(高手)들이 시범을 보이는 모습이라 한다. 참으로 보기에 좋았다.

부끄러운 말이지만 나는 무예에 소양이 부족한 문외한에 가깝다. 고등학교 시절에는 유도(柔道)수련장에 나가서 2주일 동안 낙법(落法)만 연습하다가 힘이 들어 그만두었고, 뒤늦게 대학의 전임강사가 되어서는 검도(劍道)를 시작하다가 그것도 서너 달 만에 그만두고 말았다. 그 후로 나는 우연히 태권도(跆拳道)의 유혹을 받게 되어 1년 남짓하게 도장에 다녔으나 지진아에 불과하였지만 그래도 아직 미련을 버리지 못하는 것은 역시 태권도라고 할 수 있다.

태권도장은 내가 출근하기 위하여 버스를 타러 나가는 길목에 있는 허름한 창고건물이었는데 키가 훤칠한 젊은 사범(師範)은 중앙의 태권도협회에서 우수선수로 표창을 받았고 매우 소박하고 진실하게 보였다. 나는 퇴근길에 자주 들러 수련생들이 수련하는 모습을 눈여겨 보았다. 그들이 수련하면서 외치는 구호도 듣기 좋거니와 그들의 동작에서 울려 나오는 독특한 바람소리(?)가 더욱 듣기 좋았다. 그리고 천장에 매여달린 길쭉한 백(bag)을 2단 옆차기로 공격하는 모습은 더욱 놀랍기만 하였다. 나는 관련도서를 구하여 읽어보기도 하고 몇 차례나 사범을 만나서 태권도 수련에 관하여 상담을 하면서 기본동작만을 수련하여도 정신과 육체의 건강에 도움이 된다는 조언을 받았다.

나는 드디어 매일 새벽에 일어나 1시간씩 도장에 나가서 수련하고 나서 출근하기로 하였다. 기본동작을 중심으로 하였지만 주로 태극1장 · 태극2장 · 태극3장 … 태극8장으로 이어지는 품새를 익히는 것이었다. 1년이 다 되자 나의 도복(道服)은 때가 묻고 띠는 백띠에서 청띠로, 청띠에서 홍띠로 달라지고 있었다. 우리집 마당 한 구석에는 제재소에서 목재를 구해다가 주먹을 단련하는 간단한 시설을 마련해 놓고 수시로 활용하였다. 몸도 가벼워지고 어쩐지 모르는 자신감도 생겼다. 이윽고 학생들에게도 소문이 퍼져서 태권도반 지도교수를 맡아달라는 부탁이 왔다. 나는 그때 산악반(山岳班) 지도교수를 맡고 있었지만 태권도반도 겸하여 맡아 그들을 도우려고 노력하였다.

가을에 열리는 대학의 축제(祝祭)에는 운동장에서 교수들과 학생들이 지켜보는 가운데 태권도 시범(示範)을 보이기도 하였는데 여학생 하나가 매우 우수한 편이어서 화제가 되기도 하였다. 여학생은 태권도의 보기 좋은 품새뿐만 아니라 고난도(高難度)에 속하는 격파기능까지 보여 주었고 태권도가 결코 남자들의 전유물이 아니라는 것을 인식하게 하였다. 이제는 완전히 멀고 먼 옛날 이야기가 되고 말았지만 아직도 나의 기억 속에 잔잔히 남아 있다.

나는 충주세계무술공원에서 열리는 '유네스코공식후원 문화축제'를 환영하면서 문예(文藝; 文事)와 무예(武藝; 武術; 武事)의 조화에 대하여 잠시 생각하게 되었다.

인류문화를 살펴보면 고대로부터 현대에 이르기까지 문예와 무예의 조화라는 문제를 간과하기 어렵다. 다만 인종과 종교와 지역과 시대에 따라 그 양상이 매우 다양하고 복잡하여 쉽사리 파악하기도 어렵고 설명하기도 용이하지 않을 뿐이다. 요컨대 문예가 발달하는 동시에 무예도 함께 균형을 이룸으로써 국가와 민족이 크게 발전하는가하면 문예만이 발달하거나 무예만이 발달하거나 하여 균형을 유지하지 못하면 쉽사리 쇠퇴하거나 심지어는 멸망에 이른 경우도 있다는 것이다.

그런데 얼핏 보기에는 문예와 무예는 그 상관관계가 쉽사리 파악되기 어려울 경우도 있다. 다시 말하면 상호간에 영향을 주는 것이 분명함에도 불구하고 그것이 표면적으로 뚜렷하게 나타나지 않는 경우도 있다는 것이다. 그리고 그 주체가 되는 개인이나 사회나 국가의 역사적 · 문화적 · 지리적 조건이나 상황에 따라 분석적으로 파악되기가 어렵기도 하다. 그러나 오직 분명한 것은 정신적·윤리적 문화의 역량만으로 민족이나 국가가 온전히 발전하는 것도 아니고 물질적·군사적 역량만으로 국가가 발전하는 것도 아니며 반드시 양자가 균형을 이루어야 한다는 사실을 부정하기 어렵다는 것이다.

따라서 중요한 것은 문예가 있는 곳에 무예가 있어야하고 무예가 있는 곳에 문예가 있어야 한다는 것이다. 문예가 없는 무예는 조폭(粗暴; 野蠻)에 떨어지고 무예가 없는 문예는 유약(柔弱; 空虛)에 떨어지기 쉽기 때문이다.

공자가 "문사(文事)에는 반드시 무비가 있어야 하고 무사(武事)에는 반드시 문비가 있어야 한다"(有文事者必有武備 有武事者必有文備. 『史記 孔子世家』, 『春秋穀梁傳』 定公 10年條 참조)고 한 것은 문예와 무예의 불가분적 관계와 한계상황을 강조한 것으로 해석된다. 이것은 공자가 말한 "형식과 내용이 조화를 이루어야 비로소 군자라고 할 수 있다"(文質彬彬 然後君子. 『論語』 雍也篇 참조)는 내용과도 웬만큼 상통하는 논리로 보인다.

개인이나 사회나 국가나 모두 문예에만 치중하면 이른바 문약(文弱)에 빠져 위태롭게 되고 그렇다고 하여 무예에만 치중하면 패륜과 무질서와 난폭이 위태롭게 한다. 문예는 정적(靜的)이고 수동적인데 반하여 무예는 동적(動的)이고 도전적인 경향이 강하여서 중도(中道)를 유지하기 어렵기 때문이다. 우리나라의 역사를 통해보면 신라(新羅)의 화랑도(花郎道)는 무예로써 문예를 보강하는 기능을 발휘하였고 삼국통일을 수행한 후에는 신라를 지배하려는 당(唐)의 군사력을 격퇴하여 문무겸전(文武兼全; 文武雙全; 剛柔兼全)의 빛나고 아름다운 역사를 창조하였음이 드러난다.

충북도와 충주시에서 마련한 '세계무술풍속관'에는 한국의 고대 병기(古代兵器)가 소상히 소개되어 있을 뿐만 아니라 한국의 고유한 무술, 아시아 무술, 아프리카 무술, 유럽 무술, 아메리카 무술 등이 모두 소개되어 있어서 무술에 대한 세계적인 지식을 넓힐 수 있고, 여러 가지 행사를 통하여 국제우호를 증진하고 평화와 정의의 가치관을 고취하고 홍보하며 나아가 세계평화에 기여하게 되었다.

나아가 한국의 고유한 택견을 중심으로 하는 한국의 여러 가지 무예와 세계적인 모든 무예는 전문적인 제도적 교육기관뿐만 아니라 일반적인 사회교육기관이나 단체에서도 호신교육(護身教育)의 차원을 넘어서 건강교육이나 개인적 취미나, 교양이나, 스포츠로 장려될 만하다고 생각한다.

(2019. 6. 2.)

법정(法頂)스님의 『무소유』(無所有)

법정스님이 입적하였다. 대중매체가 총동원되어 대대적으로 보도하는가하면 애도하는 시민들이 줄을 잇고 있다. 나는 그의 책 『무소유』의 표제작으로 널리 알려진 「무소유」를 읽었다.

스님은 인도의 지도자 마하트마 간디(1869-1948)가 청렴하게 살았던 것을 소개하면서 '소유가 범죄처럼 생각된다.'고 한 말을 인용하였다. 간디는 자신이 무엇을 가지고자 할 때 다른 사람들도 똑같이 가질 수 있어야 하는데 그것이 현실적으로 불가능하기 때문에 자신의 소유에 대하여 범죄처럼 자책하지 않을 수 없었다는 것이었다. 간디는 영국의 식민통치 밑에서 신음하고 빈곤으로 고생하는 인민들을 구출하기 위하여 신명을 바치고, 자신의 소유가 아무리 적은 것이라도 그것마저 소유할 능력이 없는 사람들을 동정하고 죄책감을 느꼈다는 것이다.

예나 이제나 사람이 원하는 대로 얼마든지 충족할 수 있을 만큼 물질이 풍부한 시대는 없었다. 어떤 사상가들은 수요에 따라 충분한 공급이 이루어지는 사회, 누구나 평등하게 잘 살 수 있는 사회를 꿈꾸고 그런 사회를 건설할 수 있다고 주장하고 일부에서는 그것을 신봉하는 사람들도 있었지만 이제는 그런 사상은 허구에 지나지 않는다는 것을 깨달은 사람이 많다. 말하자면 소유의 불평등과 불공평을 현실로 받아들이면서 잘 살기를 추구할 수밖에 없고 다만 그 불평등과 불공평에서 초래되는 모순과 갈등을 최소화하려는 것으로 귀착되고 만 것이다. 소유의 개념이나 대상이나 행태는 사람들의 욕구와 가치관과 환경에 따라 질적으로나 양적으로 천차만별하게 구성되고 나타날 수 있느니만큼 그것을 완전하게 충족시킬 수 있는 정치적 경제적 사회적 구조를 창출하기는 불가능에 가깝다.

법정스님은 네 살 때 아버지를 여의고 정신적으로나 물질적으로나 어려운 환경을 극복하면서 학업을 이어갔지만 대학을 중퇴하고 출가하여 수행에 정진하면서 글을 썼고 들어오는 인세를 남모르게 장학금으로 희사하였다. 그는 넓고 쾌적한 주거환경에서 생활할 수도 있었지만 오대산 적멸보궁(寂滅寶宮)을 좋아하였고, 단순하고 평범하고 검소한 무소유의 생활을 추구하여 송광사의 불일암(佛日庵)과 강원도의 첩첩산중에 있는 조그만 오두막집, 수류산방(水流山房)에서 오랫동안 생활하였다. 그는 자신이 애지중지하던 난초를 남에게 주고 말았다. 난초는 그 모습이 군자를 연상하고 꽃이 피면 향기도 좋아서 많은 사람들의 사랑을 받고 선물로도 많이 오고가는 귀한 식물이지만 난초를 소유하고 가꾸기 위해서는 많은 정성이 요구 되었다. 법정스님은 난을 가꾸는 정성은 집착에서 오는 것이며 그것은 물질에 대한 집착이라고 믿었던 것 같다. 그리고 인간의 소유욕은 인류로 하여금 서로 시기하고 증오하고 갈등하게 하고 유혈극을 벌이게 한다고 보았으며 인류의 소유사(所有史)를 무소유사(無所有史)로 바꿀 수만 있다면 싸움이 없어질 것이라고 하였다.

『무소유』에 관한 독후감을 이야기하는 자리에서 독자들은 나름대로의 가치판단을 보인다. 법정스님의 무소유론(?)은 물질을 탐하지 말라는 교훈적인 의미가 있지만 물질은 당장 일상생활에서 없어서는 아니 되고 기본적인 의식주를 해결하고 문화생활을 영위하고 가족을 부양하고 미래를 대비하기 위해서는 그러한 교훈을 받아들이는 데 한계가 있다는 것이다. 따라서 가정을 갖지 않고 독신으로 지내며 종교인으로서 일생을 수도생활로 일관한 스님의 처지와, 속세에서 살고 있는 평범한 생활인의 처지는 다르고, 무소유의 의미와 개념도 차이를 드러낼 수밖에 없다는 것이다. 어떤 사람은 '무소유'에 관하여 매우 회의적이기도 하다. 심한 경우에는 사유재산권이 보장되는 자유민주주의사상과 갈등하는 개념이 아닌지 의문을 품기도 한다. 그러나 법정스님은 '아무것도 갖지 않는 것이 아니라 불필요한 것을 갖지 않는다는 뜻'이라고 밝힌 바 있다. 지나친 탐욕과, 물질만능사상을 경계하는 말이라고 이해하면 무방할 것이다.

『무소유』는 '크게 버리는 사람만이 크게 얻을 수 있다는 말이 있다. … 아무것도 갖지 않을 때 비로소 온 세상을 차지하게 된다는 것은 무소유의 역리이니까.'로 대미를 장식하였다. 모두를 버리는 것이 모두를 얻는 것이라는 역설이 곧 '무소유'라는 것이다. 김수환추

기경은 『무소유』를 읽고 나서 모든 무소유를 다 인정하더라도 법정스님이 쓴 『무소유』만은 소유하고 싶다고 하였단다. 법정스님의 '무소유'는 그만큼 값진 글(책)로 인정되었다. 그런데 만일 모든 것을 버려서 모든 것을 얻을 수 있다는 역설이 현실적으로 성립된다면 모든 것을 버리는 것은 곧 모든 것을 얻기 위한 수단이나 방편이기 때문에 진정으로 버리는 것이라고 볼 수도 없다. 따라서 진정한 무소유는 무소유마저 버리는 것이며 소유와 무소유의 차원을 완전히 초월하는 것이다.

나는 법정스님이 난초를 버린 일과 이해인수녀와의 관계에 대하여 관심을 기울이고 싶다. 이해인수녀는 1976년에 법정스님의 『무소유』를 읽고 나서 자신의 첫 시집 『민들레의 영토』와 함께 편지를 보내고 답신을 받았으며, 법정스님은 1978년 쯤 이해인수녀가 머물고 있는 베네딕도수녀원을 방문한 적이 있고 그 뒤에 수녀원에서 하루를 묵고 간 일도 있었다. 그들은 함께 바닷가를 거닐며 수녀가 조가비를 주워서 건넨 일이 있었고 그 뒤에는 다시 이해인수녀가 어느 보살과 함께 법정스님이 생활하고 있는 송광사 불일암을 찾아가서 하룻밤을 묵은 적도 있었다. 불일암에서는 동행하였던 보살이 아침에 출근해야 하기 때문에 일찍 떠나고 두 사람만 적막한 산중에서 호젓한 시간을 보내고 있었다. 스님은 헛기침을 하고, 포도를 씻어오라고 하더니 마치 성난 사람처럼 집어들더라는 것이다. 그때 스님의 연세는 48세 전후였고 이해인수녀는 35세 전후였던 젊은 시절이었다. 그들이 얼마나 자주 만났는지는 알 수 없지만 서로 이심전심으로 존경하고, 격려하고, 교감하고, 교통하는 처지였음은 능히 짐작할 만하다.

이해인수녀는 법정스님을 가리켜 속정은 깊지만 냉정하리만큼 철두철미한 분이라고 하였다. 속정이 깊은 것은 법정스님이 난초를 사랑한 것과 같고 냉정한 것은 그 사랑하는 난초를 남에게 준 것처럼 이해인수녀에 대한 사랑을 버린 것과 같지 않을까. 그는 난초에 대한 애착을 무착(無着)이라는 경지로 끌고 간 것처럼 이해인수녀에 대한 애착을 무착이라는 경지로 끌고 간 것이었다. 법정스님은 「만남」이라는 글에서 다음과 같이 주장하였다.

> '사람은 엄마에게서 태어난 것만으로 인간이 되는 것은 아니다. … 반드시 어떤 만남에 의해서만 인간은 성장하고 또 형성된다. … 만난다는 것은 곧 눈뜸을 의미한다. 지금까지 보이지 않던 세계가 새롭게 열리고 생명의 줄기가 파랗게 용솟음친다. 산다는 것이 무엇인가를 비로소 인식하는 것이다.'

법정스님은 많은 사람과 책과 사상을 만났고 특히 석가모니를 만났으며, 그로 인하여 성장하고 형성되었다. 그런데 그가 만난 그 많은 사람들 가운데서 이해인수녀는 어떤 존재일까. 법정스님이 성장하고 형성되는 데 어떤 영향을 주었을까 궁금하다. 법정스님은 이해인수녀의 시집을 받았고, 수녀원을 찾아갔고, 바다를 거닐었고, 또 조가비를 선물로 받았으며, 그 후에 이해인수녀의 심방을 받기도 하고 잠시나마 단둘이 적막한 산중에 있으면서 헛기침을 하기도 하고 성난 사람처럼 포도를 먹었다. 그가 헛기침을 하고 성난 사람처럼 포도를 먹었다는 사실은 무엇을 말하는 것일까. 그 숨겨진 이치를 정확히 캐 들어가긴 어렵지만 예사로운 일이 아니며 두 사람의 만남은 결코 무의미한 것은 아닐 것이다. 적어도 두 사람은 서로의 눈을 뜨게 하고 서로의 가슴속에 피를 끓게 하고 새로운 세계를 열게 하고 생명의 줄기를 용솟음치게 하고 산다는 것이 무엇인가를 새롭게 인식하게 하고 글을 쓰는 데 어떤 활력을 주었을 것이라고 상상해 봄직하다. 그것이 바로 이성과 감성을 함께 가진 사람으로서, 진선미를 추구하는 예술가로서, 영원한 사생관과 내세관을 추구하는 구도자로서의 참된 모습이라고 여겨지기 때문이다.

이해인수녀는 법정스님의 수상집 『영혼의 모음』과 『서 있는 사람들』을 좋아한단다. 그는 법정스님의 문학과 사상과 인격을 좋아하는 것이다. 법정스님도 이해인수녀의 시집 『민들레의 영토』를 좋아하였을 것이다. 그러나 그것은 집착의 대상이 아니요 무착의 대상으로 비약하였을 것이며, 이 무착을 통하여 오히려 영원한 집착으로 돌아갔을지도 모른다. 스님의 말대로 그것이 역설(逆說)의 진리이기에 말이다. 하지만 법정스님은 드디어 무착마저도 버리고 열반에 드셨으리라고 나는 믿는다.

법정스님에 대한 평가는 한국 특유의 정치적 사회적 문화적 환경에 비추어 완전히 긍정적으로만 예찬되는 것은 아니다. 다시 말하면 보는 각도에 따라서는 절대적 숭배의 대상이 아닐 수도 있다는 지적이 없지 않다. 그럼에도 불구하고 현각(玄覺)스님은 법정스님의 입적을 '살아 있는 법문'에 빗대었다고 한다. 그의 『무소유』는 탐욕으로 얼룩진 우리의 소유에 대하여 경종을 울리고 진정한 자아를 발견하도록 일깨워 주는 영원한 법문으로 빛날 것이다.

보이지 않는 살생

지금으로부터 10여 년 전에 중화민국(타이완) 「국어일보」 어문중심(중국어교육기관)에서 교재로 사용하던 설화집에는 어느 스님이 개구리를 밟아 죽이고 애통하는 이야기가 있었다.

어느 날 한 스님이 멀리 출타하였다가 날이 어두워서야 겨우 돌아오게 되었는데 대문에 들어서자마자 개구리가 발에 밟혀서 '꽥' 하는 소리가 났다. 깜짝 놀란 스님은 뜻하지 않은 살생을 저지른지라 피곤하고 배고픈 것도 잊어버리고 간절한 기도를 드리고 잠자리에 들었다. 스님은 새벽녘에야 겨우 잠이 들었으나 개구리가 스님을 원망하며 슬피 울기 때문에 자기의 실수를 깊이 사죄하는 꿈을 꾸게 되었다.

스님은 먼동이 트자마자 지난밤에 개구리를 밟아 죽인 곳으로 달려가 자세히 살펴보니 자기가 밟았던 것은 개구리가 아니라 까맣고 볼품없는 작은 가지[茄子]였음을 알게 되었다. 가지가 발에 밟혀 터지는 소리는 개구리의 비명과 같았고 발바닥의 촉감도 틀림없는 개구리로 느꼈기 때문에 스님은 밤이 새도록 흉몽에 시달렸던 것이다. 스님은 살생을 범하지 않았다는 안도감 속에 실성한 사람처럼 허탈한 웃음을 억누를 수 없었다.

그런데 나는 오늘 실제로 한 마리의 개구리를 살생하고 말았다. 채소밭에 군데군데 남아 있는 억센 풀뿌리를 캐기 위하여 괭이로 내려찍는 순간 '꽥' 하는 소리와 함께 개구리 한 마리가 튀어나왔다. 흙투성이가 된 개구리는 왼쪽 뒷다리가 송두리째 잘리어 나가고 그 상처가 어떻게 참혹한지 차마 쳐다볼 수가 없었다.

개구리는 나를 보고 다시 한 번 '꽥' 하고 소리쳤다. 개구리의 성난 눈초리를 피하여 잠시 외면하였다가 다시 시선을 돌렸더니 개구리의 모습은 보이지 않았다. 풀숲으로 은신한 모양이었다. 개구리는 틀림없이 해가 저물기 전에 숨을 거두고 말았을 것 같다.

내가 괭이로 개구리를 찍은 것은 결코 고의가 아니었을 뿐만 아니라 과실도 아닌 듯하다. 개구리는 분명히 흙 속에 숨어 있었기 때문에 나의 시선이 닿을 수 없었고 절후로 보더라도 백로가 지난 지 겨우 며칠 되지 않은 초가을이어서 날마다 섭씨 30도를 웃도는 날씨이니 개구리가 흙 속에 숨어 있으리라고는 생각하기 어렵기 때문이다. 개구리는 포근한 안식처에서 따뜻한 오후를 즐기다가 우악스런 괭이의 모진 날에 죄 없이 찍히어 비명횡사하게 된 것이다. 준동함령(蠢動含靈) 개유불성(皆有佛性)이라는 말처럼 나에게 불성이 있으면 개구리에게도 불성이 있을 터인데 불성을 가진 자가 불성을 가진 자를 잔인하게 찍어 죽이다니! 참으로 어이없는 일이었다.

지금 자연계에서 죽어가는 동물은 한없이 많다. 자연도태의 현상이야 어쩔 수 없겠지만 잔인한 사람들의 살생과 환경오염으로 몰살을 당한다.

그러나 이러한 살생은 자연계에서만 일어나는 것이 아니다. 인간사회에서도 허다하게 일어난다. 고의로도 죽이고 과실로도 죽인다. 강도살해, 원한살해, 유기치사, 상해치사, 폭행치사 따위가 모두 그렇다. 이러한 살생은 물리적인 행위로 나타나기 때문에 세상에 드러나기 쉽고 행위자는 형사소추를 받는다.

인간사회에서 일어나는 살생은 모두가 반드시 물리적인 행위로 드러나는 것은 아니다. 직접적으로 살생을 저지르는 하수인 뒤에는 흔히 교사자나 방조자가 있고 다시 그 뒤에는 눈에 보이지 않는 제2 제3의 동기 부여자나 원인 제공자가 있다. 하수인의 뒤에서 범죄행위에 영향을 주는 자는 하수인보다도 훨씬 간사하고 교활하기 그지없다. 그들은 자신의 모든 책임을 하수인에게 뒤집어씌우거나 심지어는 하수인을 비난하고 규탄하고 자신의 손으로 목을 졸라 죽이면서 정의를 부르짖기도 한다.

지금 나라꼴은 말이 아니다. 겉으로는 잘 보이지 않는 살생이 만연하여 노숙자와 결식자와 자살자와 범죄자가 나날이 늘어나고 있다. 그러나 나라꼴을 이 지경으로 만든 많은 장본인들은 꽃피고 새우는 낙원에서 호의호식하며 영화를 누리면서 자신을 반성하지도 않고 보이지 않는 살생행위를 시인하지도 않고 자백하지도 않는다.

옛날의 어진 통치자는 죄를 지은 백성을 보고 눈물을 흘렸다고 한다. 죄인이 불쌍하여 동정하는 눈물을 흘리는 것이 아니라 백성으로 하여금 죄를 짓도록 만든 장본인이 바로 정치를 맡은 자기 자신임을 반성하고 참회하는 것이었다. 자기가 얼마나 부덕하고 정치가 얼마나 잘못되었으면 백성들이 죄를 지을까 하여 부끄러움을 이기지 못하였던 것이다.

나라꼴이 이 지경에 이르게 된 모든 책임은 정치인을 비롯한 모든 지도층에 있다. 죄 없이 다리를 잘린 개구리처럼 신음하고 죽어가는 백성이 날마다 늘어만 간다. 보이는 살생보다 보이지 않는 살생이 더욱 두렵다.

부귀(富貴)를 탐하는 사람

『맹자 이루 하편』(孟子 離婁 下篇)에는 다음과 같은 이야기가 있다.

"제(齊)나라 사람 중에 한 처와 한 첩을 거느리고 사는 자가 있었는데 그[양인;良人]가 외출하면 반드시 주육(酒肉)을 배불리 먹은 후에야 집으로 돌아오곤 하였다. 그 처가 남편에게 누구와 더불어 음식을 먹고 왔는지 물어보면 모두 부귀한 사람이라고 하였다. 처가 첩에게 말하기를 '남편이 나가면 반드시 주육을 배불리 먹고 돌아오므로 누구와 더불어 먹었는가를 물으면 반드시 부귀한 사람들이라고 하는데 일찍이 현달(顯達)한 사람이 집에 오지 않으니 내 장차 남편이 가는 곳을 엿보겠다.'고 말하고 아침 일찍 일어나 남편을 미행하여보니 온 나라를 배회하였으나 더불어 서서 말하는 자도 없었다. 남편은 마침내 동편 성곽의 무덤 사이에서 제사하는 자에게 가서 제사하는 음식을 얻어먹고 부족하면 또 다른 곳을 찾으니 이것이 곧 배불리 먹는 방법이었다. 처가 집으로 돌아와서 첩에게 말하기를 '남편은 우리가 종신토록 우러러 보는(앙망하는) 사람인데 지금 이 모양이라오.'라고 말하고는 첩과 더불어 남편을 원망하고 꾸짖으며 뜰 가운데서 울고 있었는데 남편은 그것을 알지 못하고 의기양양하게 밖에서 돌아와 그 처첩에게 교만하게 굴더라. …"(『孟子』 離婁 下篇. 齊人有一妻一妾而處室者 其良人出 則必饜酒肉而後反 其妻問所與飮食者 則盡富貴也 … -이하 생략-)

여기서 보면 남편이란 자는 처첩에게 거짓말을 해 가며 남의 제사음식이나 얻어먹으러 다니면서 처첩에게는 교만을 부리는 자라는 것이다. 그러니 그 집안이 장차 어떻게 될지 불을 보듯 뻔한 일이 아닌가. 처첩과 자식들을 굶기기에 알맞은 인간임이 드러난 것이다. 그러므로 처첩은 절망을 느끼고 슬프게 울지 않을 수 없었던 것이다. 맹자의 말은 계속 된다.

"군자의 안목으로 본다면 지금 사람들 가운데서도 부귀와 영달을 구하는 사람들은 그 처첩이 부끄러워하지 않고 서로 울지 않을 사람이 거의 드물 것이다."(『孟子』 離婁 下篇. 由君子觀之 則人之所以求富貴利達者 其妻妾 不羞也 而不相泣者 幾希矣).

맹자는 비단 제나라에서 있었던 일뿐만 아니라 천하의 모든 나라에서 부귀와 영달을 구하는 사람들 가운데는 비슷한 사람들이 많다는 것을 지적하였던 것이다. 이에 대하여 조기(趙岐; 後漢의 학자, 號는 豳卿)는 또한 군자의 눈으로 본다면 "지금도 부귀를 구하는 사람들은 모두 부정한 방법으로 어두운 밤에 애걸하여 그것을 구하고는 대낮에는 사람들에게 교만하게 굴고 있으니 제나라 사람과 어찌 다

르겠는가."라고 하였다. (본문 생략)

예나 이제나 사람이 출세하여 부귀영화를 누리기를 원하는 것은 공통된 인간의 욕망이라고 할 수 있다. 이러한 욕망의 성취를 출세라는 말로 요약한다면 그 출세라는 것이 결코 쉽사리 이루어지는 것이 아니기 때문에 문제가 된다. 예로부터 사람들은 살기가 쉽지 않았다. 여러 가지 자연재해를 극복하고 외적을 방어하지 않으면 안 되었으며 같은 집단 안에서도 때때로 경쟁하지 않으면 안 되는 경우가 허다하였다. 고대로부터 중세를 거쳐 현대에 이르기까지 인간들은 비슷한 과정을 겪었으며 현대에 와서도 기근과 질병과 자연재해를 극복하지 못하고 나아가서는 인간 스스로 인류의 멸망을 초래할지도 모르는 가공할 만한 무기의 개발로 불안을 겪고 위협을 받고 있으며, 개인적으로는 부귀와 영달을 위하여 노심초사하는가 하면 일일삼식(一日三食)도 해결하지 못하는 빈곤에서 신음하는 사람들도 있다.

사람들은 이러한 현실을 직시하고 진심갈력(盡心竭力)하는가 하면 서로서로 경쟁하기도 한다. 그러나 그 격렬한 경쟁 속에는 나름대로 형성된 규칙과 제약이 있어서 일정한 범위를 벗어 난 경쟁행위는 비난이나 제재를 받기도 한다. 사람들은 제각기 나름대로 개인적인 습관이 형성되지만 그 개인적인 습관이 일반화하면 관습으로 발전하게 되고 나아가서는 관습법이 형성되고 관습법으로는 타당하지 않은 사례가 있을 때에는 보다 강력한 법규범을 제정하여 적용함으로써 사회질서를 유지하게 된다. -이러한 관습이나 법규범은 일정한 공권력에 의하여 시행되는 것이 당연하게 된다.- 앞에서 말한 이른 바 '현달한 사람'이란 대체로 일정한 도덕률이나 관습법이나 실정법(實定法)과 같은 규범의 테두리 안에서 진심갈력하여 남이 부러워하고 존경할 만한 권위를 획득한 사람들이라고 할 수 있다.

그러나 문제는 남에게 존경을 받는 위치에 이르는 것이 결코 용이한 것이 아니라는 것이다. 선천적인 능력의 차이뿐만 아니라 후천적인 환경의 차이도 있고 우연한 장애나 사건이나 사고를 당하여 자기의 의지나 능력을 발휘하지 못하고 좌절을 당하는 수도 많기 때문이다. 맹자가 지적한 제나라의 양인은 어떠한 능력을 가지고 얼마나 스스로 노력하였는지는 확실히 알 수 없으나, 생산적인 일은 하지 않고 공동묘지에 돌아다니며 제사음식이나 얻어먹고 돌아와 처첩에게는 거짓말을 일삼고 교만한 태도를 부리는 인간임이 드러난 것이다. 따라서 맹자나 조기가 그 양인을 비판한 것은 당연하고 충분한 이유가 있다고 할 수 있다.

그런데 맹자와 조기는 당시의 현달자(顯達者; 富貴利達者)들 가운데는 그 처첩이 부끄러워하지 않고 서로 눈물을 흘리지 않을 사람이 거의 없다고 지적한 것이다. 이른 바 많은 현달자라는 사람들이 잘못된 도리[枉曲之道]로 현달하였다는 것이다. 현달자들은 남의 눈에 띄지 않는 어두운 밤에 애걸하여 그것을 얻어서는 남이 보는 대낮에는 잘난 체하고 교만하게 군다는 것이다. 남모르게 부정한 방법을 구사하여 성공하거나 아니면 권문세가(權門勢家)에 뇌물을 바치거나 하여 성공하는 자가 많다는 것이다.

오늘날의 사회는 어떠한가. 오늘날에도 진심갈력하여 현달한 사람이 얼마나 있는지 의심스러울 때가 많다. 한 마디로 말하여 미풍양속과 도덕적 실정법적 규범에서 벗어난, 다시 말하면 부정·부패·부조리의 온상 속에서 양심과 이성을 버리고 타협함으로써 출세한 사람이 너무나 많다는 것이다. 날이면 날마다 대중매체는 구체적인 사례를 보도하고 선량한 국민들은 때때로 절망하지 않을 수 없는 현실이니 말이다.

'복은 근검에서 나오고 덕은 비퇴에서 나온다.'(福生於勤儉 德生於卑退)는 격언이 있다. 부지런히 땀 흘려 일하고 검소하게 생활하며 자기를 낮추고 타인을 존중하는 생활을 통하여 물질적으로 빈곤을 극복하고 타인으로부터 존경을 받을 수 있다는 것이다. 바람직한 인간, 도덕적인 인간, 가정과 사회에 반드시 필요한 인간, 사회정의와 인류평화를 위하여 헌신하는 인간, 진리를 탐구하는 인간이 요구되는 현실이다.

(2018. 4. 2.)

사효당(思孝堂)을 바라보며

내가 이따금 찾아가는 블로그를 열어보니 '사효당'(思孝堂)이라는 현판이 보이는 건물의 모습이 나타났다. '사효당'은 충남 청양군 장평면 분향리에 있는 영일정씨 통덕랑공파의 재실(齋室)이고 조상들의 위패(位牌)를 모시고 제사를 올리는 경건한 건물이었다. 건물 앞에 모인 여러 후손들 가운데는 내가 존경하는 C 교수가 어엿하게 자리를 잡고 있어서 보기에 좋았다.

"부모님이나 조부모님을 공경하는 마음으로 모시고, 선조님들의 제사를 정성으로 지내며, 선조의 고귀한 뜻을 이어가야 한다. 선조님들은 후손들이 건강하고 바르게 살기를 원하신다. 효도의 실천은 백 가지 행실의 근본이다. 부부와 형제자매와 친족은 말할 것도 없고 모든 친지와도 좋은 인간관계를 유지하는 것이 중요하다."는 요지로 된 '사효당기'(思孝堂記)가 시선을 끌었다.

나는 나의 유소년 시절이 떠올랐다. 어른들을 따라 증평군 증평읍 두타산(頭陀山) 대아봉(大雅峰) 밑에 자리 잡은 옛 고향을 찾아가서 제사에 참여하였던 일과 한 마을에 있는 백부님댁에 가서 해마다 제사에 참여하던 일이다. 세월이 많이 흐른 지금도 명절에는 원근각지의 많은 친족들이 대아봉 밑에 모여서 제례를 행하기는 하지만 일부는 기독교의 분위기에 젖어 전통적인 제례는 많이 희석되고 간략한 기도로 그치는 경향이다.

우리나라는 전통적인 농업사회에서 근대적 산업사회로 전환하면서 조상숭배사상이나 그 형식이 크게 변모하게 되었다. 이를테면 제사 형식뿐만 아니라 장례형식도 종래의 매장(埋葬) 형식이 아니라 화장(火葬)을 거친 납골(納骨)이나 수목장(樹木葬)으로 변천하고 있다.

가만히 생각해보면 최근에는 '효도'라는 언어도 많이 사용하지 않는 것 같다. 그것은 전근대사회에서 강조되고 회자되던 용어일 뿐만 아니라 선조나 부모에 대한 공경이나 봉양(奉養)의 개념이 매우 다르게 변형하고 또한 쇠퇴한 데 기인한 것으로 보인다.

'효'(孝)라는 개념은 본디 자식이 부모를 계승하고[承老], 잘 섬긴다[善事父母]는 뜻인데 이러한 본래의 뜻이 여러 가지 사회의 변천에 따라 크게 영향을 받은 것으로 보인다. 이를테면 종래의 농업사회에서는 부모님을 멀리 떠나지 않고 봉양할 수가 있었지만 상공업이 중심이 되고 활동무대가 국제화하는 산업사회에서는 부모를 멀리 떨어져서 생활하는 데서 오는 여러 가지 조건과 형편과 가치관이 유연성을 가지고 역동적으로 기능하는 것이다.

여기서 '자식이 부모를 계승한다'는 것은 육체적으로 계승하는 데 그치지 않고 정신적으로도 계승한다는 것을 간과할 수 없다. 인간은 육체적 존재인 동시에 정신적 존재로 역사와 문화를 창조하며, 형이상학적 가치를 추구하는 존재이기 때문이다.

'사효당'을 소개한 C 교수는 유년시절에 부친을 사별하고 편모슬하에서 성장하면서 갖은 간난신고(艱難辛苦)를 극복하고 초·중등교육과 대학교육을 거쳐 박사학위를 취득하고 교수생활로 일생을 보냈으며 정년으로 퇴직한 후에도 계속하여 학문에 열중하여 매우 중요하고 알찬 논문을 발표하고 때에 따라 강의활동을 계속하고 있다.

전통윤리의 핵심을 이루는 『효경』(孝經)에서는 "신체발부는 부모로부터 받은 것이니 함부로 훼상하지 않는 것이 효도의 실마리이다. 입신양명하여 부모님을 드높이 나타내는 것이 효도의 마침이다"(身體髮膚受之父母 不敢毁傷 孝之始也 立身揚名於後世 以顯父母 孝之終也)라 하고, 또한 효도란 "부모를 섬기는 것으로 시작하여 임금을 섬기는 것으로 나아가서 입신으로 마친다"(夫孝 始於事親 中於事君 終於立身)고 하였다.

'사효당기'(思孝堂記)에서도 나타나고 있는 바와 같이 우리는 첫째로 몸이 건강해야 한다. 그렇지 않으면 아무리 훌륭한 재능이 있고 고귀하고 위대한 포부를 가지고 있어도 가정이나 사회나 국가나 인류를 위하여 그것을 실현하고 발휘할 수가 없게 된다. 그러므로 건강한 몸과 마음으로 가정과 사회와 국가와 인류를 위하여 봉사하는 것이 곧 효도의 수단이고 형식이면서 본질이라고 할 수 있다. 다시 말하면 부모님을 봉양하고 국가사회와 인류를 위하여 봉사하는 것이 효도의 요체(要諦)라는 것이다.

따라서 효도라는 윤리나 가치관이 자녀들의 발전과 사회적 성공을 저해하는 것이 아니라 오히려 원동력이 되고 그것을 선양하고 조장하는 기능을 발휘하게 된다. 우리는 급격한 사회의 변천을 빙자하여 지극히 단편적이고 근시안적이고 편협한 시각에서 효의 개념을 인식하거나 정의하거나 비판해서는 실수와 오류를 범하기 쉽다. 다시 말하면 효도의 적극적이고 순기능적 측면을 간과해서는 안 된다는 것이다.

C 교수는 본인뿐만 아니라 자녀들도 모두 출세한 것을 보면 효의 윤리를 충분히 실천하고 실현하였다고 할 수 있다. 효도의 3가지 단계이면서 전형적인 유형이기도 한 사친(事親)·사군(事君)·행도(行道)의 단계를 모두 실천하고 실현하기는 결코 용이한 것이 아니다. 그러나 그 완벽한 단계에는 미치지 못한다고 하더라도 그것은 우리의 바람직한 윤리관이 될 수 있고 가치관이 될 수 있는 것이다.

우리가 고전(古典)을 통하여 새롭게 깨우치고 체득하는 모든 가치관이나 철학은 시대적·역사적 배경에 따라서 차이를 나타낼 수 있음을 인정하지 않을 수 없다. C 교수가 참여하여 새로 건립한 '사효당'은 하나의 문중(門中)뿐만 아니라 지역사회와 국가사회의 발전에도 공헌되는 훌륭한 기능을 발휘할 것이며, 그로 말미암은 경로효친사상은 인류의 영원한 정신적 가치로 이어지고 빛날 것이다.

(2019. 4. 23.)

스승의 날을 보내며

올해도 스승의 날을 보내게 되었다. 이제 와서 생각하면 스승님들이 계시지 않았다면 어떻게 내가 성장하였을지 상상하기도 어렵다. 내가 어렸을 때도 간혹 학교에 가지 못한 사람들이 있긴 했지만 그것은 예외적인 일이고 누구나 학교가 아니면 서당(書堂)에 다니며 스승의 훈도(薰陶)를 받아야 한다고 생각하였다.

돌이켜보면 시골의 강습소에서 한국어(조선어)와 일본어를 배우고 나서 초등학교 · 중학교 · 고등학교 · 대학교 · 대학원을 거치는 동안에 수많은 학급담임선생님과 교과 담임교사와 지도교수 밑에서 보고 듣고 가르침을 받았다. 학교와 전공과목에 따라 차이는 있지만 대체로 존경할 만한 스승님들이 많았다. 그러나 초등학교와 중학교 시절에는 체벌이나 부실수업이 잦았고 대학시절에는 교과서의 절반도 못 읽은 채 학점을 따는 수가 많았다. 당시에 빚어진 교육의 부실(不實)은 대체로 일제강점과 광복 후의 혼란과 6·25전쟁에 말미암은 것으로 보였다.

내 나이 벌써 졸수(卒壽)를 바라보며 묵묵히 자신을 되돌아보게 된다. -그것은 나도 스승님들과 거의 비슷한 정도로 교육기관에서 일생을 보냈기 때문이다.- 나는 그 많은 스승님들 가운데 어느 분에게 가장 높은 존경심을 가지고 감화를 받았는지 어림해 본다. 그러나 그것이 그리 쉬운 일이 아니다. 교육자라는 직업도 인격이나 전공이나 환경에 따라 모두 다른 양상으로 이루어지고 나타나기 때문이다.

'불언이화교지신(不言而化教之神) 솔선수범교지본(率先垂範教之本) 억이양지유액이교지도지권변야(抑而揚之誘掖而教之導之權變也)'라는 말을 들은 일이 있다. '불언이화'는 말하지 않고도 감화로 목적을 달성하는 최고의 경지이며, '솔선수범'이 근본이지만 결코 쉬운 일이 아니다. 그래서 흔히 볼 수 있는 것은 꾸짖기도 하고 칭찬하기도 하며 이끌어 나가는 방법을 쓰게 되는데 이것은 교육의 권변이라는 것이다. 상도(常道)와 권도(權道)의 역동적 논리이다. 흔히 사람들은 권도를 택하기 쉽지만 그것은 자칫하면 상도의 근본을 해치는 폐단이 나타나기도 한다.

스승의 날을 생각하다가 문득 한 유(韓 愈; 768-824)의 '사설'(師說)을 다시 읽어 보았다. 사람은 누구나 생이지지자(生而知之者)가 아니기 때문에 반드시 스승이 필요한데 나보다 먼저 나서 도(道)를 먼저 들은 사람이라면 내가 그를 스승으로 삼고, 나보다 뒤에 난 사람이라도 도를 들은 것이 나보다 먼저라면 내가 그를 좇아 스승으로 삼을 것이라고 하였다. 따라서 스승과 제자라는 관계는 나이로 결정되는 것이 아니라 도를 체득하였는지 아니하였는지에 따라 좌우된다는 것이다. 그럼에도 불구하고 나이가 비슷하거나 벼슬이 낮은 사람에게 배우려하면 그것을 비웃고, 벼슬이 높은 사람에게 배우면 그에게 아부한다고 흉보는 사람들이 있어서 진정한 사도(師道)가 전하지 못 한다는 것이다.

한유가 말하는 스승이란 마치 공자(孔子; BC 551-BC 479)가 장홍(萇弘)이나 노담(老聃)이나 담자(郯子)나 사양(師襄)과 같은 사람에게 업(業)을 묻고 예(禮)를 묻고 관명(官名)을 묻고 거문고를 배운 것처럼 무엇이든지 나보다 잘 알고 도를 깨우친 사람은 모두 스승이 될 수 있다는 것이다. 이것은 '삼인행 필유아사'(三人行 必有我師)를 말한 공자의 생각을 진지하게 받아들이는 것과도 같다. 세 사람이 길을 가거나 일을 하거나 반드시 나보다 잘하는 사람이 있으면 그를 따라 배울 것이요, 실수하는 사람을 보면 자신을 반성하고 자신의 단점을 고칠 것이니, 다시 말하면 나보다 훌륭한 사람도 나의 스승이요, 나보다 못한 사람도 나의 스승이 될 수 있다는 것이다. 굳이 남이 나를 가르쳐야 하는 것이 아니라 내가 스스로 남을 보고 본받기도 하고 반성하기도 하는 것이다.

사람은 누구나 생이지지자(生而知之者)가 아니기 때문에 끊임없이 배우는 것이 자신을 위하여 필요함은 말할 것도 없고 가정이나 사회나 인류를 위하여 필요하게 된다. 따라서 교육은 인류문명사와 떨어질 수 없는 긴밀한 관계에 있고, 현대의 모든 국가에서는 막대한 재정(財政)을 투입하여 공교육(公敎育)을 실시하고 있으며 학부모는 공교육뿐만 아니라 사교육으로도 많은 비용을 부담하고 있다. 그리고 교육이 보편화하면 할수록 훌륭한 스승이 필요한 것은 다시 말할 필요도 없다.

오늘날 모든 국가의 국민에 대한 교육은 그 나라의 모든 발전에 커다란 영향을 미치고 있다. 세계 여러 나라들은 전통적인 학교교육으로 만족하지 않고 여러 가지 형태의 교육기관을 마련하고 일반 국민의 교육을 지원하고 있다. 이를테면 한국의 방송통신대학교와 같은 교육기관에서는 대학교육을 받지 못한 국민들뿐만 아니라 대학이나 대학원에서 석사학위나 박사학위를 취득하고 전문가로 활약한 사람들도 다시 새로운 전공을 선택하여 공부할 수 있는 기회를 주고 있다. 따라서 국민이 교육의 기회를 많이 가지게 된 것은 엄연한 사실이다.

현대사회는 모든 면에서 참으로 많이 변화하였고 이러한 사회의 변화는 교육과 매우 긴요한 관계에 있음을 인정하지 않을 수 없다. 사회가 변화하고 교육이 변화한 오늘날뿐만 아니라 앞으로도 무한히 변화할 새로운 시대에 사는 교육자들은 어떻게 현실과 미래에 대처할 것인지 깊이 성찰해야 한다. 그것은 당장 현직에서 복무하고 있는 교육자들뿐만 아니라 이미 제도권에서 벗어난 사람들에게도 무관하지 않다.

정년으로 퇴직한 후에도 다소나마 지역사회의 교육·문화에 관계해 왔고 현재도 '동아리모임'에 참여하고 있는 나로서는 교육에 대한 관심을 버릴 수 없다. 과연 한유가 말한 '전도 수업 해혹'(傳道 授業 解惑)은 어떻게 이해되고, 현재의 교육이나 미래의 교육은 어떻게 이루어져야 하는지, 수많은 질문들이 나에게 던져지고 있다. 그 가운데서도 가장 핵심을 이루는 것은 역시 '스승이란 무엇인가'라는 기초적인 질문이다. 중화민국의 첸무(錢穆; 1895-1990)는 경사(經師)와 인사(人師)를 역설하지 않았던가. 참된 스승은 읽고 쓰기와 같은 기능을 가르치는 것으로 그치는 것이 아니라 도를 전하고 미혹(迷惑)됨을 풀어주는 동시에 진정한 인격(人格)을 함양해 주는 수준에 이르러야 할 것이다.

(2018. 5. 15.)

아는 것과 모르는 것

사람이 일생을 살아가노라면 아는 것도 많고 모르는 것도 많기 마련이다. 그리고 비슷한 환경에서 성장하여 비슷한 위치에 있으면서도 어떤 사람은 많이 알고 어떤 사람은 그렇지 못한 차이가 나타나는 수도 있다. 사람들은 일단 교육을 받는 것이 아는 것을 많이 축적하게 되고 세상을 살아나가는 데도 유리하기 때문에 될 수만 있으면 학교에 입학하여 공부하고자 노력한다.

그런데 사람이 '아는 것과 모르는 것'이 무엇인지 구체적으로는 잘 판단하기 어렵고 분명히 정의를 내리기도 쉽지 않다. 그리고 사람들이 많이 모이다 보면 어떤 사람은 많이 아는 것 같고 어떤 사람은 그렇지 않은 것 같은 경우도 있다. 말할 것도 없이 사람마다 학력이 다르고, 전공(專攻)이 다르고, 독서량이 다르고, 생업이 다르고, 관심사도 다르고, 표현력도 다르기 때문에 그것은 당연한 것이라고 인정해 버릴 수도 있다. 무엇을 전공하였던지 그의 관심이나 견문(見聞)이나 환경에 따라 앎의 범위나 심도에도 차이를 나타내기도 한다.

나는 일생을 통하여 독서와 연구로 상당한 시간을 보낸 셈이다. 그럼에도 불구하고 이제 와서 생각해 보면 결코 많은 것을 안다고는 말할 수 없다. 심지어는 내가 도대체 무엇을 알고 있는지 의문이 제기되기도 한다. 무엇이나 내가 듣고 배우고 궁리한대로 모두 잘 알고 있으면 좋으련만 전혀 그렇지 못하다는 사실을 스스로 깨닫는 것이다. 다시 말하면 나는 도대체 무엇을 얼마나 알고 있는지 은근히 궁금할 뿐이다. 저서와 논문도 있지만 무엇을 안다고 썼는지 모를 지경이다. 아마도 나는 아무것도 모른다는 사실을 스스로 드러내기 위하여 강의도 하고 논문도 발표한 것은 아닌지 모르겠다. 매우 애석하고 어리석고 부끄러운 일이다.

『논어』 위정편(論語 爲政篇)에는 공자가 자로(子路)에게 "앎에 대하여 그대를 가르치겠노라."(誨女知之乎)고 하고 이어서 "아는 것을 안다고 하고 모르는 것을 모른다고 하는 것이 곧 아는 것이니라."(知之爲知之 不知爲不知 是知也)고 하였다.

이러한 『논어』의 본문에 대한 주석을 보면 자로는 공자보다 9년의 연소자였으며 일찍이 공자의 제자였고, 이른바 호쾌한 사나이였다고 할 수 있는 반면에 언행이 신중하지는 못하였던 것으로 보인다. 따라서 말이 적고 겸손하고 좀처럼 아는 체하지 않는, 심지어는 매우 어리석게 보이기도 하는 안회(顏回; 顏淵)와는 매우 대조적인 인물로 보였던 것 같다. 이리하여 공자는 그에게 기탄없이 '아는 것은 안다고 말해도 좋지만 모르는 것은 모른다고 사실대로 인정하는 것이 진정으로 아는 것'임을 깨우쳐 주었던 것이다.

자기가 잘 알고 있는 것은 말할 것도 없고 잘 모르는 것도 잘 아는 것처럼 떠들기를 좋아하는 사람들은 어느 시대 어느 사회에나 있을 수 있고 오늘날의 세계에서도 얼마든지 발견할 수 있다. 매스컴을 통하여 소개되는 사람들 가운데 자신의 양심이나 의무를 멀리 저버리고 근시안적인 영달과 이욕을 위하여 행동하는 인간들이 나타나는 것은 바로 아는 것과 모르는 것을 분별하지 않고 혼동하는데 기인한다고 할 수 있다.

다시 말하면 오늘날에도 고대 중국의 춘추시대에 살았던 자로와 같이(?) 자신이 알고 있는 문제는 말할 것도 없고 잘 모르는 문제에 대하여도 마치 전문가나 되는 것처럼 행동하며 떠들기를 좋아하는 사람들이 있다는 사실이다.

잘 모르는 사실에 대하여도 마치 잘 알고 있는 것처럼 떠들어 대는 사람들은 비정상적이고 비양심적이며 비학구적인 사람들이라고 할 수 있다. 그들은 진정으로 사물의 본질을 이해하기 위하여 탐구하지도 않으며 단지 자신이 남에게 뒤지지 않은 것처럼 보이겠다는 엉뚱한 허영심이나 이기심에 사로잡혀 경거망동하는 것으로 보인다. 따라서 그들이 알지도 못하면서 떠드는 내용들은 거의 사실에 부합하지 않는 오류(誤謬)나 허위(虛僞)나 궤변(詭辯)에 지나지 않는 경우가 많기 때문에 개인이나 사회나 국가나 인류문화의 발전에도 도움이 되지 못할 뿐만 아니라 오히려 많은 지장이나 해악을 끼치게 된다.

인류가 이상적인 사회나 국가를 건설하고 평화와 복지를 누리기 위해서는 '아는 것을 안다고 하고 모르는 것을 모른다고 하라.'는 공자의 말씀이 매우 중요하다. 인류가 창조하고 있는 인간사회에는 인간이 파악할 수 있는 일정한 단계를 거치지 않고는 파악되기 어려운 대상이 너무나 많다. 다시 말하면 널리 배우고, 회의(懷疑)하고, 깊이 생각하고, 분별하고, 독행(篤行)하지 않으면 도달하기 어려운 것이다. 이것이 학문하는 자세라고 할 수 있으며 이러한 자세는 마땅히 생활철학으로 실천되어야 하는 것이다.

어느 시대, 어느 사회, 어느 국가나 이른바 지도층에 속하는 사람들이 있다. 이러한 지도층 인물들은 이른바 선구자적(先驅者的) 사명을 띠게 된다. 선구자는 진리의 탐구자이며, 발견자이며, 실천자이며 때로는 투사(鬪士)이기도 하다. 그리하여 진리를 추구하는 사람들은 때때로 그들에게 저항하는 여러 가지 세력이나 폭력에 부닥치는 경우가 허다하게 일어날 수 있으며 거기서 불굴의 투쟁을 빚기도 하여 승리할 수도 있지만 그대로 희생되기도 한다.

아는 것을 안다고 하고 모르는 것을 모른다고 하는 학문적 자세는 곧 훌륭한 시민적 자세요, 탐구자의 자세요, 선구자의 자세라고 할 수 있다. 2,500년 전에 자로에게 말한 공자의 말씀은 오늘날에도 우리에게 절실히 적용되는 진리라고 할 수 있다. 아는 것을 안다고 하고 모르는 것을 모른다고 하자.

요즘 대중매체를 통하여 얻어지는 여러 가지 정보에 따르면 아는 것을 모른다고 말하고 모르는 것을 안다고 말하는 사람들이 자주 보인다.

아는 것을 모른다고 말하는 것은 흔히 자기에게 불리한 책임이 돌아오기 쉬운 일이나, 자기가 저질은 잘못을 감추기 위하여 빚어지기 쉽고 그 가장 대표적인 사례는 형사사건의 피의자가 스스로 아는 사실을 모른다고 잡아떼는 행위를 들 수 있다. 그리고 모르는 것을 안다고 말하는 것은 흔히 특별한 이유로 말미암아 자기에게 유리한 일이 생기거나 인정을 받거나 또는 자기의 지식을 과시하려는 경우에 나타나기 쉽다.

사람이 모이는 곳에는 어디서나 복잡하고도 다양한 일들이 일어나고 있으며 인간의 행위뿐만 아니라 자연의 현상마저도 인간의 관심 범위에 속하는 것이 대부분이어서 그것이 학문적 토론이나 대화나 잡담의 주제로 등장한다.

아는 것을 모른다고 말하고 모르는 것을 안다고 말하는 사람들은 무식한 사람들보다는 허울 좋은 가면을 쓴 유식한 사람들 가운데 더 많은 것 같다. 이런 사람들은 흔히 대중에 많이 알려진 경우가 많다. 그들은 신문 잡지나, 라디오나, 텔레비전에 많이 등장한다. 이따금 그들의 대담(對談)프로나 토론프로를 시청하다 보면 그런 사실을 분명히 알 수가 있다. 그들은 아주 대중에게 잘 알려진 유명인이거나 특히 정치인인 수가 많다.

토론자들은 진행자가 부탁하거나 허용하는 순서와 규칙에 따라 질서를 지키며 진실을 토대로 성실하게 말해야 한다. 그럼에도 불구하고 사실과는 다른 불완전한 정보나 편견이나 비논리적이고 단편적이며 왜곡된 지식을 고집하기 위하여 남이 이야기하는 도중에, 남의 이야기를 방해하면서 끼어들거나 아니면 완전히 상대방을 무례하게 제압하여 일방적으로 떠들어 대기도 한다. 때에 따라서는 사회자나 초청을 받은 사람이나 마찬가지로 남의 이야기를 방해하거나 침범하는 수도 있다. 이리하여 예의를 존중하는 점잖은 사람은 충분히 말을 하지 못하게 되고 무례하게 날뛰는 사람은 말을 많이 하게 되어 그 날뛰는 사람의 말이 분위기를 휩쓸고 그것이 정론(正論)인 것처럼 인정되는 경우에 이르기도 한다.

지금 많은 국민들 가운데는 정치인들을 포함하는 지도층 인물들에 대하여 혐오하고 경멸하는 사람들이 많다. 지도층 인물들은 일반인과는 달리 국민들의 기대도 크기 때문에 비교적 엄격한 비판의 대상이 된다. 마치 높은 산이나 높은 조형물이 많은 사람의 시선에 노출되어 화제(話題)를 자아내는 경우와도 같다. 따라서 일반 국민들보다는 훨씬 자중자애하고 근신하지 않으면 냉혹한 비판을 받게 되고 심지어는 규탄을 받고, 자리에서 추방되고 파멸에 이르기도 한다. 국민들은 말한다.

"아, 저 사람! 저런 자가 무슨 정치인이야?"

"저 인간들! 저런 인간들이 무슨 지도자들이야?"

국민의 지탄을 받는 사람들 가운데는 정치인을 필두로 고급관료나 교수나 법조인이나 종교인들이 빈번하게 포함된다. 그들에게는 모르는 것을 안다고 큰 소리치고 아는 것을 모른다고 잡아떼는 파렴치한 행태가 자주 나타나기 때문이다. 그들은 때때로 지성인이나 파렴치한 악당이나 모리배인지, 한국인인지 외국인인지, 아군인지 적군인지 분간하기 어려운 언행을 보인다. 심각한 문제는 그들이 자신의 언행이 잘못이라는 것을 잘 모르기보다는 확실히 알고도 파렴치하게 감행한다는 사실이다.

지금 만일 공자의 눈으로 한국의 지도층 인물들을 바라본다면 어떻게 비칠 것인가. 아무리 세상이 변하였어도 변하지 않는 원리와 원칙과 강상(綱常)과 규범이 있다고 볼 때 자로를 바라보던 시대와 오늘날의 시대가 별로 다르지 않은 지도층의 면모를 발견할 수 있을 것이며 공자가 살던 시대에 못지않게 타락하고 교활한 현실을 부정하기 어려울 것이다.

말이나 글에는 진리가 담겨 있어야 한다. 사실이나 진리를 은폐하고 사리사욕이나 당리당략을 위하여 그릇되게 만들어진 말이나 글은 참된 의미에서 말도 아니고 글도 아니다. 자유민주주의가 비록 완전무결한 정치이념이나 정치체제는 아니지만 인류가 많은 희생을 감수하며 시험하고 체득한 가장 우월한 이념이요, 체제라는 점에서는 인류의 대부분이 동의하고 있다. 그런데 그 자유라는 것이 무한대한 자유가 아니고 자유민주주의의 테두리 안에서 인정되는 자유라는 것은 삼척동자라도 알고 있는 사실이다. 따라서 아무리 자유가 소중하다고 하더라도 자유민주주의를 위해(危害)하는 것을 용납할 수는 없는 것이다. 한국의 지도층 인사들은 이러한 사실을 너무나 잘 알면서도 눈을 딱 감고 외면하여 구시대의 이념이나 당리당략에 집착하는 것을 보는 국민들은 답답하고 불안하기만 하다.

관찰은 부정확하고 판단은 어렵다고 한다. 아는 것을 안다 하고 모르는 것을 모른다고 하자.

(2016. 10. 3.)

아집(我執)의 굴레

세상에는 아집의 굴레에 매여 살아가는 사람들이 있다. 그들은 편견이나 오류나 착각과 같은 잘못되고 검증되지 않은 지적 능력을 우상으로 받든다. 프란시스 베이컨이 말하는 우상론이 떠오른다. 종족의 우상, 동굴의 우상, 시장의 우상, 극장의 우상은 신봉자의 넋을 얽어매는 굴레가 되어 갖은 횡포를 일삼기도 한다. 우상은 올바른 지식의 적이며 마땅히 타파되어야 할 대상이다.

사람들은 사물을 바라볼 때 인간본위로 해석하고 받아들인다. 새가 노래하고 나비가 춤춘다고 말하지만 새는 어떤 고통을 호소하는지도 모르고, 나비는 목숨을 부지하기 위하여 사투를 벌이고 있는지도 모른다. 사람들은 유전적 가정적 환경이나 개인적 취미나 교육이나 습관에 따라 판단하고 행동한다. 넓은 세계를 보고 듣고 경험하지 못하고 이른바 우물 안 개구리가 되어 선조의 정치노선을 맹신하고, '서울에 가 보지 못한 사람'이 '서울에 가 본 사람'을 이겨내고야 만다. 사람들은 자신이 존경하는 사람의 언행이라면 맹목적으로 믿고 자기가 들은 말이나 읽은 책을 맹신한다. 불로장생하는 신선의 존재를 믿고 정치적 이념의 유토피아를 믿고, '용'(龍)이라는 말이 있으면 용이라는 동물이 실지로 존재한다고 믿는다. 사람들은 전통이나 역사나 권위를 무비판적으로 믿는 수가 많다. 대대로 내려오는 것은 비판 없이 당연한 것으로 받아들이고, 역사에 기록되어 있는 사실은 모두 참된 사실로 받아들인다. 조선왕조의 사관(史官)들이 쓴 고려왕조의 기록을 그대로 믿고 침략자가 쓴 식민지의 역사를 그대로 믿는다. 마녀가 성녀로 분장된 배우들이 활개 치는 극장의 우상에 매여 있다. 우상들은 우리의 마음속에 자리 잡고 있는 권위의 상징이다. 사람들은 그 권위를 내던지려 하지 않고 그 권위가 위협을 받을 때는 심한 충격을 받기도 하고 권위를 수호하기 위하여 사력을 다 한다.

사람이 한번 아집의 굴레에 얽어 매이면 사물의 자초지종이나 선후나 경중을 따지지 않고 아집에 몰입한다. 자기가 아집의 노예라는 것을 깨닫지 못하는 수가 많고 설령 깨달았다고 하더라도 거기서 해방되고 탈출하기를 주저하고 거부한다. 아집으로 뭉쳐진 자기의 인지구조(認知構造)나 가치관의 체계를 버리지 않고 모든 이해관계(利害關係)와 기득권을 포기하지 않는다.

그들은 자기의 아집으로 사리사욕이나 이기주의나, 영웅주의나, 편당주의(偏黨主義)를 위하여 몰두한다. 그들은 가정윤리와 사회윤리와 국가윤리를 교란하고 대중영합주의를 확대재생산하며, 국민을 기만하고 폭력과 파렴치행위를 자행하며, 정당한 비판세력을 원수로 규정하고 공격을 멈추지 않는다.

그들은 개개인의 단위를 벗어나 이해득실의 관계로 얽혀진 집단으로 조직력을 가지고 나타나기도 하여 만일 그 집단에서 벗어나거나 그 행동강령에 충성하지 않으면 고립되고 배신자가 되고 변절자가 되는 것으로 생각한다. 그리하여 더욱 철저한 아집의 굴레로 자기의 존재와 정체성(正體性)을 확보하려 한다. 어떤 진리도 아집의 굴레 안에서만 인정되고 존재한다.

어떤 사람들은 지금 우리 사회에 『신약성서』디모데후서 3장에서 말한 말세의 증상이 일어나고 있다고 역설한다. 다시 말하면 이기주의, 배금주의, 자존망대, 모함, 불효, 배은망덕, 무절제, 광포(狂暴), 배반, 탐욕, 독신(瀆神), 진리에 대한 배반행위가 일어난다는 것이다. 이것은 개인적으로나 집단적으로나 원칙이나 진리는 파괴되고 변칙이나 허위가 위력을 가지고 사회를 지배한다는 것이다.

우리의 현실은 위와 같은 말세적 현상에 그치지 않는다. 고질적인 계층적, 지역적, 정치적 갈등이 활개치고 부정 부패 부조리가 만연하는가 하면, 국가발전의 중대 정책이나 사업에 대하여 비전문가집단이 나서서 극한투쟁을 선언하고 민중을 선동하여 대혼란을 야기하기도 한다. 더구나 남북이 분단된 채, 서구사회에서는 자취를 감춘 구시대의 이념적 갈등이 아직도 증오와 투쟁으로 나타나고, 누적된 갈등과 대립과 테러사건의 발생에 이어 대외정책과 대내정책에서 극단적인 국론의 분열을 빚어내고 있다.

이러한 말세적 고통과 혼란은 두 말할 것도 없이 우상을 버리지 못하고 아집의 굴레에 얽매인 사람들에 의하여 촉발되고 저질러진다. 평범한 시민 한 사람의 아집은 국민이나 국가에 큰 피해를 주지 않지만, 정치인들이나 지도층의 아집은 국민으로 하여금 부정부패·부조리를 일삼게 하고, 국고를 낭비하게 하고, 폭력을 동원한 패싸움을 저지르게 하고, 피를 흘리게 하고, 정치·경제·사회·문화의 파행(跛行)으로 빚어지는 문화지체(文化遲滯, cultural lag)현상을 초래하게 한다. 아집을 버리지 못하는 사람들은 국가의 권력기관에서, 또는 학원에서, 공장에서, 거리에서 선량한 대중을 기만하고 선동하다가 막다른 골목에서는 잽싸게 꼬리를 감추기도 한다. 그들은 때때로 건전한 상식과 양심과 진리를 배반함으로써 자기의 존재를 과시하고 영웅으로 분장하기도 한다.

정치란 국리민복을 증진시키는 기능이고 국리민복의 증진은 편협한 아집으로 성취되는 것이 아니라 세계화의 대조류를 인식하는 바른 지식과 판단과 의지를 통하여, 심신을 수련하고 진정으로 나라와 겨레를 사랑한 후에야 가능한 것이다.

우리 사회에는 로버트 머튼이 말한 롤 모델(role model)이 없다는 말이 널리 회자되고 있다. 청소년들이 일정한 성장을 마칠 때까지 본보기로 삼아 닮고 싶은 훌륭한 인물을 발견하기가 어렵다는 것이다. 그리고 우리 사회에는 언제부터인가 흑백논리가 만연하여 인물을 평가하는 데도 예외 없이 적용된다. 아무리 훌륭한 업적이 있더라도 조금만 하자가 발견되면 그 업적과 인격이 전면적으로 부정되고, 나아가서는 반역자로 매도되기도 한다. 인류역사를 통하여 특별한 성인들을 제외한다면 어느 위인도 완벽하다고 볼 수는 없기 때문에 그 위인의 공로나 애국심이나 인격의 일면을 존경하고 본받아야 함에도 불구하고 흑백논리를 적용하여 전면적으로 부정하는 데는 특별한 이념적 정치적 목적이 개재되는 경우가 많다.

사람은 청소년기뿐만 아니라 일생을 두고 인격을 수련하는 존재이기 때문에 하필이면 청소년기뿐만 아니라 장년기와 노년기에 이르러서도 항상 존경하고 본보기로 삼고 싶은 롤 모델이 존재하는 것이 바람직하다. 그러나 장년기와 노년기에 들어선 사람들은 자기도 모르게 벌써 아집의 굴레에 얽매이고 사로잡혀서 모처럼의 롤 모델을 발견하더라도 그를 본받는 내면화(동일시)를 거부하기 때문에 종전의 인생관이나, 가치관이나, 국가관이나 시국관에 변화를 일으키기 어렵다. 이것이 개인과 사회와 국가의 발전을 가로막는, 보이지 않는 커다란 걸림돌이 되기도 한다.

'진실로 자기를 바르게 하면 정치에 무슨 어려움이 있으리오? 만일 자기를 바르게 하지 못한다면 어떻게 남(국민)을 바르게 할 수 있으리오?'(苟正其身矣 於從政乎何有 不能正其身如正人何. 『논어』 자로편)라고 한 공자의 말씀이 떠오른다. 정치는 분화와 대립을 통합하고 일체화하는 것을 본질로 하는 것이며 구부러진 것을 바로잡는 것이다. 정치인이나 지도층이라는 그들이 몸을 바르게 가지고 아집의 굴레에서 과감히 탈출할 때 국민은 희망을 갖는다.

여자(女子)이기 때문에

TV를 시청하다 보니 '미스 트롯 2 마스터 오디션'이라는 프로그램이 진행되고 9살 어린이 출연자가 「여자의 일생」이라는 노래를 부르는 모습이 보였다. 출연자는 용모도 단정하고 노래도 잘 불러서 본선에 진출할 수 있는 자격을 얻었다. 그가 부른 노래의 가사는 다음과 같다.

> 참을 수가 없도록 가슴이 아파도/ 여자이기 때문에 말 한 마디 못하고/ 헤아릴 수 없는 설움 혼자 지닌 채/ 고달픈 인생길을 허덕이면서/ 아아 참아야 한다기에/ 눈물로 보냅니다/ 여자의 일생/ 여자의 일생

여기서 여자는 헤아릴 수 없는 설움을 견디고 고달픈 인생을 살며 일생을 눈물로 보낸다고 신세를 한탄하는 것을 엿볼 수 있다. 그

리고 중요한 것은 그것이 하필이면 '여자이기 때문'이라는 것이다.

우리나라에는 이와 비슷한 가치판단을 내포하여 유행하는 노래들이 많이 있다고 안다. 이를테면 심수봉 곡 '나는 여자이니까'와 같은 노래도 그중의 하나일 것 같다. 그리고 우리 사회에는 이러한 노래가 회자될 만한 충분한 이유가 있었고 그것은 지금도 얼마쯤은 남아 있다고 생각하는 것 같다. 전통사회에서는 여자들이 남자들에게 비교하여 볼 때 할 말을 다 하지 못하고 지낸 사례가 많이 있었고 나아가서는 그것이 당연한 것이며 여자의 아름다운 교양이거나 훌륭한 장점이라고 평가되어 부덕(婦德)이라고 미화(美化)되기도 하였다.

전통사회를 돌이켜 보면 여자들이 받은 차별이 바로 '헤아릴 수 없는 설움'을 혼자 지닌 채 말도 못하고 지낸 것이며, 이것은 흔히 말하는 남녀의 불평등이며 남존여비(男尊女卑)의 현상이라고 할 수 있다. 그러면 여기서 말하는 남녀의 차별이나 불평등이나 존비(尊卑)를 정당화하였던 근거는 어디에 있을까. 사람들은 흔히 유교(儒敎)의 폐단이라고 말한다. 자연과학의 발달과 더불어 물질문명이 발달하고 정신문화가 발달한 근대사회에서는 남녀의 차별이나 불평등이나 존비사상이 거의 없어지고 남녀평등사상이 발달하고 그것이 거의 완벽할 정도로 실현되고 있는 국가들도 많이 있지만 아직도 그렇지 못한 현상이 우리나라뿐만 아니라 세계의 도처에 잔존하고 있는 것으로 알려져 있다.

우리나라에는 일찍부터 불교·도교·유교와 같은 종교가 널리 보급되었었고 특히 근세 조선에 들어와서는 유교가 지배적인 이념(이데올로기)으로 기능하였기 때문에 사회적으로는 순기능이나, 역기능이나 모두 유교의 영향이 강력하였다고 할 수 있다. 실지로 유교의 이념이 강력히 지배한 근세조선에 이르러서는 고려 왕조시대에 비하여 여자에 대한 여러 가지 불평등한 규범이 강화되었고 이러한 현상은 정치·경제·사회의 모든 분야에서 뚜렷하게 나타났던 것으로 알려져 있다. 이리하여 남자는 가정과 사회의 모든 분야에서 책임과 권위를 행사할 수 있지만 여자들은 오로지 남자에게 복종하고 가사를 돌보고 자녀를 생육하는 것으로 본분을 삼는 것이 당연한 것이었다.

전통사회에서는 여자에게만 적용되는 이른바 삼종지도(三從之道; 三從之義; 혼인 전에는 아버지에게 따르고, 혼인해서는 남편에게 따르고, 남편이 사망한 후에는 자식을 따른다는 도리; 婦人有三從之義 無專用之道 故未嫁從父 旣嫁從夫 夫死從子 『儀禮 喪服傳』)라는 것이 있었고, 또한 칠거지악(七去之惡)이라는 일종의 특수한 규범이 있었으니, 그것은 시부모에게 순종하지 않으면 물러가고(不順舅姑去), 자식을 낳지 못하면 물러가고(無子去), 음행을 하면 물러가고(淫行去), 투기를 하면 물러가고(嫉妬去), 악질이 있으면 물러가고(惡疾去), 말이 많으면 물러가고(口舌去, 多言去), 도둑질을 하면 물러가라(盜竊去)는 것이었다. – 여기에는 예외적으로 인정되어 물러가지 않는 경우도 있었다. 이른바 삼불거(三不去)라는 것으로 돌아갈 곳이 없는 경우(有所取無所歸不去)와 부모의 삼년상을 함께 치른 경우(與更三年喪不去)와 남자가 혼인 전에는 빈천하였다가 혼인 후에 부귀해진 경우(前貧賤後富貴不去)이다.(『대대례본명(大戴禮本命)』 참조)

여기서 음행을 하면 물러간다는 것은 오늘날에도 형사법(刑事法)에서는 간통죄(姦通罪)가 폐지되어 없어졌지만 민사법(民事法)에서는 그

것이 쌍방 간에 이혼사유로 충족될 수 있기 때문에 고려의 여지가 있다고 볼 수 있다. 그러나 나머지 사유들은 여자에게만 일방적으로 적용하였던 불평등하고 불공평한 것이었음을 능히 판단할 수 있다. 그렇다면 근세 조선의 사회에서 여자들에게 불공평한 대우를 공인하게 된 연원(淵源)은 어디에 있는지 알아볼 필요가 있다.

우선 그것은 당시의 모든 사회규범의 기초를 이루고 있었던 성리학(性理學)을 주목하게 되고 성리학의 경서(經書) 가운데서도 가장 중요한 비중을 차지하고 있는 공자의 언행을 제자들이 기록하였다고 전하는 『논어』에서 찾아 볼 수 있다. 잘 알려지고 있는 바와 같이 『논어』 양화편(論語 陽貨篇)에는 "공자가 말하기를 다만 여자와 소인(하인)은 대우하기가 어렵다. 가까이 하면 불손하고 멀리 하면 원망한다."(子曰 唯女子與小人 爲難養也 近之則不遜 遠之則怨)는 글귀이다.

여기서 말하는 소인은 군자와 대칭적으로 사용하는 말이며 인격이 수련되지 못한 사람을 가리키는 것이다. 따라서 여자들은 그러한 소인과 같은 수준이며 가까이 친절하게 대해주면 함부로 불손하게 행동하고 그렇다고 멀리 하면 원한을 품는다는 것이다. 다시 말하면 여자들은 소인이나 다름없이 생각하고 행동하는 사람이라는 것이다.

공자(BC551-479)가 살던 중국의 춘추시대(春秋時代)와 현대는 약 2,500년이라는 많은 시차가 있거니와 당시는 문자 그대로 봉건왕조(封建王朝)시대였지만 우리는 조선 왕조가 대한제국시대를 거쳐 일본에게 강점을 당하였다가 독립하여 대한민국을 건국한 지도 70여년이라는 세월이 흐른 현실이다. 아무튼 우리는 구한말(舊韓末)의 개화기로부터 따지더라도 100여 년에 걸쳐 서양의 합리주의와 주권재민

사상과 남녀평등사상과 같은 이른바 가장 이상적인 민주주의사상을 받아들였고 온 세계에서 자유민주주의국가로 정당하게 인정되고 있다.

따라서 객관적으로 볼 때에 남녀의 차별로 말미암은 불이익이나 억압은 있을 수 없는 현실에 도달해 있는 것이며 이러한 현실은 대한민국의 모든 법치와 행정에 반영되어 시행되고 있는 것이다. 그럼에도 불구하고 아직도 '여자이기 때문에' 억압이나 불이익이나 차별이 나타난다고 한다면 그것은 결코 용납될 수 없고 철저히 청산되고 척결되어야 할 구시대의 폐습인 것이다.

그런데 '여자이기 때문에'라는 감정이나 인식이나 판단이 우리의 주관이나 편견에 따라 발생할 수도 있음을 상상하게 된다. 이를테면 여자들이 주체적으로 주장하고 행사할 수도 있는 권리를 스스로 포기하거나 고식적으로 편협하게 해석하여 그러한 감정이나 판단에 사로잡힐 수도 있다는 것이다. 그리고 여자들이 '여자이기 때문'이라는 감정이나 가치판단에 젖어 있는 동안에 남자들은 남자들대로 '남자이기 때문에' 차별이나 불이익을 인내하거나 감수해야 한다는 생각에 사로잡혀 행동할 수도 있다. 이러한 '남자이기 때문에'라는 생각과 '여자이기 때문에'라는 생각은 같은 차원에 있는 것으로 볼 수 있으며, 이러한 것들은 모두 우리의 인습적인 구시대의 인식이나 관념이나 가치판단에서 과감하고 완전하게 벗어나는 것이 마땅할 것이다.

그리고 매우 중요한 것은 한국 여성들이 가지고 있는 '여자이기 때문에'라는 관념과 행위는 위에서 소개한 공자의 말과 명백한 인과

관계의 필연성이 증명되지는 못하였다는 것이다. 다시 말하면 한국 여성들의 의식구조를 과학적으로 면밀히 조사하고 분석하여 얻은 결론은 아니라는 것이다. 혹시 한국의 연구단체에서 유사한 과제를 가지고 연구한 자료가 있을지는 모르지만 거기서 만족할 만한 유의성(有意性; significance)을 발견하였다는 근거도 찾기 어려울 것으로 믿는다.

'여자이기 때문에'라는 의식은 한국 여성이 극복해야 할 하나의 개인적 · 가족적 · 사회적 장애물이며, 매우 중요한 쟁점이라고 규정할 수 있다. 따라서 '여자이기 때문에'라는 관념에 젖어 있는 여자들이 있다면 그들은 과감히 그 관념을 버리고 주체적인 자아를 확립하고 실천해 나가야 할 것이다.

(2021. 1. 4.)

용기(勇氣)에 대하여

나는 일찍이 '용기'라는 말을 자주 들어왔다. 그리고 어릴 때는 '숫기가 없다'는 말을 들으며 자라난 것 같고 '숫기'를 '용기'와 같은 낱말로 인식해 온 것 같다. 따라서 나는 '용기가 없거나 부족한 아이'로 자라났고 남의 시선을 이끌 만한 두각을 나타내는 일도 없이 비교적 평범하게 자라난 셈이었다.

용기라는 말을 꺼내고 보니 중학교 수학 수업 시간에 있었던 일이 떠오른다. 학생들이 모두 도표를 그리게 되었는데 선생님은 도표에 대하여 설명하고 나서 그와 똑같은 도표를 그린 사람이 있는지 물으셨다. 난 "예"라고 분명히 대답하였다. 선생님은 고개를 돌리고 "예"라고 대답한 학생을 확인하려 하였지만 나는 장본인이라는 것을 밝히지 않고 끝까지 잠자코 있었다. 선생님은 끝내 나를 찾아내지 못하고 실패하고 말았다. 나는 그때 무슨 이유로 나라는 것을 밝히지 않고 숨겼는지 도무지 알 수가 없다. 그저 용기(?)가 없었다고만 기억된다.

나는 요즘 『맹자』를 읽으며 잠시나마 '용기'라는 말에 대하여 관심을 갖게 되었다. 중국의 전국시대에 북궁유(北宮黝)라는 인물이 있었다고 한다. 그는 피부를 찔려도 움츠리지 않으며, 눈동자를 찔려도 피하지 않으며, 털끝만큼이라도 남에게 창피를 당하면 마치 공개장소에서 종아리를 맞는 것처럼 수치스럽게 생각하며, 비천한 걸인 같은 사람에게도 모욕을 받지 않는 동시에, 만승(萬乘)의 군주에게도 모욕을 받지 않아, 만승의 군주를 찌르는 것을 보기를 마치 갈부(褐夫; 미천한 사람)를 찔러 죽이는 것처럼 하찮게 생각하였고, 제후를 두려워하지 않아 제후의 비난을 들으면 반드시 보복하였다고 한다.

이런 기록을 보면 북궁유는 그 상대방이 걸인 같은 인물이거나 군주 같은 인물이거나를 막론하고 일관성 있게 무조건적으로 손톱만큼도 양보하거나 굽히지 않는다는 것을 알 수 있다.

세상에 북궁유 같은 사람이 실제로 있었을까 의심스럽기도 하다. 그러나 주(周)나라 왕조가 쇠망하고 난신적자(亂臣賊子)가 횡행하던 전국시대였으니 충분히 그런 사람이 존재하였을지도 모를 일이다. 중국의 역사책이나 고전소설류에는 너무나 비정상적이고 이해하기 어려운 사건들이 헤아릴 수 없이 많은 것을 보면 북궁유 같은 사람이 없었으리라는 생각도 불가능한 형편이다. 그들의 세계는 오직 용(勇)만이 있고 지(智)와 인(仁)은 없었던 것 같다. 따라서 아무리 생각하여도 북궁유의 용기를 진정한 용기로 인정하기는 어려운 것이 우리의 상식이다. 그의 용기는 진정한 용기가 아니라 사이비에 지나지 않는 것으로 인정되기 때문이다.

그런데 오늘날의 세태는 어떠한가. 특히 우리의 현실을 가만히 살펴보노라면 북궁유의 용기와 완전히 같은 것은 아닐지라도 그와 매우 유사하거나 상통하는 용기의 소유자가 없을지 궁금하다. 북궁유를 닮은 사람들은 자신의 권위나 사리사욕이나 자존심을 철저히 지키고 남에게 한 치도 양보하지 않는 절대 절명의 인생관이나 가치관을 관철하려는 인상을 준다.

매일처럼 대중매체를 통하여 보도되는 기사들을 보면 참으로 놀랍다. 살인, 상해, 폭행, 방화, 유괴, 사기, 유기, 외설, 강간, 강도, 절도, 횡령, 수뢰, 음주운전은 말할 것도 없고, 중상모략 허위 날조 불법 탈법 위증 표절 등… 일일이 열거할 수 없을 만큼 반인륜적이거나 반사회적이거나, 반국가적인 범죄행위가 벌어지고 있으니, 그것도 국가의 지도자층에서 하루가 멀다 하고 저질러지고 있으니, 그뿐만 아니라 범죄사실이 확인되어 사법절차를 거쳐 처벌을 받은 전과자가 다시 어엿한 지도층의 위치에 나타나 군림하는 형편이니, 이러한 현실에 비교한다면 북궁유의 용기는 차라리 순진하여 변명의 여지를 가지고 있는 듯하다.

공자는 용기에 대하여 "스스로 반성하여 정직하지 못하면 비록 무식한 거지라도 내가 어찌 두려워하지 않으리오? 스스로 돌이켜 정직하면 비록 천만인이라도 내가 당당히 대적하리라."(自反而不縮 雖褐寬博 吾不惴焉 自反而縮 雖千萬人吾往矣 『孟子』 公孫丑章句上)고 하였다는 것이다. 이를 보면 『맹자』가 말한 공자의 용기라는 것은 스스로 정직할 때만 그 값을 지니는 것이고, 내가 정직할 때는 어떠한 세력에 대하여도 결코 굽힘이 없음을 알 수 있다.

세상에는 나보다 많이 배우고, 지혜롭고, 유능하고, 권력을 가진 사람들이 얼마든지 있고 그와는 반대로 나보다 많이 배우지도 못하고, 지혜롭지도 못하고, 무능하고, 권력도 없는 사람들도 없는 것은 아니다. 그러나 내가 정직하지 못하다면 아무리 어리석은 사람에게라도 머리를 숙이고 복종할 일이요, 내가 정직하다면 아무리 훌륭하고 권세가 있고 또 많은 사람 앞이라도 정정당당히 나서서 상대할 수 있는 것이며 그것이 곧 진정한 용기라는 것이다.

참다운 용기란 무엇인지도 헤아리지 못하고 명예나 재물이나 권력에 사로잡혀 경거망동하고 만용을 부리는 지식인이나 정치인들을 볼 때 북궁유와 공자의 용기에 대하여 생각하게 된다. 북궁유의 용기를 버리고 공자의 용기를 본받는 것이 진정한 용기의 실천이라고 할 수 있다. 철면피하고, 파렴치하고, 위선적이고 사회정의를 파괴하는 사이비에 속하는 거짓된 용기가 사라지고 진정한 용기가 충만하기를 간절히 소망한다.

(2017. 7. 9.)

인빅투스(INVICTUS)

출판기념회가 열렸다. 식전 행사로 국악공연과 가요공연이 먼저 열리고 이어서 개식사, 국민의례, 저자소개, 서평, 내빈소개, 저자인사, 내빈축사가 순서에 따라 진행되었다.

조 박사는 서평의 마지막에 윌리암 어네스트 헨리(William Earnest Henley 1849-1903)가 1875년에 지었다는 시 '인빅투스'(INVICTUS, 라틴어)를 소개하였다. 헨리는 12세에 폐결핵에 걸리고, 후에 그로 인하여 왼쪽 다리를 절단하였는데 다시 오른쪽 다리마저 절단해야 한다는 진단을 받았으나 절단하지 않고 치료한 뒤 30년을 더 살았다고 한다. 그는 질병과 고통으로 어려운 삶을 살면서 결코 굴할 수 없다는 신념으로 잔인한 환경을 극복하였으며, 남아프리카공화국 넬슨 만델라(Nelson Mandela 1918~2013)는 헨리가 지은 이 시를 애송하면서 27년간의 감옥살이를 견뎠다고 한다. 시의 제목은 '불굴', '굴하지 않는 영혼', 또는 '불굴의 영혼'이라고 번역해도 무방할 것 같다고 한다.

나를 감싸고 있는 밤은
온통 침묵 같은 암흑
나는 어떤 신들에게도
나의 굴하지 않는 영혼을 주심에 감사한다
잔인한 환경의 마수에서
난 움츠리거나 소리 내어 울지 않았다
내려치는 위험 속에서
내 머리는 피투성이지만 울지 않았다
분노와 눈물의 이 땅을 넘어
어둠의 공포만이 어렴풋하고
오랜 재앙의 세월이 흘러도
나는 두려움에 떨지 않을 것이다
아무리 천국의 문이 좁고
아무리 많은 형벌이 나를 기다려도
나는 내 운명의 주인이요
나는 내 영혼의 선장인 것을

나는 시를 감상하며 넬슨 만델라에 관심을 갖게 되었다. 그는 남아프리카공화국 최초의 흑인 대통령이자 흑인인권운동가이었으며, 종신형을 받고 27년간을 복역하면서 세계인권운동의 상징적인 존재가 되었다. 저서로는 『투쟁은 나의 인생』(The Struggle is My Life), 『자유를 향한 머나 먼 여정』(Long Walk to Freedom) 등이 있다. 그는 템

프족 족장의 아들로 태어나 1940년 폴트헤어(Fort Hare)대학 재학 중에 시위를 주동하다가 퇴학당하였으며, 1944년에는 아프리카민족회의(ANC; African National Congress) 청년연맹을 창설하고 1952년에는 비백인으로서는 처음으로 요하네스버그에 법률상담소를 열고 인종격리정책반대운동에 나서기도 하였다. 1952년과 1956년, 두 차례에 걸쳐 체포되었으며 1960년 3월 백인 경찰의 발포로 흑인 69명이 사망하고 180여 명이 부상한 샤프빌흑인학살사건(Sharpeville Massacre)을 계기로 무장투쟁을 지도하다가 1962년 다시 체포되어 5년형을 선고받고 그 후 범죄혐의 추가로 종신형을 선고받았다. 그 동안 옥중에서 여러 가지 상을 받고 1990년 출옥하여 1991년 ANC의장으로 선출된 뒤에 실용주의노선으로 선회하여 인종분규를 종식시키고 1993년엔 노벨평화상을 받았으며 1994년 남아프리카공화국 최초의 흑인참여 자유총선거로 구성된 다인종의회에서 대통령에 당선되었다.

그는 대통령이 되어 백인과 흑인이 하나 되는 나라를 꿈꾸었다. 남아프리카의 백인들은 본디 네더란드에서 이주한 후손들인데 금과 다이아몬드를 채취하면서 철저하게 흑인들을 착취하고 차별하였다. 그 인종차별은 '아파르트헤이트'(apartheid;분리, 배타)라고 부르는 것인데 종교적으로나 법적으로 정당화하였던 악법이었다. 이에 대하여 흑인들은 무장투쟁을 전개하게 되고 그 지도자 가운데 넬슨 만델라가 우뚝하게 섰다. 1990년에는 드디어 인종차별정책이 폐지되고 1994년에는 흑백연합정부가 수립되고 만델라가 대통령으로 당선된 것이다. 그는 '진실화해위원회'(TRC: Truth and Reconciliation Commission)를 구성하고 흑인에 대한 가해자가 자신의 잘못을 정직하게 고백하고 용서를 구하면

민사상 책임을 면제해 주는 방식으로 과거사를 청산하게 하였다.

그는 정부의 백인 공무원들이 흑인 대통령 밑에서 복무하기를 포기하고 떠나려는 것을 보고 '당신들이 반드시 필요하다'고 만류하였다. 대통령경호원들도 당연히 흑인들로 구성될 줄 알았지만 백인들과 함께 구성하였다. 그리고 백인들이 중심으로 이루어진 럭비팀, 스프링복스(springboks)를 해산하자는 강력한 주장에 맞서 해산하지 않고 그대로 후원하였다. 흑인들은 흑인 대통령이 백인들에게 복수해 주기를 기대하였지만 전혀 달랐다. 만델라는 진정한 복수는 곧 '용서와 화해'라는 것, 용서와 화해야말로 하나 되는 일치와, 통합으로 가는 유일한 길이라는 것을 확신하고 있었다. 기독교의 '사랑'은 곧 '용서'라고 주장하는 일본의 어느 소설이 떠오른다. 나에게 저지른 남의 잘못을 용서로 갚는 것이 곧 참된 사랑이라는 것이다. '너희 원수를 사랑하며 너희를 핍박하는 자를 위하여 기도하라'(마태복음 5:44), '일곱 번 뿐 아니라 일흔 번씩 일곱 번이라도'(마태복음 18:22) 용서하라는 성경 말씀의 실천이다.

헨리가 병마에 시달리는 극한상황에서 지었다는 '인빅투스'는 넬슨 만델라의 마음속을 깊숙이 파고들었다. 기나긴 세월을 암담한 감옥에서 이 시를 애송하면서 죽음을 이기고 살아나왔으니 '인빅투스'는 벌써 작가를 떠나 완전히 넬슨 만델라의 불굴의 영혼이 되고 만 것이다. 그는 '잔인한 환경의 마수에서/ 난 움츠리거나 소리 내어 울지 않았다./ 내리치는 위험 속에서/ 내 머리는 피투성이지만 울지 않았다'고 시인처럼 부르짖은 것이다. 이것이 바로 인간이 간직할 수 있는 불굴의 영혼이요, 백절불회지진심(百折不回之眞心)이요, 만고불변의 지조가 아닌가.

넬슨 만델라가 백인들의 인종차별의 질곡에서 자유를 위하여 투쟁한 여정은 너무나 길었다. 그러나 그 길은 마침내 자유와 평등을 가져다주었고 진리와 정의는 기필코 승리한다는 교훈을 남겼다.

미국의 링컨대통령은 측근의 강력한 반대를 무릅쓰고 자기를 몹시 비난하고 흉보던 스탠튼을 국방장관으로 임명하였는데 링컨이 저격을 당하여 죽자 가장 애통한 사람이 바로 스탠튼이었다고 한다. 우리는 불굴의 영혼을 간직하는 동시에, 증오와 반목과 투쟁으로 점철된 우리 역사의 단면을 돌아보며 용서와 화해와 통합의 지혜를 배워야 하겠다.

주)

(1) 이 글은 마산교구진주만경동본당 유해욱 주임신부님의 글을 많이 참조하였음.

(2) 유해욱신부는 '인빅투스'를 다음과 같이 번역하였음.

시야는 온통 어둠의 구렁텅이/ 나를 휘감고 있는 칠흑의 밤으로부터/
나는 그가 어떤 신이든지/ 내게 불굴의 영혼을 주셨음에 감사드린다./
옥죄어 오는 어떤 무서운 상황에서도/ 나는 굴하거나 소리 내어 울지 않았다./
곤봉으로 얻어터지는 운명에 처해/ 머리에 피가 나도 고개 숙이지 않았다./
분노와 눈물로 범벅이 된 이 곳 너머로/ 공포의 그림자가 어렴풋이 모습을 드러낸다./
아직도 짓눌림의 세월이 지속되고 있지만/ 여태까지 두려워하지 않았고 앞으로도 그럴 것이다./
문이 얼마나 좁은지, 운명의 두루마리가/ 얼마나 형벌로 채워져 있는지는 중요하지 않다./
나는 내 운명의 주인이며/ 내 영혼의 선장이다.

5

작은 책꽂이

작은 책꽂이

나에겐 작은 책꽂이가 하나 있다. 가로 78cm, 세로 18cm, 높이 18cm에 4칸으로 구분되고 진한 갈색 바탕에 윤기가 흐르는 아담한 골동품의 모습이다.

내가 먼지를 닦아 간이책상에 올려놓은 것을 본 내자는 자기의 물건인 것처럼 자기의 책을 이것저것 꽂아 놓았다. 무기력한 나는 입속으로만 중얼거리며 뒤로 물러나고 말았다.

나의 작은 책꽂이는 내가 초등학교에 입학하고 나서 30리나 떨어진 읍내(청주시내)에 있는 목수에게 특별히 주문하여 큰형님이 혼자서 등에 지고 온 앉은뱅이책상에 딸려 온 물건이다. 그때 큰 형님은 어깨가 몹시 아프셨을 것이고 목도 몹시 말랐을 것이다. 책상이 생기기 전에는 작은 궤짝을 대용품으로 사용하고 있었는데 새 책상이 들어오자마자 향기가 집 안을 감싸고 마치 훌륭한 선비의 집 안을 상상하게 하였다.

나는 책상 위에 올려놓은 작은 책꽂이가 보기 좋았다. 거기에는 나의 교과서와 공책과 일기와 형님들의 고전소설 몇 권이 꽂혀 있었다. 그러나 이 작은 책꽂이는 내가 6년제 사범학교에 입학하자마자 나의 손으로부터 점점 거리가 멀어지게 되고 세월이 흘러감에 따라 고향의 어느 방구석에 잊힌 채로 방치되어 거의 버림을 받기도 하였다. 나는 그동안 작은 책꽂이는 까맣게 잊어버리고 내 키보다도 높은 신식 서가(書架)를 여러 개 장만하여 동서양의 그럴듯한 책들을 보기 좋게 꽂아 놓고 의기양양하게 시간을 보내 왔다. 서가에 즐비한 책들은 나에게 새로운 지식과 지혜와 총명을 주었고 고뇌가 엄습할 때는 은근하고 따뜻한 위안을 주었다.

사람들은 예로부터 책을 귀하게 여기고 혹시 방바닥에 책이 놓여 있으면 절대로 넘어 다니지 않았고, 책을 읽을 때는 먼저 손을 깨끗이 씻고 바른 자세로 목례를 올리기도 하였단다. 책은 사람들에게 지식과 지혜와 교양을 전할 뿐만 아니라 고귀한 인품을 갖추게 하여 남에게 존경을 받게 하기도 하고 일정한 시험이나 추천을 거쳐 공직자가 되고 권력을 행사하게도 하였다. 여러 자식들 가운데 한둘만 공부를 하여도 그 집안이 존귀하게 되고 빈천을 면하는 수도 있었다. 그래서 많은 재산을 물려주는 것보다는 몇 권의 책을 물려주는 것이 더욱 값진 경우도 많았다. 어떤 사람은 밭을 갈다 말고 소를 팔아 자식에게 책을 사주기도 하고 천 리를 멀다하지 않고 스승을 찾아 공부하게 하기도 하였다. 오늘날의 대도시 유학(遊學)이나 해외 유학과도 방불한 것이었다.

예로부터 사람이 공부를 하는 데는 시간과 정력과 재력(財力)이 필요하고 굳은 의지가 필요하였다. 그 가운데 어떤 필요조건이 충족되지 않아서 뜻을 이루지 못한 사람도 많겠지만 경제적으로 어려운 사람이 간난신고를 감내하여 주경야독(晝耕夜讀)으로 성공하면 형설지공(螢雪之功)이나 차윤지공(車胤之功)을 이루었다고도 하였다.

나는 일찍이 만권당(萬卷堂, 또는 萬卷樓, 萬卷起書樓)이라는 말을 들으면 꿈같은 이야기로만 생각하였다. 만 권이라는 수량은 너무나 엄청난 것으로만 여겨졌던 것이다. 그러나 오늘날에는 물질의 풍요와 인쇄술의 발달로 만권당을 몇십 배, 몇백 배나 능가하는 거대한 도서관들이 많이 생기고, 내가 그 거대하고 귀중본이 가득한 도서관과 직접적으로 인연을 맺기도 하였었으니 세태는 많이 달라졌다.

그런데 학문에 뜻을 둔 사람이라면 침상지학(枕上之學)이니 마상지학(馬上之學)이니 측상지학(厠上之學)이라는 말을 항상 마음속에 간직해야 할 것 같다. 공부하는 데는 때와 장소를 가리지 말아야한다는 말이다. 마땅히 많은 장서도 필요하지만 누워서 쉴 때나 여행을 할 때나 심지어는 측간에 갔을 때라도 나름대로의 학문이 가능할 것이기 때문이다.

감히 털어 놓기는 부끄러운 일이지만 나는 근년에 접어들어 점점 책을 멀리하게 되었다. 그동안 여기저기로 책을 흩어버리고 말았지만 아직도 나의 서재는 너무나 복잡하고 어수선하여 견디기가 어렵게 되었다. 이따금 서재로부터 내 손에 끌려나온 책들의 운명은 매우 암담하다. 아무도 반겨주고 간직할 사람이 없어서 종당에는 초라한 폐품으로 전락하고 말 것이 분명하기 때문이다.

내가 특별히 서가에 신경을 쓰게 된 것은 호흡기질환으로 외과수술을 받은 후의 일이다. 나는 오랫동안 침실에서 서가에 쌓인 먼지를 호흡하면서 살아왔고 이제는 그로 말미암은 일종의 불안감을 이기기 어렵게 되었다. 서가에 쌓인 먼지는 어떻게 털어내야 하는지 묘책이 떠오르지 않는다.

나는 지금 얼마 되지 않는 장서(藏書)나마 관리하기가 힘겹고, 집중적으로 읽을 마음과 용기가 잦아든 형편이다. 젊어서는 주린 배를 움켜쥐고 책을 샀지만 이제는 호주머니가 넉넉하여도 사고 싶은 용기가 솟지 않는다. 몸이 늙고 병든 탓이라고나 할까, 학구열이 무디어졌기 때문이라고나 할까. 그리고 인터넷 검색창을 과신하는 탓이라고나 할까.

나는 요즘 별다른 연구라곤 하지 않기 때문에 논문이나 저서와는 담을 쌓고, 다만 '봉사'(奉仕)라는 이름으로 버스를 타고 강의실을 찾아가 매주 2시간의 고전강의를 진행할 뿐이다. 모든 시설이 갖추어진 아름다운 강의실에서 서로 시선을 맞추고 대화를 나누는 시간은 즐거움과 기쁨을 느끼는 가장 보람 있는 시간이다.

가만히 생각해보면 일찍이 큰형님께서 땀 흘리며 등으로 져다 주신 책상과 그 작은 책꽂이가 수백 배로 불어나고 커져서 나의 학문을 길러주고 직장에서 물러난 후에도 분에 넘치는 독서종자(讀書種子)의 마지막 길을 걷도록 인도해주신 것을 깨닫게 된다. 형님은 변변치 못한 나를 바라볼 때마다 마치 당신이 출세라도 한 것처럼 대견히 여기고 은근히 즐거워하면서 일단사일표음(一簞食一瓢飮)으로 고향을 지키시다가 만년에는 서울에서 천수(天壽)를 다하고 저 멀리 피안의 세계로 떠나셨다.

아무리 세상이 변하더라도 형님께서 남겨 주신 80년 전의 작은 책꽂이만은 끝까지 아끼고 간직하고 싶다. (2014. 4. 18.)

제헌절(制憲節)을 맞이하며

아직도 코로나19가 창궐하여 국내뿐만 아니라 온 세계가 불안한 가운데 모든 사람들이 안정을 얻지 못하고 있다. 정치인들은 정치인들대로, 기업인들은 기업인들대로, 서민들은 서민들대로 각계각층의 사람들이 여러 가지로 고충을 감내하면서 하루하루를 견뎌 나가고 있다. 이러한 불안하고 어수선한 가운데 나도 휩쓸려 하루하루가 괴로울 뿐이다.

무심코 달력을 바라보니 7월 17일이 제헌절이다. 제헌절은 문자 그대로 헌법(憲法)을 제정한 날을 기념하는 날이다. 헌법은 광의로 해석하여 국가조직법이요 인권보장법이라고 볼 수도 있고, 협의로 해석하여 국가의 기본질서를 규정한 법이라고 해석하기도 하지만 근대적 입헌주의적 헌법은 국가권력의 조직과 제한에 관한 근본적 규범이라고 해석하기도 하고 국민의 자유와 평등을 핵심으로 하는 기본권의 보장과 복지주의를 핵심으로 보기도 한다.

오늘날 세계의 모든 국가는 헌법을 가지고 있다. 다만 일정한 형식을 갖춘 헌법전(憲法典)을 가지고 있지 않은 나라도 있지만 실질적으로는 헌법의 기능을 발휘하는 법규범을 가지고 있다. 영국은 단일 헌법전(Constitution of the United Kingdom)을 가지고 있지 않으나 영국의 의회나 재판의 관행, 왕위계승법과 같은 것이 영국의 헌법이라고 알려져 있다.

대한민국헌법은 1945년 8월 15일, 광복을 맞이하고 1948년 5월 10일에 실시한 총선거를 통하여 삼권분립제, 국민의 기본권보장, 대통령중심제, 단원제국회 등을 골격으로 하여 제정되었다. 그리고 1952, 1954, 1960, 1962, 1969, 1972, 1980, 1987년에 이르기까지 여러 차례의 개정을 거쳐 왔다.

헌법 전문(前文)은 (1)연혁, (2)대한민국의 건국이념과 정통성, (3)민족단결과 정의 · 인도 · 동포애의 실현, (4)자유 민주적 기본질서의 확립, (5)국가의 책무를 규정하고 있다. 다시 부연하면 대한민국임시정부의 법통성(法統性; Legitimacy)과 4 · 19민주이념의 계승, 민족단결의 공고화, 자유민주적 기본질서의 확립, 각인의 기회 균등, 자유와 권리에 따르는 책임과 의무 완수, 국민생활의 균등한 향상, 항구적인 세계평화와 인류공영에 공헌, 우리들과 우리들의 자손의 안전과 자유와 행복을 영원히 확보한다는 취지를 담고 있다.

나는 여기서 헌법이 보장하고 요구하는 국민의 권리와 의무에 대하여 다시 관심을 기울이고 싶다.

우선 국민은 성별 · 종교 또는 사회적 신분에 의하여 차별을 받지 않으며(평등권), 자유롭게 생각하고 행동할 수 있는, 직업선택의 자유나 신체의 자유를 가지며(자유권), 국가의 정책이나 정치에 참여하며(참정권), 기본권을 보장받기 위하여 국가에 대하여 청구하는 권리(청구권), 인간다운 생활을 할 수 있는 권리(사회권)를 가지고 있다.

그리고 위와 같은 권리를 가지고 있는 반면에 국민으로서 이행해야 할 의무도 있다. 첫째는 교육의 의무이다. 우리 헌법에서는 적어도 초등교육은 의무적으로 받도록 규정하고 있다. 국민다운 국민이 되기 위해서는 최소한도로 초등학교의 교육은 받아야 한다는 것이다. 따라서 모든 국민[보호자]은 법령의 절차에 따라 자녀를 취학시킬 의무를 갖게 된다.

둘째는 근로의 의무이다. 아무리 경제적으로 풍부한 환경에 있더라도 국민은 마땅히 자신과 사회와 국가를 위하여 근로해야 한다는 것이다. -국가는 근로자의 고용과 적정임금의 보장을 위하여 노력해야 한다.-

셋째는 국민이 안심하고 생활할 수 있도록 국방의 의무를 수행해야 한다. 봉건시대라고 할 수 있는 전근대사회에서는 일반 국민의 국방의무보다는 귀족계급의 국방의무와 용병제도(傭兵制度)가 중요하였지만 근대사회에서는 국민개병제도(國民皆兵制度)와 더불어 국민이라면 남녀노소를 불문하고 모두가 국토방위의 의무를 가지고 있는 것이다. 우리나라에서는 '병역법'에 의하여 일정 연령에 도달한 남자에게만 법을 적용하여 필요한 절차에 따라 군인이 되어 국방의 의무를 수행하고 있다. 그러나 현역병 복무를 마치고 나면 다시 '향토예비군설치법'에 의하여 예비군으로 복무하게 되고, 현역병과 예비

역으로 복무가 완료되더라도 '민방위기본법'의 적용에 따라 방공이나 응급적 방재나 구조 복구 및 협조에 적극적으로 참여해야 한다. 따라서 모든 국민은 남녀노소를 불문하고 자신의 위치에 따라 국방의 의무를 이행해야 한다는 것이다.

우리나라에는 '양심적 병역거부자'(Conscientious Objectors to the Military Service)에 관한 문제가 제기되어 그들에게는 사회적 봉사활동으로 병역의무를 대체할 수 있는 제도를 시행하고 있다. 따라서 아무리 현역병으로 복무하지는 않더라도 직접 또는 간접적으로 국방을 위한 봉사에 복무해야 하는 것임에는 틀림이 없는 것이다. -과거에 특수한 전문분야에 복무하던 이른 바 '후방요원' 복무제도나 '정교사'복무제도도 비슷한 맥락에서 해석될 수 있을지도 모른다.-

모든 국민이 국토방위의 의무를 가진다는 것은, 이를테면 외국인이 미국에서 시민이 되기 위하여 이민을 신청할 때에는 그 당사자의 성별이나 연령이나 직업을 불문하고 -실지로 병역에 복무할 수는 없음에도 불구하고- '미국의 안전보장을 위해서는 집총한다.'는 서약이 필수였다는 사실이 하나의 좋은 본보기라고 할 수 있다.

넷째는 환경보전을 위하여 노력할 의무가 있다. 이를테면 하찮은 쓰레기를 버리는 일에도 일정한 기준에 따라 잘 분리하고 그 버리는 규칙과 요령에 따라야 한다는 것이다. 환경오염의 문제는 산업화가 일찍이 촉진된 선진국에서 먼저 제기되었지만 오늘날에 와서는 비단 한국뿐만 아니라 세계의 모든 국가에서 제기되는 문제이며 인류의 앞날을 위협하는 대재앙을 방지하는 문제이다.

다섯째는 국가의 재정을 확보하기 위하여 세금을 납부해야 한다는 것이다. 국가에 대한 세금의 납부는 아득히 먼 봉건사회에서도 있었던 것이며 그 조세제도가 불합리하고 과중할 때에는 민생에 위협이 되기도 하였던 것이 사실이다. 따라서 경우에 따라서는 가렴주구(苛斂誅求)와 같은 현상이나 또는 국민의 조세저항이 일어날 수도 있지만 국가는 합리적인 조세제도를 확립하고 국민의 납세의무를 기대해야 할 것이다.

대한민국의 헌법은 밖으로는 국가와 민족의 독립을 위한 혁명투쟁과 안으로는 국민의 자유와 권리를 위한 혁명정신을 그대로 계승하고 국민의 권리와 의무를 명백히 밝힘으로써 세계의 어느 나라 헌법에도 못하지 않은 훌륭한 헌법이라는 것을 보여주고 있다. 이러한 위대한 헌법의 모습은 우리 민족의 위대한 혁명정신과 자주정신이 빛나는 냉철한 판단과 예지의 소산이라고 할 수 있다.

그러나 이러한 위대한 헌법을 가지고 있음에도 불구하고 우리는 때때로 시행착오를 범하기도 하고 국민으로서 행사해야 할 권리와 의무를 정정당당히 행사하고 이행하지 못하는 일이 있는 것은 매우 유감스러운 일이다.

제헌절을 맞이하며 대한민국은 과연 어떻게 건설된 국가이며 어떠한 정치를 지향하고 있는 국가이며, 나는 국가를 위하여 어떻게 봉사하였으며 앞으로 어떻게 봉사해야 할 것인가를 깊이 성찰해야 한다. 그리고 이러한 자기성찰은 국민생활에 영향력을 미치는 고위공직자일수록 더욱 절실히 요구된다고 할 수 있다.

한자(漢字)로 '法'(법)이라는 글자에는 해태를 가리키는 '廌'(해태 치)란 글자가 들어 있었다. 해태는 바르지 못하고 공평하지 못한 것을 물리치는 상상적 동물이기 때문에 수평(水平)과 같이 공평하고도 바르게 하는 뜻을 본질로 한다. -국회의사당 앞에 해태의 석상(石像)이 세워진 것은 각별한 의미를 갖는 것이다.- 이에 따라 법이라는 글자는 형벌이나 규제나 제한을 뜻하기도 하고 제도나 경상(經常)이나 준칙이나 모범이나 예법이나 모형이나 모식(模式)이나 도량형과 같은 여러 가지 의미를 지니고 사용된 언어이고 문자이다.

그리고 헌법은 위와 같은 여러 가지 뜻으로 해석되는 모든 법규범 가운데서도 가장 기본적이고도 높은 위치에서 기능하는, 국가의 최고수준에 있는 법이라는 것을 명심하고 모든 법률은 헌법에 어긋나지 않게 해야 할 것이며 모든 국민은 헌법을 수호하고 법률을 준수하는 데 유감이 없어야 할 것이다.

(2021. 7. 17.)

좋은 인연(因緣)을 위하여

'인연'(因緣)이란 말이 정확히 무엇을 뜻하는지 이해하기는 그다지 쉽지 않다. '인'(因)이란 어떤 결과에 대한 직접적인 원인에 속하고 '연'(緣)이란 간접적인 원인 또는 그 일을 성립케 하는 힘에 속한다고 한다. 곡식을 가지고 말한다면 곡식 자체는 인에 해당하고 곡식을 자라게 하는 기후나 경운(耕耘)과 같은 것은 연에 속한다는 것이다. 그리고 어떤 종교에서는 '인연'에 관한 별개의 경전(經傳)이 전해 오고 있으며 우리의 모든 만남을 인연의 철학으로 설명하기도 한다. 따라서 인연의 뜻이나 범주(範疇)는 그만큼 넓고 복잡하다고 할 수 있다.

그러나 나는 지금 그것을 학문적 측면에서 깊이 천착하기를 기피하고 다만 상식적이고 일반적인 개념으로 인식하는 데 그치고 싶다. 실지로 사용되는 모든 언어는 일반적인 교양이나 상식선에서 머물

뿐, 좀처럼 엄밀하고 학문적인 정의를 요구하지 않으며, 인연이라는 말도 흔히 '인간관계'와 유사한 개념으로 사용되기 때문이다.

사람들은 대체로 좋은 인연이나 나쁜 인연이라는 관념을 가지고 인간관계를 인식하기도 하고 될 수 있는 대로 좋은 인연을 희망하며 살아간다. 좋은 인연은 자신을 행복하게 하지만 나쁜 인연은 자신을 불행하게 한다고 생각하기 때문이다. 특히 남녀가 일생을 부부로 해로하는 만남에서는 초인간적인 어떤 만남의 철학을 생각하기도 하며 이러한 생각은 대체로 잘못이라고 단정하기 어려울 만큼 공감되기도 한다.

나는 나이 80이 넘도록 살다보니 그동안 많은 인연으로 사람들을 만난 셈이다. 첫째는 부모님과 형제자매와 배우자와 자녀와 같은 특수한 인연이요, 다음으론 친인척과 친구들과 이웃들의 인연이다. 시골의 조그만 강습소를 거쳐 초중등학교와 대학과 대학원과정을 거치면서 수많은 동료들과 스승님들을 만났으며, 한편으로는 교육기관과 연구기관에 근무하면서 자연스럽게 많은 사람을 만나게 되었다. 정년퇴직 후에도 지역사회의 문화단체와 연구기관에 참여하고 '고전강독회'를 비롯한 몇 개의 단체에도 참여하여 활동하였으니 그동안 좋은 사람들을 많이 만나 좋은 인연을 맺어 온 셈이다.

인연의 핵심을 이루는 대인관계는 결코 단순한 것이 아니라고 할 수 있다. 왜냐하면 사람들은 누구나 그 타고 난 성품이나 환경이나, 지식이나, 경험이나, 가치관과 같은 변인(變因)에 따라 독특한 자아(自我)를 형성하기 때문이다. 따라서 개개인의 차이점을 깊이 고려한다면 상호 간의 갈등적 요소가 매우 강하기 때문에 좋은 인연이 맺어지기보다는 도리어 좋지 않은 인연이 맺어지기 쉬운 것도 부정하기 어려운 사실이다.

그러나 다른 한편에서 보면 서로 공통되는 지식이나 경험이나 이해관계도 매우 많다는 것을 인정하지 않을 수 없다. 이러한 공통되는 점들이 서로 조화를 이루어 사람들은 서로 양보하고 이해하고 타협하는 가운데 아름다운 인정과 동정과 애정이 교감하게 되고, 이러한 인간관계를 아름다운 인연이라고 인정하게 된다.

사람들은 여러 가지 관계로 이루어진 사회생활을 통하여 좋지 않은 인연을 체험하는 수도 많다. 경우에 따라서는 배은과 무례와 폭력이 개재되거나 생사를 넘나드는 극한 상황에 도달하거나 심지어는 죽음으로 끝나기도 하는 예를 볼 수 있다. 그리고 그 원인을 살펴보면 어느 한쪽 사람에게만 중대한 원인이 있을 수도 있고 쌍방에 모두 있을 수도 있다. 그런데 사람들은 대체로 자신보다는 남에게 원인이 있는 것처럼 생각하는 수가 자주 있다. 이를테면 지금 자기가 불쾌하거나 곤경이나 불행에 빠진 것은 부모 때문에, 형제 때문에, 친구 때문에, 재수가 없기 때문에, 시대를 잘못 만났기 때문에…라는 것이다. 그러나 다른 각도에서 살펴보면 내 자신이 어리석고 경박하고 탐욕스럽고 겸손하지 못하였기 때문에 벌어진 일이요, 그 책임은 나 자신에게 있음을 스스로 인정할 수밖에 없는 경우가 허다한 것이다.

"복은 청검에서 나오고 덕은 자기를 낮추는 데서 나온다."(福生於淸儉 德生於卑退)라는 말이 있다. 내가 좀 더 청렴하고 검소하면, 그리고 좀 더 겸손하면 복도 받고 존경도 받을 수 있다는 것이다. 동서양의 고전이나 전설이나 속담이나 그 어느 것을 막론하고 인격수련에 관한 비슷한 금언(金言)은 수없이 많다. 그러나 그것을 읽고 듣고 알고 있는 사람은 많아도 그것을 내면화(internalization; characterization)하고 실천하는 사람은 많지 않으며, 인간관계에서 좋지 않은 결과가 오면 여지없이 남의 탓으로 돌리고 그 사람과의 관계를 악연(惡緣)으로 치부하고 말기도 한다. 그리고 그 악연은 마치 자기의 책임과는 전혀 관계가 없고, 불가항력적이고 숙명적인 것으로 단정하기도 한다. 그러나 여기서 악연이라고 판단되는 인간관계는 곧 자신이 지은 인간관계요 업보라는 것과 좋은 인연이라는 것은 내가 스스로 지어야 하는 것이요, 남이 지어주거나 어느 초월자가 지어주는 것이 아니라는 것을 깨달아야 한다.

생활 주변에서 보면 사람들이 이따금 언쟁하는 모습을 보게 된다. 이때 한 사람이 무엇을 주장하거나 항의하면 그 의도를 존중하여 의견을 끝까지 들어보기도 전에 쉽사리 거부하고 묵살해버리는 수가 있다. 어떤 일을 주장하거나 항의하는 사람에게 정당성이 인정되듯이 듣는 사람의 처지에서도 그것을 거부하고 묵살할 만한 정당성이 있을 수 있다. 주장하거나 항의하는 취지나 원칙이 정당하기는 하지만 그 실익이 없을 수도 있고 선례나 관행도 무시할 수 없기 때문이다. 가만히 살펴보면 그 어느 경우를 막론하고 문제는 내가 상대방을 존중하고 자신을 낮추는 자세에 따라 분위기가 부드러워지고 원만한 결론으로 가까이 다가갈 수 있고 인간관계는 좋은 인연으로 발전될 수 있으며, 내가 상대방을 존중하지 않고 나를 낮추지 않는 경우에는 점점 멀어지고 언쟁이 일어나고 인간관계가 좋지 않은 인연으로 진전하게 되는 것을 알 수 있다.

『논어』에는 '충서'(忠恕)라는 말이 있다.(…曾子曰 夫子之道 忠恕而已矣)『論語』. 이인편(里仁篇) '충'(忠)은 자신을 반성하고 진심을 다하는 것이며, '서'(恕)는 자신을 미루어 보아 남에게 베풀고 실천한다는 이른바 추기급인(推己及人)의 윤리적 명제이다. -이러한 성현의 말은 사회를 원만히 이끌어나가는 벼리[綱]의 구실을 담당하며 인류의 커다란 문화적 윤리적 자산이다.-

세상에는 전혀 이해하기 어려운 터무니없고 어처구니없는 일이나 사건이 일어나지 않는 것은 아니다. 이를테면 착한 사람이 악한 자에게 죄 없이 희생당하거나 모욕을 당하는 사건이 일어나기도 한다. 다시 말하면 '복선화음'(福善禍淫)이라는 믿음을 의심케 하는 사건과 '부조리'한 사회의 '부조리한 사건들'(absurdness)이 도처에서 분명히 일어나고 있음을 부정할 수 없다.

그럼에도 불구하고 우리는 좋은 인연은 자신을 낮추고 타인을 포용하고 존중하는 데서 출발하며, 좋은 인연을 맺는 것은 결코 남에게서 말미암는 것이 아니라 나 자신에게서 말미암는 것임을 믿고 싶은 것이다. 적어도 지성인이라면 좋은 인연을 창조하고 이끌어나가는 주체는 타인이 아니라 나 자신이라는 것을 자각하기 때문이다.

주돈이(周敦頤)의 『애련설』(愛蓮說)을 읽고

내가 유소년 시절에 보던 꽃들은 시골의 우리 집 후원에 있는 봉선화 · 채송화 · 국화 · 월계화 · 무궁화와 집밖에서 볼 수 있었던 민들레 · 찔레꽃 · 진달래 · 아카시아꽃 · 벚꽃 따위가 모두였다. 그리고 점점 자라서 도시에서 생활하면서부터는 라일락 · 장미 · 모란(牧丹) · 매화 · 수국 · 목련과 같은 꽃들도 보게 되었으며 이따금 꽃가게나 공원에서 여러 가지 신기한 꽃들도 보게 되었고, 한때는 '관음소심'(觀音素心)을 사다가 집에서 길러보기도 하였다. 요즘은 비좁은 공동주택의 발코니에 화분을 늘어놓고 있는데 야래향(夜來香)과 천손초(千孫草)가 가장 보기 드문 꽃에 속한다. 꽃은 산이나 들이나 정원이나 그 어느 곳에 피어 있던지 그 주변의 풍경과 어울리면 더욱 아름답게 보인다. 하나하나의 꽃들도 아름답지만 도시의 거리를 뒤덮은 개나리나 산기슭을 뒤덮은 진달래나 벚꽃이나 아카시아꽃이 장관을 이루어 보는 이의 마음을 유혹하곤 한다.

내가 중국의 송나라 때 학자로 알려진 주돈이(周敦頤, 1017-1072)의 『애련설』(愛蓮說)을 읽은 것은 뒤늦게나마 동양철학에 관심을 갖기 시작한 이후로 기억된다. 동양에서나 서양에서나 시인들과 묵객들이 꽃을 글로 예찬하기도 하고 아름다운 미술작품으로 나타내기도 하지만 『애련설』도 결코 소홀히 할 수 없는 예술 작품의 위치에 있는 것 같다. 『애련설』의 내용을 보면 다음과 같다.

"수륙(水陸)에 있는 초목의 꽃 가운데는 우리가 사랑할 만한 꽃이 매우 많지만(水陸草木之花 可愛者甚蕃), 그 가운데 진나라 도연명은 홀로 국화를 사랑하고(晉陶淵明獨愛菊), 당나라 이후로는 세상 사람들이 모란을 심히 사랑하였는데도 불구하고(自李唐來世人甚愛牡丹), 나는 홀로 연꽃을 사랑하였으니, 연꽃은 진흙에서 나서 자라지만 진흙에 물들지 않고(予獨愛蓮之出淤泥而不染), 맑은 잔 물결에 씻기지만 사람의 마음을 흔들 만큼 요염하지는 않고(濯淸漣而不妖), 줄기의 속은 비어 있고 바깥은 곧으며(中通外直), 덩굴도 벋지 않고 가지도 치지 않고(不蔓不枝), 향기는 멀수록 더욱 맑고 우뚝하고 깨끗하게 서 있으니(香遠益淸 亭亭淨植), 멀리 바라볼 수는 있어도 함부로 만만하게 다룰 수는 없다(可遠觀而不可褻翫焉). 내가 보건대 국화는 꽃의 은일자요(予謂 菊 花之隱逸者也), 모란은 꽃의 부귀자요(牧丹 花之富貴者也), 연은 꽃의 군자라고 말하리라 (蓮 花之君子者也). 아아, 국화를 사랑한다는 이야기는 도연명 이후에 들은 적이 드물고(噫! 菊之愛 陶後鮮有聞), 연꽃을 사랑한다는 사람은 나와 함께 몇 사람이나 되리오?(蓮之愛 同予者何人?). 모란을 사랑하는 사람은 많을 수밖에 없도다(牡丹之愛 宜乎衆矣)."

주돈이는 도연명처럼 국화를 사랑할 수도 있고, 세상 사람들처럼 모란을 사랑할 수도 있지만 자기는 유달리 연꽃을 사랑하는 이유를 밝히고 있다. 그렇다고 하여 굳이 국화를 싫어하거나 굳이 모란을 싫어하는 것을 밝히는 것도 아니다. 사람이 일생을 사노라면 때로는 국화가 상징하는 은일도 필요한 것이고 모란이 상징하는 부귀도 필요한 것이 사실이기 때문이다. 그러나 은일이나 부귀가 존경스러울 만큼 정당화하기 어려운 경우가 많기 때문에, 그 시대적 한계상황에 따라 냉철한 사고와 판단과 실천이 요구되는 것이라고 할 수 있다. 그런데 연꽃은 진흙에 물들지 않고 요염하지도 않고 줄기의 속은 비어 있고 겉은 꼿꼿하며 뿜어내는 향기는 멀수록 더욱 맑아서 함부로 가까이 다룰 수도 없는 군자의 풍도를 갖추고 있어서 이러한 연꽃의 됨됨이는 훌륭한 인격자의 됨됨이와 매우 흡사하다고 볼 수 있는 것이다.

주돈이(周敦頤)가 살던 중국의 송(宋)나라시대에도 군자보다는 소인들이 들끓고 부귀나 공명만을 추구하는 사람들이 대단히 많았을 것이다. 따라서 지성인이라면 부귀공명을 초월하는 군자가 되는 것이 인격수련의 요체이었을 것이다.

세상 사람들이 부귀를 탐하는 것은 예나 지금이나 마찬가지이거나 오히려 점점 더 극심해지고 있는지도 모른다. 그러한 세속적 욕망의 도가니 속에서 군자를 존중하고 군자의 지조를 지키며 살아나가는 것은 결코 쉬운 일이 아니다. 여기서 말하는 군자란 어떤 인물인지 말이나 글로 설명하기는 간단하지 않다. 군자를 설명하기 위해서는 대개 소인과 대조적으로 비교하는 수가 많다. 이를테면 '군자유어의 소인유어리'(君子喩於義 小人喩於利; 군자는 의(義)에 밝고 소인은 이(利)에 밝다.

『論語』 里仁篇)와 같은 것이다. 여기서 말하는 의는 공공의 이익에 부합하는 것이고 이는 사리사욕에 부합하는 것이다. 그리하여 역사적으로 알려진 훌륭한 인물들을 군자로 추앙하고 내세우기도 한다.

현대의 지식인들이 시시각각으로 접촉하는 대중매체의 보도를 보면 때에 따라 군자다운 사람과 소인 같은 사람을 내세워 비판하는 수도 있다. 특히 정치인들이나 관료들이 국민들에게 보여주는 언행을 소개하기도 하여 군자와 소인을 확연히 드러내기도 한다. 군자는 국익이나 공익을 앞세워 실천하지만 소인은 특정한 집단이나 자기 자신의 사사로운 이익을 위하여 국익이나 공익을 침범하거나 파괴하기도 한다.

군자는 권세나 이익을 탐하는 행위를 스스로 거부하고 기피하지만 소인들은 그것을 부끄러워하지 않고 추구하고 감행한다. 심지어는 불법한 권세나 이익을 추구하다가 형사소추(刑事訴追)를 당하였다가도 후안무치하게 또다시 세상에 나타나기도 한다. 이러한 소인의 행동은 저절로 드러나기도 하고, 대중매체와 국가의 공권력이 소추하기도 하지만 그것이 완벽하게 이루어지는 것은 아니기 때문에 쉽사리 근절되지 않고 끊임없이 반복되기도 한다.

『애련설』을 써서 후세에 남긴 주돈이는 송나라 6현(六賢) 중의 한 사람으로 '태극도설'(太極圖說)을 비롯한 많은 글을 남겨 후세에 전하고 있다. 우리는 그의 '애련설'을 읽고 그 진정한 의미를 찾아 새롭게 인식하고 내면화(內面化; internalization: 인격화; characterization)할 수 있을 것이다. 우리의 전통사회에서도 연꽃을 사랑하는 군자들이 헤아릴 수 없이 많았으리라고 믿는다.

지도교수의 자세

사람들은 누구나 어떤 조직의 구성원으로 살고 있으며 그 조직의 관행이나 규정이나 정관(定款)에 따라 책임과 의무를 수행하며 때로는 주어진 권리를 행사하기도 한다. 그리고 경우에 따라서는 소속된 조직의 평범한 구성원으로 그치지 않고 그 조직의 간부나 최고의 지도자로 활동하기도 한다.

사람들이 모여서 이루어지는 조직은 하나의 가정이나 시민으로 구성될 수도 있고 교육기관에서 볼 수 있는 바와 같이 사제 간(師弟間)의 조직으로 구성될 수도 있다. 따라서 사람들은 누구든지 크던 작던 간에 어떤 조직의 구성원인 동시에 지도자의 위치에 있을 수도 있다.

그런데 사람들은 서로 다른 성품(性品)을 타고 났을 뿐만 아니라 성장배경이나 학력이나 판단력이나 가치관에 따라 서로 다른 인성

(人性)과 행동을 나타내기 쉬우므로 그 소속 집단이나 조직에서 크고 작은 갈등을 빚기도 쉽다. 이 때 그 조직의 책임자는 그러한 갈등을 원만하게 조정하고 인화(人和)를 조성하지 않으면 여러 가지 문제가 발생하게 되고 극단적인 경우에는 조직이 분열하거나 와해되기도 한다.

어떤 조직을 이끌어나가는 사람을 일컬어 흔히 지도자라고 부른다. 그리고 그 지도자는 몇 가지 유형으로 분류될 수 있다. 다시 말하면 그 지도자가 누구이며 어떠한 인물이냐에 따라 여러 가지 리더십이 나타날 수 있다는 것이다. 이러한 지도자의 자질이나 유형은 지도자상(指導者像)이라고 부르기도 한다. SNS에서 소개하는 리더십은 여러 가지다. 똑똑하고 부지런한 지도자(똑부형) · 똑똑하면서 게으른 지도자(똑게형) · 멍청하지만 부지런한 지도자(멍부형) · 멍청하면서 게으른 지도자(멍게형) 등으로 나누는가하면 자유방임형 지도자 · 카리스마적 지도자 · 민주적 지도자 · 거래적 지도자 · 변혁적 지도자 · 서번트지도자 · 진성지도자 등을 포함하여 수많은 유형의 지도자상으로 나누어 설명하는 것을 볼 수 있다. 대체로 보면 전근대사회에서는 카리스마(Charisma)적 지도자가 돋보였지만 현대사회에서는 합리적이고 민주적 지도자가 돋보이는 경향이 강하다.

나는 평생을 교육과 연구기관에서만 근무하였고 학생지도가 중요한 과제이기도 하였다. 그리고 이따금 학생들에게 과연 어떤 교육자의 모습이나 지도자상을 보이고 그들을 대하여 왔는지 회고하고 반성하기도 한다.

내가 특별히 나의 리더십에 대하여 회의를 느끼고 반성하게 된 것은 대학의 산악반(山岳班) 지도교수를 맡았을 때였다. 나는 그 어느 해 여름방학이 시작되자마자 남녀학생 10여 명을 인솔하여 지리산(智異山) 등반을 떠났다. 충북선 청주역에서 야간열차를 타고 이튿날 아침에 전남 순천의 구례구(求禮口)역에 도착하여 간단히 아침식사를 마치고 걸어서 구례(求禮)의 화엄사(華嚴寺)를 거쳐 노고단(老姑壇)으로 향하였다. -이곳엔 벌써 오래전부터 자동차가 다니는 도로가 개통되어 있지만 1970년대 초에 해당하는 당시는 겨우 공사를 착공하는 단계에 있었다.- 등산로는 겨우 한 사람이 걸을 수 있는 좁고 꼬불꼬불한 길이었다. 그런데 얼마 가지 않아 하나의 남학생이 기력을 잃고 주저앉고 말았다. 그가 가지고 나선 기타가 그를 쉽사리 지치게 하였던 것 같았다. 수통을 열어 물을 마시고 한참이나 쉬어서 여러 사람의 부축을 받고 겨우겨우 노고단에 도착하여 하루를 캠핑하고 나서 이튿날은 임걸령(林傑嶺)을 거쳐 쌍계사(雙溪寺)로 향하였다. 멀리 가까이 바라보이는 시루봉과 토끼봉과 반야봉(般若峰)의 자태는 참으로 신비스럽고 우거진 삼림과 계곡은 너무나 너그럽고 향기롭고 포근하였다. 그러나 몇 시간을 걷다 보니 길을 잘못 들고 해는 넘어가고 있는데 또 하나의 학생이 주저앉는 것이었다. 캠핑할 지형도 마땅치 않은 데 식수를 구하는 것도 곤란하였다. 두어 시간이나 우왕좌왕하다가 겨우 피아골[稷田]의 연곡사(鷰谷寺)에 도착하게 되었고 현지에 주둔한 군인들의 호의로 하루를 편히 쉬게 되었다.

이튿날 아침, 당초의 목적지였던 쌍계사를 아깝게도 포기하고 군용 트럭을 편승하여 남원(南原)으로 향하였다. 남원에서는 광한루(廣寒樓)를 들렀다가 두 여학생의 쇼핑으로 열차를 놓치고 하루를 다시 머물게 되었다. 이튿날 겨우 열차를 타고 찾아 간 곳은 변산반도(邊山半島)의 해수욕장이었다. 학생들은 완전히 긴장을 풀고 그저 모래밭으로 밀려오는 창파에 정신을 잃고 해풍에 도취한 상태였다. 그리하여 하루를 쉬고 다음 날은 귀로에 올라야 하는데도 불구하고 도무지 떠날 생각을 하지 않았다. 내가 말하는 것은 귀담아 들으려고 하지 않고 그저 바다에 사로잡혀 움직이질 않았다. 평소에 바다와는 거리가 먼 환경에서 생활한 형편이라 바다를 보고 완전히 정신을 빼앗기고 나아가서는 지리산에서 받아들인 그 형언할 수 없는 신비스런 감정도 완전히 날려버리는 기분이었다. 나는 학생들을 청주까지 인솔하여 해산시키고 다시 진주(晋州)에서 열리는 학술회의(學術會議)에 가지 않으면 안 되었다. 나는 노심초사 끝에 겨우 학생들을 이끌고 청주에 돌아가자마자 옷을 갈아입고 다시 야간열차를 이용하여 진주로 떠났다.

학생들이 나의 말을 순순히 따르지 않은 이유는 당초의 일정표에 있는 계획을 주장하는 것이었지만 그 마지막 일정은 만일의 경우를 위한 이틀간의 예비일이었고 변산해수욕장은 당초부터 없었던 것인데 나는 학생들을 계획대로 이끄는 데 실패한 것이었다. 나는 이때 나의 리더십에 커다란 문제가 있다는 것을 깨달았다. 나는 완전히 권위를 잃었고 산악반 지도교수를 포기할 것을 결심하기도 하고 심지어는 학생들을 징계하고 싶은 마음까지 들게 되었다. 아무도 맡지 않는 지도교수를 내가 맡아서 수년 동안이나 그들을 도와준 것이 후회스럽기도 하였다. 그러나 하루 이틀 지나고 한 주일이 지나자 내 자신의 부족함을 반성하게 되고 흥분하였던 감정도 차츰 가라앉아 겨우 진정될 수가 있었다.

『대학』 전9장(大學 傳9章)에는 다음과 같은 글이 보인다.

"…군자는 자신이 갖추어야 할 것을 먼저 갖춘 후에 남에게 갖추기를 바라고, 자기가 버려야 할 것을 버린 후에 비로소 남이 버리지 못하는 것을 비판할 수 있다.…"(…君子有諸己而後求諸人 無諸己而後非諸人…).

군자란 흔히 말하는 인격자나 지도자를 가리킨다. 그들은 남보다 먼저 인격을 수련하고 나서야 남에게도 인격수련을 바라고 자신이 남보다 먼저 고칠 것을 고치고 나서야 남의 부족한 점을 지적할 수 있다는 것이다. 자기 본위의 사고와 판단으로 타인을 비판하며 자기도 같은 아집(我執)을 가지고 행사하면서 남의 고집을 비난하고 배척하는 것은 지성인의 바람직한 인격이 아니며 바람직한 리더십이 아니라는 것으로 해석된다.

그럼에도 불구하고 사람들은 자신을 반성하지도 않고 자신의 과오나 단점은 고치지 않은 채 타인에 대하여 무엇을 기대하기도 하고 비판하는 수가 많다. 가정에서는 아비가 게으르고 근신하지 않으면서 자식의 성공을 기대하고 직장에서는 윗사람이 게으르면서 아랫사람의 근면이나 충성을 기대하고 정치인들이 사리사욕과 실수를 반복하면서 국민이 지지해 주기를 바라고 나라가 잘 되기를 기대하는 것도 이에 속하는 것이다.

특히 교육자들은 모든 것이 학생들의 본보기가 되기 쉽기 때문에 삼가고 삼가야 한다. 일거수일투족이 모두 조심스러운 것이다. 학생들은 스승의 행동거지를 자신도 모르게 그대로 모방하고 영향을 받는다. 직접적이거나 적극적인 모방이 아니라 스승의 언행을 비판하면서도 실지로는 그대로 모방하는 행위도 일어난다고 하지 않는가.

내가 산악반 원정대를 인솔하면서 내 뜻대로 되지 않은 것은 그 책임이 나에게 있음을 부인할 수 없게 되었다. 등반코스도 좀 더 정밀하고 철저하게 살펴서 파악해 두었어야 하는데 산중에서 모르는 사람들의 안내를 받았다가 길을 잘못 들었고 이틀간의 예비일에 대하여도 사전에 철저히 인식케 했어야 하는데 그것을 소홀히 한 것이 나의 큰 실수였다.

수신(修身) 정심(正心) 성의(誠意) 치지(致知) 격물(格物)의 논리가 결코 구두선(口頭禪)에 그쳐서는 안 된다는 것을 이제야 조금은 깨우치는 것 같다. 인류문화가 발전하고 국민의 문화수준이 높아지면 높아질수록 모든 영역에서 서로서로 유대가 필요하고 소통이 필요하게 되며, '군자구저기'(君子求諸己)의 철학과 원리를 체득하고 실천해야 할 것이다.

(2019. 5. 1.)

천은정사(天恩精舍)를 찾아서

주민자치센터 앞에서 송촌선생이 기다리고 있었다. H회사에서 나온 중형 세단은 맵시가 좋았다. 이윽고 영장산 기슭으로 이어진 아담한 숲속에 자리 잡은 천은정사로 들어섰다. 1980년 우향(宇香)스님이 창건한 아담한 사찰이다. 처음엔 신효한 약수터로 알려져 사람들이 찾아들고 기도하는 곳으로 쓰이기도 하다가 사찰로 발전한 것이었다. 송촌선생은 차를 세우고 마당 한 가운데 서 있는 커다란 석불 앞에 서서 절하였다. 그리고는 곧장 극락전(極樂殿)으로 향하였다. 나는 말없이 그의 뒤를 따랐다.

극락전은 아미타전(阿彌陀殿) 또는 무량수전(無量壽殿)이라고도 부르는데 서방극락정토(西方極樂淨土)를 주재하는 아미타불을 본존으로 모신 법당이다. 세상의 소리를 알아듣는다는 관세음보살(觀世音菩薩)과 지혜문을 대표하여 중생을 삼악도(三惡道; 지옥도 축생도 아귀도)에서 건지는 무상의 힘을 가졌다는 대세지보살(大勢至菩薩)을 협시보살로 모신다. 아미타전은 극락정토 왕생에 대한 강한 믿음 때문인지 대웅전(大雄殿)에 견줄 만큼 화려하다. 불단은 꽃무늬와 비천(飛天)으로 장식되고 주불 위에는 천개(天蓋)를 만들고, 여의주를 입에 물고 있는 용이나, 극락조 등을 조각하여 장식한다. 대웅전이 없는 절에서는 극락을 의역한 '안양'(安養)이라는 이름을 사용하기도 하고 안양교, 안양문, 안양루를 갖추기도 한단다. 송촌선생은 극락전에 들어가 아미타불 정면에 무릎을 꿇고 엎드려서 절하고 나와서 극락전 왼쪽 뒤편으로 자리 잡은 삼성각(三聖閣)으로 향하였다. 삼성각은 산신(山神), 칠성(七星), 독성(獨聖)을 모시는 당우이다. 삼성신앙은 불교가 한국에 토착화하면서 토속신앙이 불교와 합쳐져서 생긴 것이라고 한다. 삼성을 따로 따로 모실 때는 산신각, 칠성각, 독성각으로 각각 부른다.

산신은 나이 많은 도사(신선)의 모습과 호랑이의 모습으로 나타나는데 도사는 인격신이고 호랑이는 화신(化神)으로 알려져 있다. 독성은 천태산(天台山)에서 홀로 선정(禪定)을 닦은 나반존자(那畔尊者)를 가리키는데 독수성(獨修聖)이라고 부르기도 한다. 칠성은 수명장수신(壽命長壽神)으로 일컫는 북두칠성이다. 칠성신앙은 본디 중국의 도교사상과 불교가 융합한 것인데 대개는 손에 금륜(金輪; 금으로 만든 윤보)을 든 치성광여래(熾盛光如來; 北極星)를 주존으로 하여 일광보살과 월광보살을 좌우에 협시로 두고 있다. 송촌선생은 삼성각에서 물러나 다시 천불전(千佛殿)으로 갔다. 사홍서원(四弘誓願)이 네 기둥에서 금빛으로 빛나고 있었다.

불도무상서원성(佛道無上誓願成)
(부처님의 진리는 그 보다 더 한 것이 없으니 서원으로 이루리라)
법문무량서원학(法門無量誓願學)
(부처님의 가르침은 한량없이 많으니 서원으로 배우리라)
번뇌무진서원단(煩惱無盡誓願斷)
(속세의 번뇌는 없어지기가 어려우니 서원으로 끊으리라)
중생무변서원도(衆生無邊誓願度)
(중생은 한없이 많으니 서원으로 제도하리라)

불교의 절대적 진리를 깨우치고 부처님의 가르침을 받들고, 헛된 욕심을 버리고, 남에게 은혜를 베풀기를 서약하는 내용이다. 그런데 '사홍서원'이란 무슨 뜻인가. 너와 나를 가리지 않고 모든 사람이 함께 할 수 있는 보편적인 서원이고, 서원이란 말은 맹서하고 원한다는 것이며 '서원성'이라는 말은 서원으로 목적을 이루는 것이기도 하고, 목적을 이루기를 서원하는 것이기도 하다.

부처님의 진리는 지고지선한 것, 절대적인 것이니 거기에 도달하기를 바란다는 것이며, 부처님의 가르침이 한량없다는 것은 우리의 모든 생각과 행동과 삶에 모두 적용된다는 것이니 그것을 배우기를 바란다는 것이며, 사람들은 누구나 번뇌에 시달리며 살고 있는데 그 번뇌는 진여(眞如)에 가까이 가는 데 방해가 되고 사람을 절망케 하고 타락케 하는 것이기 때문에 그것을 끊기를 바란다는 것이며, 모든 생명체는 무한히 많고 부처님의 진리를 모르고 가르침을 모르고 번뇌를 끊지 못하고 불행하게 살고 있으니 모든 중생을 그 불행 속에서 건져내야 한다는 것이다. 사홍서원은 기복종교(祈福宗教)의 차원을 멀리 벗어나서 불교의 진리를 깨우치고 실천하기 위하여 다짐하고 분발하는 것이다.

그러면 서원의 주체는 누구인가? 부처님도 아니고 남도 아니고 바로 서원하는 사람 자신이다. 여기서 인간에게 다가오는 모든 희비의 주인공은 인간자신이며 인간 스스로 깨닫고 헤쳐 나가는 인간주체사상이 확연하게 드러난다.

'천불'이란 또 무엇인가? 부처님이 하나가 아니고 천이란 뜻이라면 어찌하여 부처님이 천이나 되는가? 석가모니(고다마 싣달타)만 부처님이 아니라 깨달은 자는 모두 부처님이기 때문이다. 그래서 불자들은 서로 만나면 '성불하십시오'라고 인사하지 않는가. 그렇다면 사람들은 누구나 깨달을 수 있고 부처님이 될 수 있으니 세계 인구 60억이 모두 부처님이 되어, 온 세상이 극락이 되는 것이 바람직한 것이다. 준동함령 개유불성(蠢動含靈 皆有佛性)이라는 말과 같이 영을 가지고 꿈틀거리는 모든 생물들은 빠짐없이 불성을 지니고 있다고 보기 때문에 모두가 부처님이 될 수 있다는 논리가 성립한다. 다만 사람들이 자기와 부처님은 근본적으로 다르다고 보고 부처님이 되고자 마음먹지도 않고 노력하지도 않고 미리부터 자포자기 하는 것이다. 서원은 이러한 자포자기를 극복하는 의지의 표현이다. 이런 점에서 사람은 누구나 성인(聖人)이 될 수 있다는 유가(儒家)의 주장과 상통한다.

나는 송촌선생을 따라 '공양간'(供養間)으로 들어갔다. 식당이었다. 비빔밥 그릇에 밥을 퍼 담고 고춧잎 나물과 파와 두부를 얹고, 다시 콩나물국을 떠서 들고 식탁으로 갔다. 고개를 들어보니 출입문 위쪽으로 걸려 있는 글귀가 보였다.

공양게송(供養偈頌)
나무불(南無佛) 나무법(南無法) 나무승(南無僧)
음식에 깃든 은혜
두 손 모아 감사하고
상구보리 하화중생(上求菩提 下化衆生)
명심발원하옵니다.

'나무'란 말은 '돌아가 의지한다'는 뜻이니, 믿고 받들고 순종한다는 말이므로 부처님께 귀의하고 법에 귀의하고 스님에게 귀의한다는 '삼귀의'(三歸依)를 가리키는 것이었다. 또 '상구보리 하화중생'이란 무엇인가? '보리'는 불타정각의 지혜를 가리키는 것이니 위로는 부처님의 지혜(깨달음)를 체득하고 아래로는 중생에게 교화를 끼치는 것이다. 보리를 구하는 것도 중요하지만 그에 못지않게 중생을 교화하는 것도 중요하다는 것이다. 수도와 실천은 서로 작용하면서 영향을 주는 것이며 수도하면 실천해야 하고 실천하려면 수도해야 한다. 그러므로 수도와 실천의 병진(竝進)이 매우 바람직하다. 그러나 구태여 선후관계를 따진다면 보리를 구하는 것이 먼저일 것이다. 부처님의 지혜가 아니고는 중생을 올바로 교화하지 못할 것이기 때문이다. 잘못된 지혜로 중생을 교화하는 것은 중생을 연옥으로 인도하는 것이나 다름없는 결과를 빚을 수 있다. 유가(儒家)에서 수양공부[존심양성]를 우선으로 여기는 것도 같은 이유라고 할 수 있다.

나는 배불리 먹고 나서 송촌선생이 하는 대로 고무장갑을 끼고 밥그릇과 수저를 닦아서 제 자리에 정리하였다. '공양게송'에 있는 것처럼 음식에 깃든 은혜를 깊이 깨닫는다면 음식을 준비한 사람들의 은혜와 이웃과 천은정사와 부처님의 은혜를 깨닫는 것이나 다름없고, 그것이 부처님의 곁으로 한 걸음 가까이 다가가는 길이요, 서방정토로 다가가는 길이라고 생각되었다.

나는 갑자기 입을 열었다. 그리고 대화가 오갔다.

"송촌선생님, 오늘 여기 와서 무엇을 생각하셨어요?"

"서방정토도 생각하고 무상불도 무량법문 무량번뇌 무변중생을 생각했지요."

"대자대비는요?"

"대자대비는 대웅전에 가서 생각하는 거지요."

"그렇지요. 여기는 대웅전이 없으니까."

"대자대비는 항상 마음속에 깃들어 있는 거지. 남의 기쁨과 슬픔이 곧 나의 기쁨과 슬픔이고, 너와 내가 따로 있는 것이 아니고 하나라는 진리니까."

"그래요. 대자대비…."

"대자대비에 이르고자 하면 우선 삼독(三毒; 탐진치)에서 벗어나야겠지요. 탐욕에서, 노여움에서, 어리석음에서."

나오는 길에는 대문이 우뚝하였다. 해동제일기도도량(海東第一祈禱道場)이라는 글씨가 빛났다. 한국에서 제일가는 기도하는 곳이 되기를 염원하는 것이었다. 천은정사는 남녀노소가 쉽사리 다가가서 약수를 마시고 부처님을 만나고 번뇌를 떨치고 대자대비를 체득할 수 있는 편안한 보금자리였다.

탄천(炭川)을 거닐며 곡강(曲江)을 생각하며

탄천(炭川)은 성남시 분당구 일대를 남쪽에서 북쪽으로 흘러 서울의 한강으로 흘러들어가는 개울이다. 주변에는 공동주택단지가 많이 들어서 있고 자동차도로 외에도 자전거도로와 도보로 산책하는 길이 잘 정리되어 있다. 그리고 이매동 아름마을에는 청계산(淸溪山)에서 흘러오는 운중천(雲中川)이 합류하여 더욱 평화로운 전원의 분위기를 느끼게 한다.

널찍하고 잘 다듬어진 둔치에는 어린이들이 모여 롤러스케이트와 자전거를 타고 젊은이들이 테니스와 농구를 하는가 하면 여인들이 모여 체조를 하고 남자들은 토요일마다 악기를 연주하기도 한다. 개울 주변에는 갈대와 억새를 비롯한 수많은 잡초들과 참나리가 꽃을 피우기도 하고 버드나무를 비롯한 여러 가지 나무들이 무성하게 자라나고 백로와 오리를 비롯한 온갖 새들이 날고 잉어 떼가 뛰놀고 너구리도 몇 마리나 살고 있어서 구경거리와 이야깃거리가 되고 있다.

나는 서울의 송파(松坡)에서 이곳으로 이사 온 지도 벌써 30년이 가깝다. 나는 탄천보다도 영장산(靈長山) 일대를 등산하는 것이 버릇이었지만 이제는 영장산을 바라보기는 해도 찾아가지는 못하고 탄천으로 만족하는 편이다. 내가 탄천에서 많이 즐기는 것은 자연환경뿐만 아니라 많은 사람들이 산책하는 모습이다. 사람들은 모두 겸손하고 교양이 있어서 인사만 하면 반가이 맞아주고 가벼운 대화가 오가곤 한다. 그중에는 머리가 허연 K 선생이 있었는데 항상 책을 들고 나와서 벤치에 앉아 읽는 모습이 보였다. 그는 젊어서 공업계통에서 일하였지만 뜻밖에도 동양의 근대사에 조예가 깊었다. 그는 한국의 근대사와 일본의 근대사에서 깨닫고 반성할 점을 논리정연하게 이야기하기도 하였다. 나는 그의 이야기를 듣는 것이 즐거웠고 그를 존경하게 되었다. 그리고 우리들 한국인들은 반성하고, 각성하고, 실천해야 할 것이 너무나 많다는 것을 깨우치게 되었다.

나는 다시 C 선생을 만나게 되었다. 그는 축산학이 전공이지만 공무원으로 취업하자마자 덴마크로 연수를 다녀오고 다시 오스트레일리아로 연수를 갔다가 대학원에 진학하여 학위를 취득하고 귀국한 후에는 축산대학에 교수로 초빙되어 근무하면서 수많은 제자를 양성하였다고 한다. 그도 역시 세계의 현대사에 밝았고 진정한 국가발전의 이론을 많이 체득하고 있었다. 특히 6·25한국전쟁과 이념의 갈등과 근대화에 관하여 체험하고 아는 것이 많은 까닭에 그를 만나기만 하면 시간이 흐르는 줄을 몰랐다.

내가 만나는 또한 분은 P 선생이었다. 그는 국립대학에서 지리학을 전공하고 중고등학교에서 봉직한 분이었는데 국토지리뿐만 아니라 세계지리를 환하게 꿰뚫고 자연지리의 범위를 넘어서 정치지리와 경제지리에도 매우 조예가 깊었다. 그는 중병을 겪고 나서 완전히 회복되지 않아 지팡이를 짚고 겨우 걸어 다니고 있었다.

그러나 어찌 된 일인가. 내가 만나기를 원하는 K선생이 도무지 나타나지를 않았다. 혹시 감기라도 들리신 것이 아닌가 하여 기다리고 기다린 것이 그럭저럭 4~5년은 흐른 것 같다. 그런데 금년 봄부터는 C 선생과 P 선생이 보이지 않는다. 모두 나의 스승이나 다름없는 훌륭한 분들인데 말이다. C 선생은 내가 전화번호를 알기 때문에 메시지를 보내 보았지만 감감 무소식이어서 아파트 경비실을 찾아가 알아보아도 모른다는 것이었다.

K 선생은 연세가 상당히 높으신 분이니 그렇다 치고 C 선생은 중요한 수술을 받긴 하였지만 매우 건강하였고 P 선생은 내가 보기에도 허약하게 보였으니 그럴만한 이유가 상상되었다. 내가 지금 내 자신을 돌아보아도 그분들의 신상에, 또는 건강에 무슨 일이 일어났을지도 모른다는 짐작이 가능한 것이었다. 문득 '인생칠십고래희'라는 글귀가 뇌리를 스쳤다.

조회일일전춘의 (朝回日日典春衣)
매일강두진취귀 (每日江頭盡醉歸)
주채심상행처유 (酒債尋常行處有)
인생칠십고래희 (人生七十古來稀)
……

중국의 시성(詩聖)이라고 추앙을 받는 두보(杜甫; AD 712-770)가 당나라 현종(玄宗)이 양귀비(楊貴妃)와 노닐던 곳으로 알려진 '곡강'(曲江)이라는 제목으로 지은 시라고 한다.

날마다 조회(朝會)를 마치고 돌아와 곡강을 거닐다가 봄옷을 저당하고 만취하여 집으로 돌아간 모양이고, 그러면서 '술 빚은 언제나 가는 곳마다 있는 일이지만 인생이 70을 사는 사람은 예로부터 드물었다.'고 한 것이다. 그는 이어서 "꿀을 빠는 호랑나비가 보이고 물 위에 꼬리를 담그는 잠자리가 날고 있는 풍경을 보며 그 아름다운 풍광과 더불어 하고 잠시라도 어긋나지 말고 서로 즐기기를 바라는 심정이었던 것 같다(穿花蛺蝶深深見 點水蜻蜓款款飛 傳語風光共流轉 暫時相賞莫相違)." 이른바 물아일체(物我一體)의 경지를 노래한 것이 아닌가 싶다.

인생 칠십이 예로부터 드물다고 한 두보는 59세에 서거하였다고 한다. 그런데 두보는 왜 인생 칠십을 지적하였을까. 나처럼 늘 만나던 사람들을 만나기가 어려웠을까, 아니면 자신의 운명을 미리 알고 있었을까. 그는 곡강을 거닐면서 무엇을 보고 무엇을 깨달았을지 여러 가지로 짐작되지만 인생의 무상과 허무를 느낀 듯도 싶다. 그 무상과 허무를 즐기기 위하여 그는 매일처럼 조회에서 돌아와서는 옷을 잡히거나 아니면 외상으로 술을 마시고 이심전심으로 곡강과 마음을 나누었던 것이다. 그는 인심을 걱정하고 백성을 걱정하고 천하를 걱정하면서 시를 썼다고 전한다. 그의 술잔 속에는 사사로운 욕심이나 간교한 술책이나, 교만이나, 아부라곤 없는 아름다운 선비의 넋이 넘쳤을 것이었다. 과연 두보가 만나고 싶었던 사람들은 누구였을까. …나의 뇌리에는 20여 년 전에 찾아갔던 두보초당(杜甫草堂)의 모습이 아련히 떠오른다.

나는 오늘도 행여나 K 선생, C 선생, P 선생을 만나기 위하여 탄천으로 나간다. 그러나 그들은 어딘가에 숨어서 그림자도 보여주지 않는다. 나는 쓸쓸한 걸음으로 먼 하늘을 바라본다. 그들 가운데 어느 한 사람은 저 머나 먼 하늘가에서 나를 기다리고 있는지도 모른다.

탄천에는 호랑나비가 꿀을 빨고 잠자리가 물 위에서 춤추고 있으니 두보는 아직도 어느 무릉도원(?)의 곡강을 거닐면서 호랑나비와 잠자리를 바라보며 뜨거운 가슴속에서 진리를 논하고 인생을 논하고 우주를 논하고 있으리라. 탄천도 흐르고 곡강도 흐르고 세월도 흐르고 인생도 흐른다.

(2019. 9. 7.)

피에타(Pieta)

성남아트센터에서 열리는 사진전시회에서 '피에타'라는 작품을 보게 되었다.

'피에타'는 예수가 십자가에 못 박혀 사망한 후에 성모 마리아가 예수의 시체를 안고 비탄에 젖어 있는 모습을 소재로 한 그림이나 조각상(彫刻像)을 가리킨다. 본디 'pieta'라는 말은 이태리어로 '슬픔' '비탄' '자비를 베푸소서'란 뜻이므로 마리아의 슬픔을 나타내는 동시에 하느님의 자비를 함께 나타내는 것으로 해석된다.

피에타의 원형은 13세기 독일에서 만들어진 목조각품(木彫刻品)에서 비롯되었고 여러 나라에 비슷한 조각상과 그림이 전하고 있으나, 그 가운데도 가장 유명한 것은 미켈란젤로(1475~1564)가 1496년부터 1499년까지 수년에 걸쳐 제작하였다는 높이 175cm의 대리석 작품이며, 이 작품은 로마의 산 피에트로 대성당(San Pietro Basilica: 성 베드

로성당) 입구에 세워져 있다.

작품에서 보면 예수의 몸은 작은 편이고 마리아의 치마는 넓은 편이다. 실지로는 예수의 체격이 훨씬 더 크겠지만 어머니의 품에 안긴 것을 표현하고, 어머니의 커다란 치마폭은 하느님의 보호를 받고 현실적 위협으로부터도 보호를 받는 뜻이라고 해석한다. 현재 피에타는 많은 예술가들에 의하여 여러 가지 형태로 표현되고 있다.

그런데 내가 오늘 사진전에서 본 피에타는 미켈란젤로의 작품과는 매우 큰 차이가 있었다. 작품설명에는 권오상이라는 작가의 이름과 함께 120cm x 174cm x 83cm, 'C-Print, mixed media'라고 씌어 있었으며 여러 조각의 사진을 발라서 만든 조각상이었다(작가는 이를 deodorant type이라고 부름). 그리고 놀라운 것은 숨을 거둔 예수에 해당하는 인물이 남자가 아니라 여자라는 사실이었다. 죽은 예수는 남자가 아니고 여자란 말인가?

작품을 보면서 또다시 놀란 것은 죽은 사람이나 그를 안고 서 있는 사람이나 얼굴모습이 똑같은, 완전한 동일인(同一人)이라는 사실이었다. 그러면 여자쌍둥이란 말인가? 그렇다고 쌍둥이는 아니란다. 그렇다면 작가의 의도는 무엇일까. 나는 해설자의 간단한 귀띔을 듣고 어렴풋이 짐작하게 되었다.

아리스토텔레스는 "인간은 사회적 동물이다. 그 어떤 인간도 가족, 사회, 공동체를 벗어나 홀로 살아갈 수는 없다. 긍정적인 자아실현(自我實現)도 결국 사회 안에서 만 가능하기 때문이다."라고 말하였다. 분명히 맞는 말이다. 복잡한 도시를 피하여 깊은 산속이나 외딴섬으로 들어가도 사회를 완전히 떠나는 것은 아니며, 완전히 사회와 인연을 끊어버리고 자아를 실현하기는 어렵다.

그런데 한번 생각해보자. 자아실현이 아무리 사회 속에서 이루어진다고 하더라도 '나'와 '사회'가 완전히 일체가 된다고 볼 수 있을까? 우리에게는 아주 어려서부터 자기만의 세계가 존재한다. 몸과 마음이 즐거울 때도 있지만, 괴롭거나 슬프거나 외로울 때도 많다. 그런데 내가 즐거운 것을 남이 어찌 나처럼 즐거워할 수 있으며, 내가 괴롭고 슬프고 외로운 것을 남이 어찌 나처럼 괴로워하고. 슬퍼하고. 외로워할 수 있으랴. 가정에서나 사회에서나 특수한 공동체에서 일체감을 느끼기도 하고 도움을 받을 수는 있지만 그들이 근본적으로 나 자신의 문제를 떠 안아줄 수는 없지 않은가.

엄격히 말하자면 나의 즐거움이나 나의 슬픔은 마침내 나의 것에 그칠 수밖에 없다. 아무리 가깝고 사랑하는 가족과 친인척이 있고 이웃이 있어도 그들이 곧 나일 수는 없고 내가 그들일 수도 없다. 나는 나일 뿐이고 그들은 그들일 뿐이다. 그러니 나의 주인공은 나이고 나의 기쁨이나 슬픔은 내가 떠안지 않을 수 없다. 말하자면 나는 단독자(單獨者: 個別者)일 뿐이다. 가정에, 사회에, 공동체에 의지함도 '나'라는 단독자의 의지와 결단에 달린 것이다. 하물며 절대자 앞에서랴. '나'는 절대자 앞에 오직 나 홀로 서 있는 존재일 뿐이다. 그래서 나의 죽음을 비탄할 자는 나 자신일 수밖에 없다.

실존주의철학자들이 말하는 인간의 주체성이나 자유나 불안이나 책임이나 모두 나에게 있는 나의 문제인 것이다. 따라서 나의 죽음이나 운명을 내가 스스로 끌어안고 스스로 비탄에 젖지 않을 수 없고 절대자 앞에 설 수밖에 없다는 것이다. 이것이 우리 모두의 실존

(existence)이다.

이리하여 작가는 굳이 죽은 예수와 그를 끌어안고 애통하는 마리아를 등장시킬 필요를 느끼지 않았고, 남자냐 여자냐를 따질 필요도 없었던 것이다. 나는 어디까지나 나이고, 나의 주체는 나일 뿐이니까. 누가 나를 대신하여 죽음의 길로 걸어가고 슬퍼할 수 있단 말인가. 오직 나밖에 없다는 인간의 주체성을 작가는 신랄하게 보여주고 있다. 인간은 언제나 '세계 속의 존재'임에도 불구하고.

(2013. 1. 10.)

hangry(행그리)

'hangry'라는 낱말이 있다. 클로이 김(Chloe Kim)이라는 한국계 미국의 운동선수가 SNS에 올려서 널리 알려졌다는 이 낱말은 'hungry'와 'angry'라는 두 단어의 합성어로 '배가 고파서 예민해지고 화가 나는 상태'를 가리킨다고 한다.

사람들은 배가 고프면 기력이 떨어지고 신경이 예민해지며 은근히 화가 나기도 한다. '배고파 환장한다.'는 말도 있다. 그래서 배고픔을 해결하기 위하여 음식을 먹는다. 그러나 그 음식은 언제 어디에나 준비되어 있는 것은 아니고 그것을 구하는 방법도 그리 용이한 것은 아니다. 사람들은 대체로 식자재를 미리 확보해 놓고 가정에서 음식을 조리하여 먹는다. 그러나 만일 출타하게 되면 도시락을 준비하거나 음식점을 찾아가서 매식(買食)을 하거나 돈이 없으면 염치불구하고 구걸하기도 한다.

내가 어렸을 때는 음식을 구걸하는 사람들이 자주 보였다. 한 두 사람도 보이고, 어떤 때는 남루한 옷을 걸친 사람들이 몇 사람씩 몰려다니는 모습도 보여 '떼거지'라는 말도 들렸다. 때는 일본제국주의가 동양평화를 교란하고 우리나라를 강점하였을 때였다. 당시는 지금처럼 농업이 발달하지도 못하고 생산량도 적었다. 농민들은 피땀을 흘려 농작물을 가꾸고 수확하지만 춘궁기(春窮期)가 닥치면 영락없이 식량이 떨어져 굶주릴 때가 많았다. 쌀 · 보리 · 콩 · 조 · 옥수수 · 감자 따위가 없으면 초근목피로 배고픔을 달랠 수밖에 없었다. 지금은 '나물 캐는 처녀'들이 거의 보이지 않지만 그 때는 그것이 일상적인 풍경이기도 하여 철부지들이 부르는 동요의 가사에도 끼어 있었다. 아이들은 들이나 산으로 나가서 여러 가지 풀이나 열매나 뿌리를 채취하여 먹기도 하고 소나무껍질을 벗겨 먹고 메뚜기와 개구리를 잡아 구워 먹기도 하였다.

나는 그때 왜 먹을 것이 없는지 까닭을 잘 알지 못하다가 나중에 알고 보니 일본의 착취와 약탈이 커다란 원인이었다. 일본은 공출(供出)이라는 이름으로 곡식과 목화와 쇠붙이 따위를 강제로 바치게 하고 가마니를 짜게 하고 징용(徵用)과 징병(徵兵)으로 학정(虐政)을 계속하였다. 사람들은 영양실조로 병들어 죽어가고 배고픈 서러움은 가장 일상적이고 근본적인 고통이었다.

나는 일제강점기뿐만 아니라 특히 6 · 25전쟁 때도 hangry에 사로잡혀 구걸하는 사람들을 많이 보았고 내 자신이 그들 중의 한 사람이기도 하였다. 정처 없는 피란생활은 거의 날마다 hangry의 연속이었다. 현지의 주민들은 하루에도 수십 명씩 성난 얼굴로 찾아와

밥을 달라는 피란민들에게 일일이 도움의 손길을 내밀기는 어려운지라 마음이 아프고 불안하기도 하였을 것이다.

나에게는 고등학교 시절에 가까이 지내는 친구가 있었다. 친구는 6·25전쟁 때 폭격을 맞아 집을 잃고 곤궁하기 짝이 없었는데 어느 일요일 오전에 갑자기 나를 찾아 왔다. 저녁도 굶고 아침도 굶었다는 것이었다. 나는 부엌에 들어가 나의 점심을 들고 나와서 그에게 권하였다. 그는 게눈 감추듯이 먹고 나서 감사하다는 말을 던졌다. 나는 나의 영한사전(英韓辭典)을 그에게 건네주며 고본점(古本店)에 가져가보라고 하였다. 나도 돈이라고는 한 푼도 없는 처지인지라 다른 방법이 없었다. 그는 머지않아 교사가 되어 겨우 hangry는 면하게 되었지만 위확장증(胃擴張症)으로 고생하다가 장수하지 못하고 비교적 이른 나이에 일생을 마감하고 말았다.

지금도 더러는 어려운 형편에 있는 사람들이 많지만 그래도 우리나라는 경제개발의 덕택으로 온 국민이 hangry의 서러움은 많이 벗어난 것으로 보인다. 그러나 매스컴의 보도에 따르면 아직도 지구상에는 식량이 없어서 굶주리고 영양실조로 신음하는 사람들은 상당히 많은 것 같다. 농업을 중심으로 하는 경제개발이 낙후하였거나 기타 산업이 낙후한 나라들도 있지만 민족적·이념적 대립이나, 종교적 갈등으로 전쟁을 일으키는 나라들이나, 민생보다는 무력증강에 국력을 허비하는 나라에서 볼 수 있는 현상이다. 어떤 나라에서는 농산물이 남아돌아 처분을 못해 애를 먹는가 하면, 어떤 나라에서는 아사자(餓死者)가 대량적으로 발생하여 주민들이 목숨을 걸고 탈출하는 나라도 있다. 굶주리는 사람이 많은 나라는 hangry의 휴화산(休火山)이 언제 폭발하여 온 나라를 뒤흔들지도 모르는 형편이다.

'통치자는 백성으로 하늘을 삼고, 백성은 밥으로 하늘을 삼는다.'(王者以民爲天 民以食爲天)는 말은 예나 지금이나 진리임에 틀림이 없다. 지상낙원이 따로 있는 것이 아니라 우선 hangry가 없고, 억압과 차별이 없는 사회가 곧 지상낙원이라고 믿는다.

(2018. 4.)

'행복나눔장터' 벼룩시장

시청 광장에서 열리는 '행복나눔장터'를 찾아갔다. 시에서는 500여 개의 작은 매장을 마련하고 시민들이 서로 부담 없이 재활용물품을 주고받을 수 있게 하여 경제적으로도 도움이 되고 국가적으로도 자원을 낭비하지 않고 절약하는 자리를 마련한 것이다.

'행복나눔장터'는 흔히 말하는 벼룩시장(flea market)이다. 벼룩시장은 본디 유럽의 유서 깊은 도시에서 공원이나 광장과 같은 곳에 야시장(野市場)을 열어 오래된 물건이나 중고품을 사고파는 곳이었다.

프랑스에서는 1860년경에 열리기 시작하였는데, 프랑스어로 'puces'라는 말은 벼룩을 가리키는 말이기도 하지만 '암갈색'을 가리키기도 하여 암갈색이 나는 오래된 물건을 뜻하는 말로도 해석한다. 또한 영어로 'fleabag'이 싸구려 여인숙이나 구지레한 노파를 가리키듯이 싸구려 물건이나 구지레한 물건을 사고파는 곳이라는 뜻으로도 해석하며, 벼룩처럼 순간적으로 나타났다가 순간적으로 사라지는 시장이라는 뜻으로도 해석한다. 이러한 시장 인근에는 벼룩서커스(flea circus; zirkus flohcati)도 벌어지는데 벼룩서커스는 귀엽고 깜찍한 벼룩의 모양을 그린 89장의 카드를 가지고 짧은 시간에 하는 일종의 보드게임(board game, 말판놀이)이다. 아무튼 벼룩시장은 유럽인들의 근검절약정신을 나타내는 작은 시장이라고 할 수 있고, 현재 여러 선진국에 널리 퍼져서 대중매체가 홍보도 하고 권장하는 경향이며 누구나 부담 없이 가벼운 마음으로 참가할 수 있는 것이 하나의 특징이다.

미국에서는 1970년경에 벼룩시장이 열리기 시작하였다고 하는데 나는 1990년경에 수개월 동안 미국 로스앤젤레스에 체재한 일이 있었다. 하루는 집주인과 이웃사람들이 집 안에서 사용하지 않는 물건들을 내어놓고 흔히 말하는 거라지 세일(garage sale, 창고세일)을 벌이는 것이었다. 잔디밭에 내놓은 물건들은 그야말로 다양하여 의류나, 신발이나, 전자제품이나, 장난감이나 모두 쏟아져 나와 없는 것이 없을 정도였고, 어떤 의류는 도저히 입을 수 없을 정도로 해어진 것도 있었지만 그 자체가 훌륭한 패션으로 인정되는 탓인지 정상적으로 진열되어 손님을 기다리고 있었다. 그리고 시가(時價)의 10%도 안 되는 가격인데도 고객이 값을 깎으면 그대로 깎아주는 것을 보았다. 나는 그때 고급 모포 한 장이 탐났지만 가만히 살펴보니 어느 항공회사 물건이었기 때문에 비행기에서 가져 온 장물(贓物)로 보여서 포기하고 작은 일용품 몇 가지만을 사는 것으로 그쳤다.

내가 늘 가까이 지내던 L 교수는 미국에 장기간 체류할 때 필요한 물건의 대부분을 백인들의 거라지 세일에서 헐값으로 구입하거나 남이 버리는 물건을 얻어다 사용하였다고 한다.

캐나다에서는 브리티쉬 콜럼비아주의 밴쿠버 벼룩시장이 유명하다. 시장은 오래된 창고건물을 개조하여 만들었는데 연인들이 즐겨 찾는 '데이트코스 베스트15'에 속할 정도라고 한다. 이 벼룩시장의 첫 번째 매력은 우선 다문화(多文化)시장이라는 것이다. 중국계가 가장 많고 러시아, 터키, 아랍권, 동남아 등 여러 나라의 사람들이 물건을 팔기 때문에 매우 이국적이고 매우 다양한 물건들이 보인다. 그리고 1년에 3~4회 정도로 골동품전시회가 열리는데 물건을 팔고자하는 사람은 20~30달러를 내고 가판대를 빌리고 관람하는 사람은 75센트를 내고 시장에 들어간다고 한다.

일본에서는 1979년경에 시작되었고 지금은 20점포쯤 되는 작은 벼룩시장에서부터 1,000점포쯤이나 되는 대규모의 벼룩시장도 있다고 하며 전국적으로 널리 열리고 있는데 도쿄(東京)의 메이지(明治)공원, 요요키(代代木)공원, 오오이(大井)경마장 등에서 열리는 벼룩시장은 인기가 있어서 많은 사람들이 모인다고 한다. 그들은 'flea market'을 'free market'으로도 표기하기도 한다. 일본에서는 캐릭터시장(character market, 특정상품의 새로운 이미지변화) 또는 보로시장(borough market, 영국의 재래시장)이라고 부르기도 하는데 이것들은 벼룩시장과는 다소의 차이가 있는 것으로 안다. 이밖에 여러 나라에서 '스와프미트'(swap meet, 교환시장)도 열린다.

알고 보면 중고품의 유통은 이처럼 많은 선진국에서 볼 수 있는 일반적인 현상이다. 우리보다 훨씬 부유한 나라에서도 중고품을 부담 없이 서로 거래하는데 우리는 오랫동안 사용하지 않는 물건들을 그대로 가정에 처박아 두었다가 종당에는 그대로 버리고 마는 수가 많다. 1997년 외환위기 이후로 대도시의 일부 지역과 함께 성남에도 중고품거래매장이 나타난 것은 다행이었다. 그러나 그것은 오래도록 지속되지 못하였고 아직도 중고품 거래유통은 만족할 만한 수준으로 정착하지는 못한 형편이다.

한국사회가 산업화과정을 거치면서 국민들의 경제적인 관념도 많이 변화하고 소비와 지출의 원리도 많이 체득되었지만 아직도 우리는 선진국의 벼룩시장과 같은 아주 손쉽고 유용한 경험이 부족한 편이다. 다시 말하면 검소한 생활과 이웃과의 나눔과 부담 없는 이웃돕기를 실천하는 지혜가 부족한 것이다. 사람은 누구나 남에게 물건을 받을 때 완전히 무상으로 받는 것은 부담스러울 때가 많다. 그러나 시장의 원리에 따라 아주 값싸게 물건이 거래될 때는, 판매하는 사람은 헐값으로 남에게 베풀어서 즐겁고 구매하는 사람은 부담없이 물건을 구입하여 좋다.

가정마다 사용하지 않는 물건들을 세상에 내놓으면 필요한 사람들이 요긴하게 활용할 수 있기 때문에 개인적으로나 국가적으로나 매우 유익하게 된다. 값비싼 외제 중고품을 즐겨 찾는 '신리싸족'(신리싸이클족)이 출현하였다는 말도 있지만 '행복나눔장터'는 시민들이 웃음으로 행복을 나눌 수 있는 귀한 공간이다.

성남시청 광장에서 열린 '행복나눔장터'는 광장뿐만 아니라 잔디밭까지 온통 물건과 사람으로 가득하고, 인공호수 앞 무대에서는 청소년의 춤과 노래가 공연되고, 한편으로는 간이번지점프시설이 설치되어 즐거운 놀이가 벌어지고 있었다.

나는 K 선생과 함께 활기찬 시장풍경을 즐기고 허술한 산책용 겉옷과 책 한 권을 사들고 즐겁게 돌아왔다. 다음에도 열 일 제쳐놓고 달려가 정다운 이웃과의 행복을 나누고 싶다. 벼룩시장을 찾는 것은 아껴 쓰고 나눠 쓰고 바꿔 쓰고 다시 쓰는 '아나바다운동'의 실천이기도 하다.

(2011. 10. 8.)

야래향(夜來香)

내가 야래향(夜來香: Telosma cordata)을 기르는지는 꽤 여러 해가 되는 것 같다. 공동주택단지 내에서 산책을 하다가 우연히 야래향을 발견하여 가느다란 가지를 한 줄기 얻어다가 화분에 심어서 기른 것이다.

그런데 처음 몇 해 동안은 관심을 가지고 자주 들여다보았지만 그 후로 나의 관심은 점점 멀어져 갔다. 그것은 야래향이 내가 기대한 만큼 탐스럽게 자라서 꽃을 피우지 않은 까닭이었다. 야래향은 가지가 너무 가늘고 연약해 보일뿐만 아니라 너무 길게 벋어서 축축 늘어지는 모습이 달갑지 않은 것이었다. 나는 비좁은 베란다에 여러 개의 화분을 늘어놓은 형편인지라 위로 향하여 꼿꼿하게 커 오르는 것이 바람직한 것인데 야래향은 나의 기대에 어울리지 않는 것이었다. 나는 내가 기르는 야래향의 모습은 변태적인 모습이라고 생각하고 그것은 좋지 않은 환경 탓이라고 생각하였다.

야래향은 해마다 꽃이 피기는 하지만 가냘픈 가지에서 안간힘을 하고 겨우 버티고 있는 인상을 주었다. 나도 좋은 환경을 만들어주지 못하고 다른 식물들 틈에 간신히 끼어 자라는 것이 은근히 가엽게 여겨지기도 하고 그 책임은 나에게 있는 까닭에 미안한 마음도 들곤 하였다.

나의 속셈으로는 야래향이 굵직하고 탐스런 줄기를 보이며 꽃도 탐스럽게 피어주기를 바랬지만 그것은 다만 나만의 헛된 기대에 지나지 않았다. 아무리 들여다보고 고개를 갸우뚱거려도 소용이 없었다.

넓고 넓은 세상에는 부귀(富貴)를 상징하는 모란이 있고 은일(隱逸)을 상징하는 국화가 있으며, 청렴을 상징하는 난초와 연꽃이 있고 고귀하고 순결함을 상징하는 목련이 있으며, 정렬을 상징하는 진달래가 있고 사치와 화려를 상징하는 장미가 있으며, 은근과 끈기를 자랑하는 무궁화가 있고 나에게 항상 미련을 던져주는 물망초(勿忘草)가 있으며, 애련한 순결을 상징하는 에델바이스(Edelweiss)도 있다. 헤아릴 수도 없이 많기도 많은 꽃들은 그 언제 어느 곳에서 피어나든지 창조주의 뜻을 나누어 받들고 인간계를 아름답게 꾸며 주고 있는 것이다.

그런데 나는 요즘에 와서 야래향에 대하여 새삼스럽게 관심을 갖게 되었다. 내가 산책하는 거리와 개울가에 늘어선 온갖 나무들이 찬서리를 못 이겨 형형색색으로 물들어 장관을 이루다가 속절없이 비명을 지르며 헐벗는 모습을 보면서 서글픈 마음을 억누르지 못하는 나는 거실의 유리문을 열자마자 난데없는 아름다운 향기를 맡게 된 것이다. 해는 서산에 지고 가로등이 반짝이는 저녁, 어리둥절하여 가만히 살펴보니 무성한 고무나무 옆에 바짝 놓인 야래향의 화분에서 밀려오는 향기였다. 향기는 은근하고 달콤하였다. 나는 눈을 크게 뜨고 다가가서 가만히 살펴보았다. 가늘게 벋은 덩굴 끝에는 분명히 새하얗고 작은 꽃송이들이 거꾸로 매어 달려 수줍은 듯이 향기를 내뿜고 있는 것이었다.

봄도 아니고 여름도 아니고 가을은 지나가고 이제 겨울로 접어들어 유리에는 성에가 끼기도 하는 차디찬 베란다에서 어느 누가 드려다 보거나 말거나 다소곳이 가지 끝에 매달려 향기를 내뿜는 그 자디잔 꽃송이가 마치 신비로운 요정(妖精)처럼 내 마음을 사로잡았다. 큼직하고 화려하고 사람들의 눈에 확 뜨이는 모습이 아니고 너무나 가냘프고 초라하고 작은 꽃잎을 펼치고 매어달린 야래향은 도대체 어떻게 창조된 것일까 궁금하기도 하다.

나는 1970년대부터 오랫동안 이름을 날렸던 타이완(臺灣) 출신 여자 가수, 떵리쥔(鄧麗君; Teresa Teng)의 노래 '예라이샹(夜來香)'을 떠올렸다. 한국어로 번역된 가사는 다음과 같다.

"남풍불어 시원한데 밤꾀꼬리 우는 소리 처량쿠나
달빛 아래 꽃들은 벌써 꿈속으로 들었는데
다만 야래향 만이 향기를 뿜고 있네

아늑한 밤의 풍경도 좋고 밤꾀꼬리의 노래도 좋지만
꽃 같은 꿈속에서 나는 야래향과 입 맞추리라
야래향! 나는 너를 위해 노래하고 너를 그리워하마
아아아! 너를 위해 노래하고 너를 위해 그리워하마"

떵리쥔의 얼굴도 아름답고 목소리도 아름답지만 노래 말은 더욱 아름답다. “소쩍새의 울음소리도/ 달빛 아래 꽃들도 좋지만/ 나는 야래향과 입 맞추리라/ 그리고 너를 위해 노래 부르고/ 너를 그리워 한다/”는 가사가 참으로 아름답다. 불세출의 어느 시성(詩聖)도 창작하기 어려운 아름다운 예술의 수준이다. 나는 오늘도 베란다에 나가서 ‘기다리는 사랑’이라는 꽃말을 생각하며 야래향의 향기를 맡으며 또 하나의 행복과 소망을 가져본다.

야래향이 남모르게 향기를 내뿜듯이 자식을 위하여, 형제를 위하여, 부모와 조상을 위하여, 이웃과 겨레와 나라와 인류를 위하여 향기를 내뿜는 사람들이 있다는 것을 깨우치게 된 것 같다. 그러나 우리는 그러한 고귀한 존재를 쉽사리 인식하거나 발견하지 못하고 오히려 눈을 감고 귀를 막고 고개를 돌리고 심지어는 증오하고 적대시하며 살아가는 것은 아닌지 자문하게 된다.

오오! 천사 같은 야래향이여! 나의 야래향이여! 지란(芝蘭)의 향기가 멀리멀리 날아가고 야래향의 향기가 멀리멀리 날아가듯 인간의 따뜻하고 달콤한 향기도 멀리멀리 날아가기를 간절히 바란다.

(2021. 11. 25.)

* 〈夜來香〉 歌詞全文(中國語)
那南風吹來淸凉 那夜鶯啼聲凄愴 月下的花兒已入夢
只有那夜來香 吐露着芬芳
我愛這夜色茫茫 也愛這夜鶯歌唱 更愛那花一般的夢
抱擁着夜來香 吻着夜來香
夜來香 我爲你歌唱 夜來香 我爲你思量
阿阿阿 我爲你歌唱 我爲你思量 (以上)

6

도(道)를 닦는다는 것

도(道)를 닦는다는 것

나는 「천은정사(天恩精舍)를 찾아서」라는 주제로 에세이를 써서 카페의 작품란에 발표한 일이 있었다. 그런데 뜻밖에도 카페를 드나드는 몇몇 회원들이 칭찬하는 댓글을 달고 나의 불교지식이 상당히 인정되는 인상을 주었다. 나는 그저 동행한 S 선생이 불교에 조예가 깊고 신앙심도 있어서 그를 따라다니면서 이것저것 보고 듣고 느끼는 대로 거의 상식적인 수준에서 글을 썼건만 읽는 분들은 칭찬하기를 좋아하여 과분한 관심과 호감을 보여 준 것이었다.

나는 하나하나의 댓글을 읽으면서 어느 독자는 이른바 '수도(修道)'에 관심을 가지고 있음을 발견하게 되었다. 불교라는 종교는 흔히 '자비(慈悲)'를 핵심으로 하고 그 자비를 이해하고 체득하고 실천하는 수준에 이르러야 한다는 것인데 나의 에세이에서는 그런 점이 뚜렷하지 않고 특히 수도에 관한 것은 거의 언급되지 않은 상태였음을 스스로 인식하게 되었다. 따라서 독자의 관심에는 가까이 하지 못하고 수박겉핥기에 그치고 말았음을 깨우치게 된 것이다.

그러면 도대체 수도(修道)라는 것, '도를 닦는 다는 것'은 구체적으로 무엇을 뜻하는 것인가.

본디 도(道)라는 낱말의 뜻을 살펴보면 그것은 흔히 사람들이 통행하는 길이요, 어떤 사물의 기본원리요, 원칙이요, 근본이며, 때로는 고차원의 방편(方便)이며 수단이기도 한 것이다. 우리의 감각기관을 통하여 받아들여지는 사물은 그대로, 본연의 자태로 받아들여지지 않고 여러 가지 장애물을 통하여 그 참된 모습이 가려져서 받아들여지는 수가 너무나 많다. 그러나 그 사물의 본연의 자태가 그대로 받아들여지기를 희망하는 것이 우리의 본심이기도 하다. 다시 말하면 사람들은 언제나 사물이 지니고 있는 본연의 모습을 있는 그대로 보고 듣고 느끼고 받아들여지기를 희망하는 것이고 과장되거나 포장되거나 왜곡되거나 전도(顚倒)된 것을 배격하고 거부하는 것이다. 여기서 말하는 본연의 모습은 이른 바 아무것에도 가려지지 않은 것, 곧 은폐되지 않은 것(alethe)이라고 할 수 있다. -이러한 주장은 서양철학에서 말하는 이른바 Platon주의와도 깊이 관련된다.- 우리들 인간들은 이처럼 객관적인 사물에 대하여 널리 배워서 인식하고(博學), 의문을 제기하고(審問), 깊이 사색하고(愼思), 변별할 수 있는(明辨) 능력을 기르고, 나아가서는 몸소 실천하기(篤行)를 원하는 것이다. 그리고 이러한 인간의 인지적(認知的) 능력은 정의적(情意的) 심화과정을 거쳐 좌선(坐禪)이나 염불(念佛)이나 명상(瞑想)이나 기도(祈禱)나 또는 고행(苦行)이나 방랑(放浪)과 같은 여러 가지 행태로 나타날 수 있다.

예로부터 인간들은 이러한 수도를 당연한 것으로 받아들이고 그것이 인간생활에 매우 유익하고 보람을 느낄 수도 있어서 사람이라면 누구나 수도하면서 생활하고, 생활하면서 수도함으로써 생활이 곧 수도요, 수도가 곧 생활이 될 수 있기를 바라게 되었다.

그러나 우리의 일상생활은 너무나 본능적이고 즉흥적이고 무의식적으로 행해지고 전개되는 일이 허다한 형편이어서 수도의 차원과는 상당히 괴리되어 있는 것으로 느끼게 된다. 이리하여 우리의 일상생활은 수도와는 거리가 멀고, 어떤 통일된 높은 수준에 도달하는 도의 수준에서 보면 너무나 거리가 멀기 때문에 수도가 어렵다고 느낄 수도 있을 것이다.

그리하여 사람들은 평범하고 일상적인 생활과는 매우 차이가 있는 특별한 수도시간이나 수도공간을 마련하게 되고 그것은 시간적으로나 공간적으로나 평범한 인간들의 평범한 일상과는 매우 차별화한 시간과 공간의 개념으로 발전하게 된 것이다. 여기서 일상생활의 주거공간과는 다른 기독교의 교회(教會)나 수도원(修道院)이나, 불교의 법당(法堂)이나 암자(庵子)나 사찰(寺刹; 寺院)이나, 도교(道敎)의 도관(道觀; 福源宮 昭格殿 九曜堂 慈壽堂 八聖堂 七星閣 指南宮 三淸宮)이나, 유교(儒敎)의 대성전(大成殿)이나 향교(鄕校)나 서원(書院)과 같은 여러 가지 특수한 기관이나 시설들이 나타나게 되어, 일반적인 세속과는 매우 현격한 차이를 나타내는 특수한 환경이나 조직이 형성되기도 하였고, 때로는 기도나 묵상이나 사색이나 방랑(放浪; 流浪)이나 고행

(苦行)이나 은둔(隱遁)과 같은 양상으로 나타나기도 한 것이다.

잘 알려지고 있는 바와 같이 고타마 싯달타(Gautama Siddhartha; 釋迦牟尼)는 세속적인 부귀와 영화를 버리고 출가(出家)하여 방랑하면서 인생이란 무엇이며 기쁨이나 슬픔이나 선악이란 무엇이며, 혈족이나 동족이란 무엇이며, 국가란 무엇이며 세계란 무엇이며 우주란 무엇인가를 탐구하고, 인간이라는 존재와 본질에 대하여 그 현실과 이상과 미래와 사후(死後)의 세계에 대하여 성실히 탐구(探究)하고 사색(思索)하고 기다리는 것으로 수도생활을 계속함으로써 드디어 성불(成佛)하는 경지에 이른 것이며 이것은 Herman Hesse가 집약하여 말한 'denken' 'warten' 'fasten'과 같은 것이라고 할 수 있다.

사람들은 언제 어디서나 누구든지 자신도 알게 모르게 수도한다고 할 수 있다. 다만 그것을 그때 그때 인식하느냐 못하느냐 하는 차이가 있고, 체계적으로 설명할 수 있느냐 없느냐의 차이가 있을 뿐이다. 그리고 여기서 전자는 깨달은 자요 후자는 깨닫지 못한 자가 아니라 다만 수도의 질과 양의 차이가 있을 뿐이라고 할 수 있다.

신라(新羅)의 향가(鄕歌)로 알려진 월명사(月明師)의 『제망매가』(祭亡妹歌)에서는 먼저 죽은 누이를 미타찰(彌陀刹; 아미타불(阿彌陀佛)이 있는 극락세계)에서 만나기를 약속하는 글귀가 있다. 월명사는 도를 닦음으로써 먼저 이승을 떠난 누이동생을 만나기를 꿈꾸고 시간과 공간을 초월하는 천상계(天上界)를 노래하고 있는 것이다. 그것은 같은 가지에 함께 매달렸던 나뭇잎처럼 같은 부모에게 태어나서 살다가, 먼저 떨어져 어디론지 사라지는 가여운 낙엽처럼 외롭고 허무하게 이승을 떠난 누이를 애통해하고 그리워하고 다시 저 세상, 미타찰에서 만나기를 소원하는 애절한 노래이다.

우리들 인간은 도대체 어떠한 존재인가. 너도 나도 주세간(住世間)이나 출세간(出世間)의 차이를 인정할 수 있음에도 불구하고, 시간과 공간의 제약 속에서 하루하루를 살아가며 속물(俗物)로 존재하면서도 시공(時空)을 초월한 절대의 세계를 꿈꾸는 유한한 존재임을 스스로 인정하고 증명하는 존재인 것이다.

인간은 시공(時空)을 초월할 수 없는 현세(現世)에서 시공을 초월하는 이상과 희망을 가지고 꿈을 꾸고 살아가며 번뇌하기도 하고 수도하기도 한다. 그리하여 천은정사와 같은, 불자들이 모이는 모든 뜰에는 백팔번뇌(百八煩惱)를 극복하고 영원의 세계에 도달한 싯달타의 구도정신을 본받을 수 있는 진리의 세계가 펼쳐져 있는 것이다.

일본의 교과서에서 『수도자(修道者)와 나찰(羅刹)』이라는 글을 읽은 기억이 난다. 수도자는 나찰에게 자신의 생명을 바치기로 약속하고 도를 들으려 하였고, 도를 들은 후에는 목숨을 바치기 위하여 높은 곳에서 뛰어내림과 동시에 나찰과 함께 하늘나라로 올라갔다는 것이다. 그리고 일본인이라면 누구나 알고 있는 '이로하우타(いろは歌; 伊呂波歌)'라는 것은 "꽃은 아무리 향기로워도 시들어버리고 인간들은 누구나 무상하지 않을 수가 없다. 유위(有爲)의 깊은 산을 오늘 넘어서 옅은 꿈을 꾸고 취하지도 못하리."라는 내용인데 이것은 『열반경(涅槃經)』에 들어 있는 '제행무상 시생멸법 생멸멸이 적멸위락(諸行無常 是生滅法 生滅滅已 寂滅爲樂)'을 풀이하면서 일본어 가나[假名]의 50음을 그대로 나타내기도 한 것이라고 한다. 이러한 내용은 인간세상의 유한성을 말하고 그 유한의 세계를 벗어나 무한하고 영원하고 생로병사를 초월한 니르바나(Nirvana)의 세계인 동시에 극락세계를 꿈꾸고 거기에 도달하기를 서원(誓願)하는 것이다. 다시 말하면 유한의 세계에서 도를 닦아서 무한의 세계로 가기를 믿고 그것을 희망하는 것이다.

공자(孔子)는 "아침에 도를 들으면 저녁에 죽어도 좋다(朝聞道夕死可矣)"고 말함으로써 진리를 추구하는 고매한 정신을 보여주었다. 인간은 사후의 세계에 대하여 어떻게 생각하든지, 진리를 추구하는 존재이며 그것은 곧 '인간은 수도하는 존재'임을 말하는 것이다. "인간이 도를 넓히는 것이지 도가 인간을 넓히는 것이 아니다(人能弘道 非道弘人)"라는 말과 함께 수도하는 인간의 주체성이 드러난다고 할 수 있다.

수도는 모든 종교나 철학을 초월하여 인간이 추구하고 실천하고 독행(篤行)하는 인간의 길이며, 또한 유한한 현생(現生)을 무한한 내생(來生)으로 이어주는 가교(架橋)이기도 하다.

* 월명사의 『제망매가』 현대어번역본(10구체)
1구 - 생사의 길은 여기에 있음에
2구 - 두려워지고
3구 - 나는 갑니다하는 말도
4구 - 다 못하고 가버렸는가
5구 - 어느 이른 가을바람에
6구 - 여기저기 떨어지는 나뭇잎처럼
7구 - 한 가지에서 태어나고도
8구 - 가는 곳을 모르겠구나
9구 - 아아 극락 가서 만날 나는
10구 - 도 닦으며 기다리겠노라

쥐와 고양이의 짝짜꿍[猫鼠同處]

식량문제는 예로부터 매우 중요한 문제였다. 농업이 발달하지 못하고 축산업이나 수산업이나 식품가공업이 발달하지 못한 전근대사회에서는 더욱 심각한 문제였다. 그래서 백성들은 밥으로 최고의 가치를 삼는다(民以食爲天 〈史記〉「酈生陸賈列傳」 참조)는 말이 완전히 설득력을 갖게 되고 그것을 해결하는 것이 정치의 성패를 결정하는 관건이기도 하였다.

내가 초등학교에 다니던 일제 강점기에는 가뜩이나 식량이 부족한 형편에 일제의 착취가 심하여 더욱 심각한 기근을 겪게 되고 사람들은 영양실조로 고통을 당하였으며 마을에는 떼거지들이 자주 나타나곤 하였다.

사람도 먹을 것을 못 먹고 굶주리는 판에 가축들이라고 배불리 먹을 수는 없었다. 그래도 소 같은 가축은 다행하게도 초식동물이기 때문에 풀을 뜯게 하거나 풀을 베어다 여물과 함께 먹이면 되지만 사람은 여러 가지 곡식을 대용할 만한 것이 마땅치 않았다. 그리하여 초근목피로 연명하면서 많은 사람들이 영양실조로 질병을 얻게 되고 생명을 잃기도 하였다.

식량문제가 이렇게 심각함에도 불구하고 식량을 축내는 동물은 쥐라는 것이었다. 우리 집에는 쥐가 많아서 쥐를 소탕하는 것이 커다란 문제이기도 하였다. 여기저기 쥐구멍이 보이고 대낮에도 사람이 보는 앞에서 쥐가 나타나서 활보하는 수가 있었다. 쥐는 온 집안에서 거의 가지 않는 곳이 없었지만 특히 토광으로 굴을 파고 침범하였다.

토광은 가을에 추수하여 도정하기 전에 낟 곡식으로 벼를 저장하는 곳인데 쥐가 침범하게 되면 많은 손실을 초래하므로 쥐를 막는 일은 매우 중요한 문제였다. 쥐가 뚫어놓은 쥐구멍에는 가시가 돋힌 밤송이 껍질로 틀어막기도 하지만 별로 효과는 없었다. 그리하여 준비한 것이 쥐틀이었다.

우리 집에는 좋은 쥐틀이 있어서 주로 광에다 설치하였다. 광에는 상당히 큰 독들이 가득하였는데 쥐는 독을 뚫지는 못하였지만 어떻게 해서라도 독을 침범하는 수가 있었고 독이 있는 주변에는 굴을 많이 파서 마치 언덕처럼 흙을 수북이 쌓아 놓았다. 하루에 한두 마리는 쥐틀에 걸려 잡히지만 쥐는 좀처럼 없어지지 않았다. 이때 정부에서 권고하고 장려한 것이 쥐약이라는 것이었다. 일제 강점기나 광복 후에도 정부에서 전개하였던 구서운동(驅鼠運動)은 쥐약을 사용하여 쥐를 잡는 것이었다.

이밖에 쥐를 소탕하는 운동으로 활용된 것이 고양이를 기르는 것이었다. 고양이는 쥐를 보면 소리 나지 않게 다가가서 용케도 재빠르게 낚아채었다. 앞발로 슬쩍 잡아놓고는 그대로 두었다가 쥐가 달아나려고만 하면 순간적으로 다시 낚아채서 정신을 잃게 하고 입으로 물어서 적당한 곳으로 가져가서 맛있게 뜯어먹는 것이었다. 우리집에서는 고양이가 먹다 버린 쥐가 이따금 발견되어 형수님을 놀라게 하였다.

쥐가 있는 곳에는 곡식만 없어지는 것이 아니라 이따금 구렁이도 불러들이는 것이었다. 구렁이는 광이나 주방이나 심지어는 지붕으로 기어 올라가기도 하여 쥐를 잡는 것이었다.

쥐의 천적(天敵)은 역시 고양이라고 할 수 있다. 미국의 어느 만화가는, 한 때 숨어서 사는 유태인을 쥐에 비유하고 숨은 유태인을 찾아내는 나치스(Natiz)정권을 고양이에 비유하는가 하면, 우리나라의 속담에도 '고양이 앞에 쥐걸음'이니 '쥐가 고양이를 만난 격'이라는 것이 있고, 윗사람이 아랫사람에 대하여 함부로 하면 "쥐 잡듯 한다"는 말이 있다. 따라서 고양이와 쥐의 관계는 완전히 먹고 먹히는 일방적인 관계이다. 쥐는 고양이를 보기만 하면 오금이 저리고 재빠르게 달아나 보아야 소용이 없다는 절망으로 그 자리에 주저앉고 마는 모양이다.

쥐와 고양이가 이처럼 비대칭관계인데도 불구하고 때에 따라서는 상부상조하는 한 편이 된다는 말도 있다니 참으로 놀라운 일이다. 이것은 중국의 고전 『구당서(舊唐書)』와 『신당서(新唐書)』에서 '묘서동처(猫鼠同處)'라는 말과 '묘서동유(猫鼠同乳)'라는 말로 전해오고 있다는 것이다. 고양이와 쥐는 본디 자리를 함께 할 수 없는 관계임에도 불구하고 여기서는 자리를 함께하고, 고양이와 쥐가 같은 젖을 빨 수 없음에도 불구하고 같은 젖을 빤다는 것이다. 고양이와 쥐가 생래적으로 결코 함께 있을 수도 없고, 함께 같은 젖을 빨 수도 없음에도 불구하고 그것이 가능하다는 것은 무슨 까닭인가. 그것은 쥐가 사람의 곡식이나 음식을 훔쳐다가 고양이에게 바치기 때문이란다. 고양이는 굳이 쥐를 잡아먹지 않아도 편안히 배를 채울 수가 있고 쥐를 종처럼 부려 먹을 수도 있으니 얼마나 좋을까.

그런데 실지로 고양이와 쥐가 짝짜꿍이 되어 그처럼 협동하고 상부상조할 수가 있을까. 보통사람들의 상식으로는 있을 수도 없고 상상할 수도 없는 일이다. 그럼에도 불구하고 그런 말이 생겨난 것은 어찌 된 일인가.

인간사회에는 일정한 규범이 있다. 그리고 그 규범이 성문화(成文化)하여 실정법(實定法)으로 규정된 것도 허다하다. 그리하여 마치 쥐처럼 남의 생명과 재산을 침범하는 자들, 다시 말하면 범법자들을 살펴서 그 행위를 방지하고, 그것을 어기는 자는 용서 없이 잡아들여 사회로부터 격리하고 처벌하는 일을 담당하는 관료들이 있는 것이다. 그 많은 종류의 범법자들을 단속하고 처벌하는 치안을 담당하고 사법적(司法的) 판단을 내리는 사람들과, 아랫사람의 잘못을 감시하고 잘못을 사전에 방지하는 윗사람이 곧 그들인 것이다. 그런데 단속하고 처벌하는 치안을 담당하는 공직자들이나 법관들이나, 아랫사람을 감독해야 할 윗사람이 범법자들을 눈감아주고 나아가 방조하고 보호해줌으로써 반대급부를 취하고 사리사욕을 채우는 것이

'묘서동처'나 '묘서동유'라는 말로 표현된 것이다.

해마다 연말이 되면 『교수신문』에서 '올해의 사자성어'를 결정하는데 금년에는 '묘서동처'가 결정되었다고 한다. 우리 사회의 부정부패 부조리를 그대로 반영하는 것이어서 매우 씁쓸하기만 하다. 이것은 힘없고 권세 없는 서민들을 실망케 하는 사자성어인 동시에 권력 있고 잘 난체 하고 고개를 빳빳하게 쳐들고 교만을 떠는 힘 있는 자들을 비판하거나 지탄하거나 깨우쳐 주는 따가운 비판이요 질책이요 날카로운 채찍이기도 하다. 과연 우리 사회는 '과정은 공정하고 결과는 정의로운' 길로 걸어 왔으며 현재도 걷고 있는지 의문을 제기하지 않을 수 없다.

『교수신문』이 말하는 올해의 사자성어는 우리의 현실을 냉철히 비판하고 있는 것이다. 정치적 사회적 경제적 강자에 속하는 모든 공직자들은 반성하고 또 반성하여 '묘서동처'의 비판을 벗어나야 할 것이다.

(2021. 12. 19)

믿을 수 없는 시계추(時計錘)

시계는 종류도 많고 모양이나 크기도 형형색색이다. 이를테면 아주 예전에 있었던 해시계와 물시계와 모래시계가 있는가하면 오늘날에 와서는 대체로 벽걸이시계·주머니시계·탁상시계·손목시계·괘종시계·뻐꾸기시계·전자시계… 등과 같은 것이 많고 우리의 주변에서 자주 볼 수도 있고 사용되고 있는 것들이다.

그런데 내가 초등학교에 다닐 때는 우리 학급에서 손목시계를 가지고 있는 친구가 다만 한 사람뿐이었는데 모두 그것을 신기하게 여기고 부러워하기도 하였다. 그것은 '스위스 15석'이라고 하여 세계에서 시계를 가장 잘 만드는 나라에서 생산된 것이고 보석이 15개나 박혀 있다는 것이었다. 이때만 해도 한 마을에 괘종시계가 벽에 걸린 집은 많지 않았는데 이따금 태엽을 감아주면 '째깍째깍' 소리를 내면서 시침(時針)과 분침(分針)이 문자판(文字板)을 돌고 시간마다 그 시간에 맞추어 "땡! 땡! 땡! 땡!" 하면서 종을 쳐주었다.

나는 고등학교를 졸업할 때까지 손목시계가 없다가 거의 3년이나 지나서야 겨우 손목시계를 한 개 구입하였는데 이름은 '투가리스'(TUGARIS)였고 나는 그것을 세상에 없는 보물처럼 애지중지하였다.

그럭저럭 세월은 흐르고 국민소득은 높아지고 웬만한 사람들은 손목시계를 안 찬 사람이 없을 정도로 시계는 흔한 물건이 되어 실생활에서 많이 활용되었기 때문에 하나의 필수품이 되었다.

벌써 수십 년 전의 일이긴 하지만 내가 결혼하고 독립된 가정을 이루었을 때, 나는 유럽을 여행하게 되었고 스위스에 들렀을 때는 시계점포에 들러 숙녀용 손목시계를 사다가 내자에게 선물하기도 하였다. 그리고 내가 새 집을 짓고 '집들이'를 할 때는 몇 군데서 시계를 선물로 받았는데 벽걸이시계는 모든 가족이 볼 수 있는 넓은 거실에 걸고 나머지는 방마다 적당히 배치하여 모든 식구가 편리하게 되었다. 그 후로 시계는 자꾸만 늘어나 화장실에도 걸고 남아서 갈무리하기가 귀찮을 형편이었다.

그런데 가만히 보면 언제부턴지도 모르게 시계를 손목에 차고 다니는 사람을 보기는 매우 어렵게 되었다. 웬만한 공공장소에는 많은 사람들이 볼 수 있도록 커다란 전자시계가 설치되어 있을 뿐만 아니라 시간을 알고 싶으면 언제든지 주머니에서 스마트폰을 꺼내어 열어 보면 즉시 해결되기 때문이다.

우리 집에는 오래전부터 내자가 퇴직기념으로 받은 벽걸이 시계가 있어서 거실 벽에 걸어 놓고 항상 시간을 읽을 수가 있었다. 그것은 작은 건전지[밧데리] 두 개를 끼우게 되어 있고 아래로는 시계추가 좌우로 왔다 갔다 하는 이른 바 속된 말로 '불알시계[錘時計]'라는 것이다. 종전에는 태엽을 감는 시계가 많았지만 우리의 벽시계는 어쩌다가 건전지만 제때에 갈아 끼워주면 시간도 정확하게 잘도 갔다. 그러나 시계추와 내부기관과는 어떤 관계인지는 전혀 알 수가 없고 다만 온 가족이 쉽게 시간을 확인할 수가 있어서 우리 집의 중요한 보배임에는 틀림이 없었다.

그런데 서너 주일 전부터는 시계가 늘이게 가더니 드디어 아주 멈추어 버리고 말았다. 그래서 요즘은 TV옆에 있는 전자시계를 자주 보고 시간을 확인하곤 한다. 전자시계는 세로 가로 20cm x 30cm의 크기인데 맨 위에는 'BENHUR'라고 쓰여 있고 그 아래에는 차례로 '2021. 12. 22.', 오후 '6:51', '수요일', '25도'와 같이 뚜렷한 문자들이 나타나고 있다. 이처럼 연월일시와 요일과 기온까지 나타나기 때문에 여러 가지로 좋긴 하지만 벽걸이 시계보다는 다소나마 시야가 넓지 못한 곳에 놓인 것이 하나의 결점이다.

나는 일주일이나 멈춰 서있는 벽걸이 시계를 떼어서 건전지를 갈아 끼워 보려고 하였으나 알맞은 새 건전지가 없어서 본래의 상태로 소모된 건전지를 그대로 끼워서 테이프로 고정하여 벽에 걸어놓고 시계추를 흔들어 놓았다. 그러고 나서 한참이나 지난 후에 살펴보니 시계추가 보기 좋게 좌우로 흔들리고 있었다. 나는 "참 신통하구나. 시계가 가는구나!"라고 속으로 중얼거리며 신기하게 생각하였다. 뜻밖에도 건전지는 내가 손을 댄 후에 다시 기능을 발휘하는 모양이었다.

그러나 다음날 다시 보니 시계추는 여전히 흔들리고 있지만 시침이나 분침이나 초침은 그대로 제 자리를 지키고 꼼짝하지 않는다는 것을 알게 되었다. 나는 움직이는 시계추만 바라보고 너무나 쉽사리 착각하고 오인하고 속고 있었던 것이었다.

내가 지금 이 글을 쓰는 순간에도 시계추는 왔다 갔다 하면서 운동을 계속하고 있다. 시계바늘은 조금도 움직이지 않는데 도대체 무슨 연고일까 궁금하다. 건전지의 기능은 시계추만을 위한 것이 아닌 듯싶은데 어찌 된 일인가? 시계의 내부구조나 기계공학적 원리에는 장님과 다름없는 처지에서 나는 시계가 가고 있다고 함부로 믿은 것이 참으로 어처구니없는 착각이요, 참으로 우매한 짓거리였던 것이다.

나는 나의 고장 난 벽걸이 시계에 속았다는 사실과 함께 고장 난 시계의 보이지 않는 구조적·기능적 원리와 양상을 볼 줄 모르는 우매한 지식인임을 새삼스럽게 깨닫게 되었다. 그리고 내가 무려 20여 년 동안이나 사용하고 있는 나의 벽걸이 시계가 바늘은 꼼짝하지 않고 추만 왔다 갔다 하면서 나를 속이고 있다는 사실을 알고 나서 시계의 행동(?)을 너그럽게 이해하기가 어렵게 되었다. 그러나 그것은 어디까지나 하나의 물리적인 현상에 지나지 않는다는 사실에 비추어 보면 나의 지각능력(知覺能力)이 얼마나 저급한 수준인지를 더욱 깊숙이 깨닫게 되었다.

그런데 어찌 하필이면 나의 벽걸이 시계뿐이랴. 이 세상에는 겉으로 보이는 현상과 실질적이고 본질적인 내면과는 너무나 큰 차이를 나타내는 일들이 얼마나 많을까 짐작하기조차 어렵다.

"관찰은 부정확하고 판단은 어렵다"(Observation uncertain, Judgement difficult.)고 한 존 러벅(Lubok, Sir John; Baron Avebury)의 말도 결코 새삼스러운 것이 아니다. 관찰은 부정확하고 판단은 어려운 것이 나에게는 항상 엄연한 사실로 닥아 오는 문제들이며 그 말은 참된 명언이요, 과학이요, 진리요, 철학이다. 나의 거실에 걸려 있는 시계추는 믿을 수 없는 망령이요, 요물이다. 그리고 믿을 수 없는 시계추는 도처에 너무나 많이 널려 있고 나는 그 시계추에 현혹되어 평생을 살아 온 것은 아닌지 매우 궁금하고 불안하기도 하다. 세상에는 나의 시계추처럼 사간을 알리는 시계의 본래적 기능과는 아무런 관계도 없는 짓, 자신의 본질과 사회와 국가와 인류의 운명과는 아무런 관계도 없는 망동(妄動)을 일삼는 인간들이 허다하지 않은지 의문이 제기되는 것이다. 이른바 세상에 알려진 사이비지식인들이나 사이비정치인들이나 사이비지도자들이 그 대표적인 인물들이 아닌가!

다시 말하면 고장 난 벽시계의 괴이한 추처럼, 인간의 본질이나 세계와 국가와 민족과 사회와 이웃과 골육지친과의 모든 관계에서 인륜과 도덕과 규범과 이상(理想)과 같은 모든 가치와 진리를 벗어난 엉뚱한 상황에 완전히 구속되고 함몰되고 이성을 상실한 행태를 자행하는 것은 아닌지 회의하게 된다는 것이다. 그렇다면 나는 때때로 착각과 오판을 거듭하고 속아 넘어가기와 그것을 바탕으로 진리처럼 믿으며 망상과 환상 속에서 살아 온 어리석고 거짓된 이른바 사이비지식인에 지나지 않았던 것이다. 생각하면 할수록 참으로 부끄럽기 짝이 없다.

오늘도 나의 벽걸이 시계의 동그란 추는 어제처럼 여전히 좌우로 흔들어대면서 나를 조롱하는 듯 빤히 바라보고 있다. 오늘은 기어코 큰마음 먹고 그 미치광이처럼 춤추며 어리석은 나를 기만하고 있는 추를 떼어내 멀리 멀리 쓰레기통에 내어던지고 싶다.

(2021. 12. 22.)

쓰고 싶지 않은 글

다른 것은 모두 글로 쓰더라도 간밤에 있었던 일에 대해서는 좀처럼 쓰고 싶지 않은 것이 솔직한 나의 심정이다. 부끄럽기도 하고 창피하기도 한 까닭인지, 아무튼 나는 글로 쓰고 싶지 않고 남에게 숨기고 싶고 이야기하기도 싫은 것이 분명하다.

나는 자정이 지나서 침대에서 일어나 머리를 긁으며 욕실로 들어섰다. 옷을 거의 모두 벗어던지고 나니 썰렁한 기분이 감돌았다. 나는 수도꼭지를 틀고 머리를 감았다. 언제나 그런 것처럼 먼저 물을 묻히고 비누를 칠하고 모두 헹구어내고 다시 비누를 칠하고 머리알을 긁으며 다시 헹구어냈다. 두서너 차례 반복하고 나니 머리때는 거의 없어져 버리고 뽀드득 소리가 나는 것이었다.

나는 이어서 마지막 남은 옷을 벗어 던지고 온 몸에 물을 끼얹었다. 그리고 비누를 가져다가 팔뚝에서 가슴으로, 가슴에서 옆구리로 여기저기 손이 닿는 곳은 고루고루 비누를 칠하였다. 그러나 등에는 좀처럼 손이 미치기 어렵기 때문에 타월을 얼른 집어서 비누를 흠뻑 칠하고 어깨부터 등까지 고루고루 문질러 댔다. 그리고 타월을 어깨에 걸치고 마치 톱질을 하듯이 당겼다 놓기를 반복하며 목욕은 순조롭게 진행되었다. 이윽고 목욕을 마무리하기 위하여 타월을 던져두고 손으로 여기저기를 더듬어 보았다. 그런데 나의 예상과는 달리 완전히 더갱이가 된 때가 여기저기서 수북하게 밀려 나오지 않는가.

나는 다시 물을 끼얹고 손으로 문질러 보았다. 그런데 놀랍게도 처음에 문질러서 나온 것처럼 때가 많이 벗어져 나오는 것이었다. 여기저기 손닿는 데는 빼놓지 않고 손을 대었지만 그 어느 곳이라고 예외가 없었다. 두 번 세 번 반복하여 손으로 문질러도 때는 여전하였다. 혹시 피부가 송두리째 때로 변하여 긁혀 나오는 것은 아닌지 의문이었다.

나는 겁이 났다. 때가 끊임없이 밀려서 나오고 있으니 어찌 된 일인가. 온수와 냉수는 잘 조절되지 않아서 뜨거웠다 차가웠다 하니 더욱 따분하게 되었다. 내가 어렴풋이 짐작한대로 때는 무진장이었다. 나의 몸뚱이는 때 투성이로 구성된 특수한 몸뚱이인 것 같다. 신축년(辛丑年)을 보내고 임인년(壬寅年)을 맞이하는 이 한밤에 나는 온 몸에 찰흙처럼 엉겨 붙은 묵은 때를 벗기려고 안간힘을 쓰는 것이다. 낡은 살갗이 함께 벗겨져 나왔는지도 모르지만 벌써 벗어진 때만 해도 커다란 바가지로 한 바가지는 될 것만 같다. 어느 고대소설에서도 몸에서 벗겨진 때로 생쥐를 만들었다는 이야기가 나온 듯싶다.

나는 드디어 지치고 말았다. 묵은 때는 도무지 끝이 보이지 않는 무진장이고 나는 그 무진장에 대하여 손을 들게 되었다. 머리는 무거워지고 힘은 들고 팔다리는 아프고 어깨는 축 늘어지고 말았다. 나는 그만 '때 밀기 작전'을 포기하고 항복의 백기를 던질 수밖에 없었다.

그런데 생각해 보면 나는 이 따위 시시콜콜하면서도 자칫하면 구역질이라도 날 것만 같은 추한 경험을 구태여 기억할 필요가 없는 것이었다. 다시 기억하기도 싫고 더군다나 남에게 말하기는 더욱 싫은 것이었다. 그리고 말로만 하기 싫은 것이 아니라 글로도 쓰고 싶지 않다. 말해보아야 저속하고 유치하기만 하고 들어줄 사람도 없거니와 글로 써보아야 읽어줄 사람도 없는 것이다.

그런데 그 더러운 때는 나의 몸뚱이에만 있는 것일까. 정말 그럴까. 결코 아니라고 말할 수밖에 없다. 몸뚱이에서 나오는 때보다 더욱 더럽고 냄새나는 보이지 않는 때가 나의 심령을 감싸고, 아무리 문지르고 비비고 문대어도 떨어지지 않는 것은 아닌지 매우 의심스럽다. 다시 말하면 냄새나는 때처럼 탐진치(貪瞋痴)가 나의 이성과 영혼을 사로잡고 있는 것은 아닌가 생각하니 참으로 어처구니없는 일이었다.

다시 말하면 육체적인 몸만 더러운 때로 뒤덮인 것이 아니라 정신적인 내 마음이나 영혼도 더러운 때로 뒤덮인 것이다. 참으로 고개를 들기 어렵고 모골이 송연할 지경이다. 그러니 어찌하랴. 그래도 나는 더러울망정 나를 둘러싸고 있는 모든 주변만은 그렇지 않기를 바란다. 더욱이 민족과 국가를 입에 올리고 자유와 권리와 민생과 국가의 발전을 밥 먹듯이 외치는 정치인들이나 지식인들이나 지도자들은 나처럼 더럽지 말기를 바란다.

유학(儒學)의 중요한 핵심을 이루고 있는 성리학(性理學)에서는 사단칠정(四端七情)을 가지고 논변한다. 사단이 체(體)라면 칠정은 용(用)이라고 할 수 있어서 우리의 일상생활은 사단이 발(發)하여 희로애구애오욕(喜怒哀懼愛惡欲)이라는 칠정으로 나타나는 것이 정상이다. 그러나 그 칠정이 항상 중절(中節)하여 모든 법도에 어긋나지 않고 부합되는 것은 아니라는 것, 다시 말하면 때로는 중절하기도 하고 때로는 중절하지 않는 경우도 있다는 것이다. 이를테면 마땅히 기뻐할 만한 것을 기뻐하지 않고 기뻐하지 말아야 할 것을 기뻐한다는 것이다. 그러면 나의 정신과 육체에서 나오는 모든 오류와 착각은 무엇일까. 칠정이 제대로 중절하지 못한 것임은 말할 것도 없다. 이것이 바로 바람직한 인격이 바람직하게 발하지 못하고 비인격적으로 발한 것이다.

이러한 현상은 참으로 용납하기 어려운 인격의 파탄이요 인륜의 타락현상이기도 한 것이다. 그러므로 나는 내 몸에 덕지덕지 앉아서 나를 괴롭히는 더러운 때를 벗겨내듯이 내 마음속에 들어앉아 내 마음을 더럽히는 모든 편견과 오해와 사리사욕과 아집을 벗어던져야 하는 것이다.

글을 쓰다 보니 내 몸에 엉겨 붙은 때처럼 글에서도 악취가 나는 것 같아 자판 두들기기를 그만 두어야 하겠다. 아무에게도 이처럼 불결하고 악취가 나는 이야기를 들려주거나 읽히고 싶지 않기 때문이다.

그럼에도 불구하고 나는 버리고 싶은 것을 버리지 못하고 숨기고 싶은 것을 숨기지 못하고 쓰고 싶지 않은 글을 쓰고야 말았다. 참으로 어리석고 딱한 일이다. (2022. 1. 1.)

한국문화전통의 연원

1

인류가 지구상에서 국가를 형성한 시기는 분명하지 않은 것 같다. 그러나 동양문화권에서 중요한 비중을 차지하고 있는 중국에서는 지금으로부터 약 50만 년 전으로 알려진 구석기(舊石器)시대에 있었던 '북경인(北京人)'과 2만 5천 년 전으로 알려진 '산정동인(山頂洞人)'을 중국민족의 선조로 설정하고 황제시대(黃帝時代)를 중국역사의 기원으로 삼고 있다. -황제(黃帝)는 기원전 2,700~2,600년 사이에 살았던 중국 최초의 군주로 기록되고 있는데 요(堯)임금은 황제(黃帝)의 현손(玄孫)이며 순(舜)임금은 8세손이라고 한다.- 이러한 주장에 따르면 중국에서는 지금으로부터 약 4,600여 년 전에 국가가 형성되고 통치자가 있었음을 짐작케 한다. 그리고 우리나라의 단군왕검(檀君王儉)은 중국의 요(堯)임금과 비슷한 시기에 단군조선(檀君朝鮮)을 건국한 것으로 전해오고 있다.

국가는 이념을 가지고 있다. 국가는 차라리 이념의 소산이라고 말해도 좋으리만큼 이념을 그 존립의 근거로 한다. 따라서 국가의 이념을 밝히는 일은 국가의 본질(本質)을 밝히는 중요한 방법이 될 수 있다. 이념은 순수사유(純粹思惟) 또는 이성(理性)에 의하여 파악되는 보편타당한 개념적 실재(概念的 實在)라고 한다. 따라서 국가의 이념은 국가가 추구하는 규범(規範)과 가치(價値)와 이상(理想)으로서의 의미를 가지며, 이를 밝히고 실현코자 노력하는 것이 정치철학의 한 정신이기도 하다. 만일 국가의 이념이 존재하지 않거나 그것이 제대로 밝혀지지 않는다면 국가는 규범이나 가치나 이상을 떠나버린 단순한 집단이 되어 그 존재이유(存在理由)로서의 근거를 상실하게 된다.

우리나라는 단군조선(檀君朝鮮) 이래 수많은 왕조(王朝)가 흥망성쇠를 거듭해 왔으며, 오늘날에 이르러서는 세계에서 보기 드문 근대국가를 건설하여 번영과 복지를 누리고 있다. 그럼에도 불구하고 우리나라의 국가이념에 대하여는 학문적으로 충분히 연구되지 못한 형편이다. 일부에서는 대한민국헌법(大韓民國憲法)의 기본정신으로 규정한 민족주의(民族主義)와 민주주의(民主主義)와 국제평화주의(國際平和主義)를 우리나라의 국가이념으로 제시하고 있으나 그것으로 만족할 만한 논의가 이루어진 것은 아닌 듯하다.

이른바 통치자들은 국가이념을 정치적으로 실현하는 주역(主役)이라고 할 수 있고, 그들이 표방하는 이른바 통치이념은 국가이념을 실현하기 위한 수단적 성격을 띠게 된다. 따라서 통치이념은 어디까지나 국가이념의 테두리를 벗어날 수 없을 뿐만 아니라 국가이념에 종속되지 않을 수 없다.

그러므로 통치이념은 국가이념을 실현하기 위한 가장 합당한 수단이어야 함에도 불구하고 실제로는 그것이 언제나 보장되어 있는 것은 아니고, 오히려 국가이념의 실현과는 거리가 멀거나 정면으로 배치되는 경우도 빚어질 수 있다. 그러나 통치이념이 수단적 목표라면 국가이념은 종국적 목표이고 전자가 현실적 목표라면 후자는 이상적 목표이다. 통치이념은 시간과 공간에 따라 가변적일 수도 있으나 국가이념은 좀처럼 시공(時空)에 구애됨이 없다. 앞에서 거론된 민족주의와 민주주의와 국제평화주의는 일부의 정치학도들에게 우리나라의 국가이념으로 인식되고 있으나 그것을 포괄하는 유개념(類概念)으로서의 국가이념이 정립될 수 있으므로 그것은 종개념(種概念)으로서의 통치이념에 머물게 된다.

2

우리나라의 국가이념은 단군조선(檀君朝鮮)으로 거슬러 올라갈 수 있다. 단군조선에 관한 기록은 일연(一然)의 『삼국유사 기이편; 三國遺事紀異編』 고조선조(古朝鮮條), 『세종실록 지리지』(世宗實錄地理志 평양부영이조), 이승휴(李承休)의 『제왕운기(帝王韻紀)』 권하, 권람(權擥)의 『응제시주(應製詩註)』 등에서 보이는데 단군조선의 건국사화(建國史話; 檀君神話)는 우리나라 고대국가의 이념을 찾아 볼 수 있는 중요한 자료이다.

단군조선의 건국사화는 하느님[桓因]의 아들[桓雄]이 하늘에서 땅위로 내려와 신시(神市)를 베풀고 웅녀(熊女)와 혼인하여 단군(檀君)을 낳음으로써 단군조선(檀君朝鮮)이 건국되었음을 말해 주며 하느님이 당신의 아들을 땅위로 내려 보낼 때는 인간사회(人間社會)를 널리 이롭게 하기 위한 것이었고, 또한 환웅(桓雄)이 천부인(天符印)을 가지고 내려왔다는 사실은 매우 주목할 만한 일이다. 우리 민족은 고대로부터 하늘을 공경하여 제사를 올렸고 만물을 통섭(統攝)하는 인격자로서의 하늘의 존재를 신앙해 왔다. 따라서 단군조선은 우주만물을 지배하는 초월자(超越者)로서의 하느님의 뜻에 따라 건국되었음을 말한다.

단군조선의 국가이념은 '널리 인간사회를 이롭게 하는 것' 즉 홍익인간(弘益人間)이다. '인간(人間)'이라는 말은 단순히 사람을 가리키는 말이 아니고 '인간사회'를 가리키는 말이다. 사람은 본디 혼자서는 살 수 없고 언제나 무리지어 살면서 일정한 조직과 질서 속에서 살기 때문에 '인간'이라는 말 속에는 '사회'라는 뜻도 포함될 수 있으며, 단군조선 건국사화에서 말하는 인간은 분명히 사회를 가리키는 말이다. 그러므로 '홍익인간'이라는 이념은 어느 특정인으로서의 사람이나 특정계층으로서의 사람을 유익하게 하는 것이 아니고 천하의 모든 사람을 유익하게 하는 것이다. 홍익인간은 사익(私益)과 공익(公益)을 통합하고 조정함으로써 사회를 더욱 유익하게 하는 것이며 그것이 곧 하느님의 뜻이기도 하다는 것을 말한다. 그리고 통치자는 하느님의 뜻을 잘 받들어서 풍백(風伯)과 우사(雨師)와 운사(雲師)가 잘 기능하게 하고 곡식(穀食)과 생명과 질병과 형벌(刑罰; 法制)과 선악(善惡; 倫理)을 비롯한 모든 인간사(人間事)를 주관하여 백성들의 의식주가 넉넉하고 천수(天壽)를 누리며 질병의 고통이 없고 질서가 있으며 선악이 분별되는 도덕적인 사회를 건설하는 지도자이다.

이러한 사회는 『예기 예운편(禮記 禮運篇)』에 소개되고 있는 대동사회(大同社會)와 유사한 이상사회이다.

단군조선 이후 한민족(韓民族)은 여러 개의 부족국가로 발전하였으나 모두 단군조선의 국가이념을 직접 또는 간접적으로 계승하였다. 건국사화에서 나타나는 하느님과의 관계라든지 여러 가지 신비주의와 경천사상 등이 그것을 뒷받침한다고 볼 수 있으며 이른바 기자조선(箕子朝鮮)의 팔조법금(八條法禁)과 같은 실정법(實定法) 규범은 인간의 생명을 매우 존엄하게 다룬 근거를 보여준다.

그리고 고구려(高句麗)의 광개토대왕비(廣開土大王碑)에서 볼 수 있는 '도(道)로써 나라를 다스리는 사상'과, 백제(百濟)의 소도(蘇塗) 남당(南堂) · 정사암(政事巖)에 관련된 통치이념과, 신라(新羅)의 진흥왕순수비(眞興王巡狩碑; 황초령비)에서 볼 수 있는 '삼가고 조심하여 하늘의 도를 어길까 두려워하는 사상'이나 화백(和白) 남당(南堂) 등에 관련되는 통치이념은 매우 주목할 만하다. 이들 고구려(高句麗) 백제(百濟) 신라(新羅)의 통치이념에서 공통적으로 찾아 볼 수 있는 것은 모두 '하늘' 이라는 지극히 높은 존재로부터 통치이념을 연역(演繹)함으로써 절대자의 의지를 받들고 백성을 널리 유익하게 하고자 한 것이다. 따라서 단군조선 건국사화에서 보이는 하늘의 뜻에 따른 홍익인간(弘益人間)의 국가이념이 여실히 계승되었음을 알 수 있다.

중국의 이상사회가 대동사회(大同社會)라면 단군조선(檀君朝鮮) 이래의 한민족의 이상사회는 홍익사회(弘益社會)라고 할 수 있다. 중국의 대동사회(大同社會; 太平世)는 천하위공(天下爲公)의 사회인데 그것은 요순(堯舜; 陶唐 有虞)시대에 그쳤고, 그 이후로는 소강사회(小康社會; 升平

世)에 이어 이른바 거란세(據亂世)가 출현함으로써 정권교체의 형식도 선양(禪讓)이나 세습(世襲)에서 방벌(放伐)로 나타났다. 요(堯)가 순(舜)에게 선양하고, 순(舜)이 우(禹)에게 선양하고, 우(禹)는 익(益)에게 선양하려 하였으나 백성들이 익(益)을 따르지 아니하고 계(啓)를 따름으로써 세습이 이루어졌으며, 걸(桀)은 탕(湯)에게, 주(紂)는 무왕(武王)에게 각각 방벌을 당하였다.

방벌은 비상수단에 따른 권력의 변동이며 이른바 무력혁명(武力革命)이다. 이것은 고려왕조(高麗王朝)의 창업(創業)에서도 나타났다. 후고구려(後高句麗; 摩震 泰封)를 세운 궁예(弓裔)가 날로 방종하고 포악해지자 홍유(洪儒) 등은 '혼군(昏君)을 폐하고 명왕(明王)을 세우는 것은 천하(天下)의 대의(大義)'라고 밝히고 왕건(王建)에게 은(殷)나라와 주(周)나라의 혁명을 본받아 행하라고 진언하였다.

고려태조(高麗 太祖)는 즉위 26년에 후사가 종정사욕(從情肆欲)하여 기강을 패란할까 근심스럽다는 것을 말하고 신하를 내전(內殿)으로 불러 『훈요십조』(訓要十條)를 내렸다. 그것은, 왕위(王位)의 전수(傳授)는 요(堯)임금이 순(舜)임금에게 선위(禪位)한 원리에 따라 가장 덕망(德望)이 있는 자로 하여금 대통(大統)을 잇게 할 것, 간쟁(諫爭)을 받아들이고 부역(賦役)을 가볍게 하며 상벌(賞罰)을 공평히 할 것, 왕은 스스로 자숙(自肅)하고 계신(戒愼)해야 한다는 것이 포함되어 있는데 이들은 모두 당우삼대(唐虞三代; 堯 舜 夏 殷 周)의 성인군주(聖人君主)들이 통치하던 것을 본받는 것이었다.

조선왕조(朝鮮王朝)에서는 명(明)나라에 대한 사대주의(事大主義)와 배불숭유(排佛崇儒)가 건국이념이었다고 하는 견해가 있다. 그러나 사대

(事大)와 숭유(崇儒)는 국가의 대외 대내적 정책의 성격을 띠고 있어서 매우 가변적일 수 있기 때문에 그것이 통치이념(統治理念)일 수는 있어도 국가이념(國家理念)이기는 어렵다. 여기서 특별히 주목하고자 하는 것은 조선왕조의 초기에 추진된 법전편찬과정(法典編纂過程)에서 나타난 국가이념이다. 이태조(李太祖)가 즉위하자 사헌부(司憲府)는 정치의 준칙(準則)을 건의하는 상소(上疏)에서 '신(信)은 임금의 대보(大寶)' 임을 강조하고, 백성을 다스리고 기강(紀綱)을 세우고 상벌(賞罰)을 분명히 하는 것이 모두 신(信)으로써 이루어진다고 하였으며, 정도전(鄭道傳)은 『조선경국전』(朝鮮經國典) 헌전총서(憲典摠序)에서 '성인(聖人)의 법(法)은 사람을 기다려서' 시행된다는 것을 말하고, 흠휼지인(欽恤之仁)을 이룬 후에야 성인(聖人)의 법(法)이 시행되는 것이며, 성인의 제형(制刑)은 그것을 믿고 의지함이 아니고 다만 덕치(德治)를 돕고자 함이라는 것을 강조하였다. 그리고 법(法)이라는 것은 어디까지나 천지사시(天地四時)의 정연한 자연질서와 같이 만인(萬人)이 즐겨 따르며 우러러보는 것이어야 한다고 주장하였다.

요컨대 조선왕조(朝鮮王朝)의 국가이념은 천의(天意)를 받들고 성인(聖人; 先王)을 본받으며 덕치(德治)에 따른 인정(仁政)을 베풀어 백성들이 편안히 살게 하는 것이라고 할 수 있다.

3

우리 민족은 고대로부터 중국대륙과 일본(日本; 倭國)의 침략으로 많은 시련을 겪어왔고 최근세에 와서는 일본과 서구(西歐) 열강의 강력한 도전을 받고 마침내는 일본제국주의의 침략을 물리치지 못하고 국가의 주권을 상실함으로써 수천 년에 걸쳐 창조해 온 민족 고유의 아름다운 문화전통이 파괴되고 단절되는 극한상황에 이르기도 하였다. 그러나 우리 민족은 최근세의 위정척사운동(衛正斥邪運動)과 의병항쟁(義兵抗爭)과 일제강점하(日帝强占下)의 독립투쟁(獨立鬪爭)을 통하여 민족정기(民族正氣)를 발휘하여 왔다.

1945년 8월 15일, 광복(光復)을 맞이한 우리는 1948년 7월 17일 대한민국헌법(大韓民國憲法)을 공포하고 그 후 여러 차례의 개정을 거쳐 오늘에 이르렀다. 우리 헌법(憲法)은 자유민주주의를 기본원리로 하는 입헌주의(立憲主義)를 채택하고 있는데 그 중에서도 대중민주주의와 복지국가주의를 특징으로 하는 참신한 현대적 입헌주의를 기본질서로 삼고 있다. 즉 우리 헌법은 모든 선거에 있어서 보통선거와 평등선거를 보장하고 있으며, 또한 정치 경제 사회 문화의 모든 영역에서 모든 국민의 기회균등이 보장되는 바, 특히 우리나라 경제질서의 목적이 균형 있는 국민경제의 성장 및 안정과 적정한 소득의 유지 및 경제의 민주화를 보장하고 있다.

이런 점에서 본다면 어떤 형태의 특권계급도 있을 수 없고 극단적인 개인주의와 자유방임주의에서 초래되는 초기자본주의의 폐단과 모순도 용납될 수 없다. 이것은 곧 단군조선 건국사화에서 비롯한 '홍익인간'의 국가이념을 한층 구체적으로 드러낸다고 할 수 있다.

홍익인간은 우리 민족의 국가이념인 동시에 문화전통의 원형이다. 홍익인간은 우리의 정신적 윤리적 가치와 물질적 경제적 가치를 아울러 추구하는 이상실현의 근본이다. 홍익인간은 한민족뿐만 아니라 온 인류가 추구하는 이상실현의 근본이기도 하다. 따라서 홍익인간의 문화전통은 인류가 공유할 수 있는 문화적 소산인 동시에 온 인류의 바람직한 문화적 이상과 소산을 수용하고 포괄할 수 있다.

우리의 문화전통은 한민족의 민족사적 배경을 지닌 사상적 규범적 효용적 생활양식의 소산이다. 그러므로 우리의 문화전통은 우리의 생활양식 속에 스미어 있으면서 우리의 생활양식을 향상시키고 발전시키는 원동력으로 기능한다. 이런 의미에서 우리의 문화전통은 우리의 역사 속에서 끊임없이 발굴되고 연마되고 계승되어야 한다. 그리고 우리의 문화전통은 무분별하고 맹목적인 인습(因襲)과는 엄연히 구별되는 것이다. 인습은 아무리 오랜 역사적 배경과 깊은 뿌리를 지니고 있을지라도 결코 전통은 아니며 아낌없이 버려야 할 찌꺼기일 수도 있다.

4

우리의 빼어난 문화전통은 너무나 풍부하고 다양하여 일일이 열거할 수 없으나 우선적으로 풍류도(風流道)를 들지 않을 수 없다. 풍류도는 우리 민족의 현묘한 도(道)이고 그 가르침의 연원은 『선사』(僊史)에 기록되어 있는데 그 내용은 세 가지 가르침을 포함하고 있으며 군생(群生)을 접화(接化)한다고 하였다. 이를테면 '입즉효어가 출즉충어국(入則孝於家 出則忠於國)', '처무위지사 행불언지교(處無爲之事 行不言之敎)', '제악막작 중선봉행(諸惡莫作 衆善奉行)'은 각각 魯나라 사구(司寇)의 가르침(뜻, 旨)이요, 주(周)나라 주사(柱史)의 가르침(근본, 宗)이요, 축건 태자(竺乾 太子)의 가르침[敎化, 化]이라는 것이다. 이것은 일찍이 신라(新羅)의 최치원(崔致遠, 857 ~ ?)이 『난랑비 서문』(鸞郞碑 序

文)에서 밝힌 것으로 우리 민족의 넓고 지혜로운 구도정신(求道精神)을 엿보게 한다.

우리는 지금 풍류도라는 말을 자주 쓰지도 않고 특별히 표방하지도 않지만 지금 전개되고 있는 우리나라의 다원주의적 종교행태(多元主義的 宗教行態)는 풍류도의 생생한 실체를 실감하게 한다. 최치원은 또한 진감선사대공탑비명병서(眞鑑禪師大空塔碑銘並序) 가운데서 '무릇 도(道; 진리)라는 것은 사람으로부터 멀지 않으니 사람에게는 내 나라 네 나라가 따로 없는 것이다. 그러므로 동인지자(東人之子)는 불교(佛教)도 믿고 유교(儒教)도 믿는 것이 필연이다'라고 하였다. 지금 우리 민족은 불교와 유교뿐만 아니라 수많은 외래종교(外來宗教)를 수용하고 또한 독창적인 민족종교(民族宗教; 신종교)를 창조하여 신앙하고 있다. 특히 기독교(基督教; 구교 및 신교)의 수용은 매우 경이로운 수준이어서 하나의 종교적 기적이라고 지적된다.

한국의 문화전통 가운데 반드시 빼놓을 수 없는 것은 효도(孝道)와 충도(忠道)이다. 이것은 홍익인간의 이념에 부합할 뿐만 아니라 풍류도의 중요한 내용을 이루며 유교(儒教; 유학)의 핵심이다. 그리고 한민족(韓民族)이 신앙하는 많은 종교의 가치요 윤리요 이상이다. 어떤 사람은 효도와 충도가 봉건적(封建的), 전근대적(前近代的) 유물(遺物)이나 잔재에 지나지 않는 것으로 여기는 수가 있으나 부모와 자녀의 실체가 엄연하고, 국가와 사회와 인간관계가 부정(否定)될 수 없는 인류문화의 특성에 비추어 볼 때 그것은 하나의 편견(偏見)이나 착각(錯覺)에 지나지 않는다.

우리는 본질(本質)을 외면하고 왜곡된 현상에 얽매어서는 안 된다.

효도와 충도(忠道)는 우리 민족이 갈고 다듬고 지켜오는 빛나는 문화 전통(文化傳統)의 정화(精華)이며 홍익인간의 뿌리에서 자라나고 풍류도의 가지에서 피어난 아리따운 한 떨기의 꽃이다.

(2013. 1. 8. 2022. 1. 14. 교정)

*참고

1. 風流道

國有玄妙之道曰風流 設敎之源備詳僊史 實乃包含三敎 接化群生 且如入則孝於家出則忠於國 魯司寇之旨也 處無爲之事 行不言之敎 周柱史之宗也 諸惡莫作衆善奉行 竺乾太子之化也 (『삼국사기』 신라본기 진흥왕37년 난랑비서)

2. 道不遠人

夫道不遠人 人無異國 是以東人之子 爲釋 爲儒 必也 (『고운선생문집』하 사산비명 유당신라국고강주지이산쌍계사교시진감선사대공탑비명병서)

3. 忠道(壬申誓記, 花郞誓記)

壬申六月十六日 二人幷書記 天前誓 今自三年以後 忠道執持過失無誓 若此事失天大罪得誓 若國不安大亂世 可容行誓之 又別先辛未年七月++二日 大誓 詩 尙書禮 傳 倫得誓三年(신라진흥왕3년: 552년 또는 진평왕34년: 612년으로 추정. 1934년 발견, 보물1141호, 경주박물관소장)

'설날'을 맞이하며

한밤중에 문득 전자시계를 보니 '2022. 2. 1.'이라는 글자가 빛나고 있었다. 모든 사람들이 관심을 가지고 있는 '설날'이다.

설날은 우리 민족 최대의 명절이라고 한다. 매스컴에서는 시간마다 귀성객(歸省客)들을 위하여 교통을 안내하기도 하고 코로나19의 변종이 확산되고 있으니 각별히 유의하고 될 수 있으면 귀성을 생략하는 방향으로 유도하였지만 고속도로는 정체를 일으키고 시외버스는 예약이 마감되고 혼잡하다고 한다.

나는 설날이나 추석날이나 귀성을 포기한 지도 여러 해가 되었다. 부모님이 모두 저 세상으로 떠나시고 형님들마저 뒤를 이으시고 나니 모이려는 마음이 살아지고 말았다. 이제는 아이들의 도움으로 성묘나 다녀오면 그것으로 만족하는 수밖에 없다.

나는 지난달에 8번째의 수필집을 내어 놓았다. 『방황과 고뇌의 세월』이라고 이름을 붙이고 '나의 참회록'이라는 부제를 덧붙여 놓았다. 내가 살아 온 이야기를 중심으로 한 것이기에 초(初) 중(中) 고(高)와 대학과 대학원에서 공부하고 가정과 직장에서 겪은 일들이 솔직하게 노출되었다. 그런데 이 책이 여기저기로 전해져서 '책을 보내주어 고맙다'는 인사와 함께 '출판을 축하한다'는 인사도 전해 왔지만 내가 은근히 꺼리고 감추고 싶은 내용이 부각되어 나타나기도 하였다. 자기 자신을 송두리째 벗겨버리는 것이 수필이라고는 하지만 나의 옹색한 속마음은 어쩔 수가 없는 것 같다.

나는 이제 보통 나이로 동리(凍梨)에 이르렀다. 자세는 구부러지고 얼굴에는 검버섯이 흉할 정도로 많아졌다. 얼고 얼어서 검게 변색한 배 껍질과 유사한 것이다. 남들은 병원을 찾아다니며 검버섯을 제거한다고 하지만 나는 게으른 탓으로 손을 놓고 있다.

이제 늙을 대로 늙은 나는 무엇으로 세월을 보낼 것인가. 지금 출판사에서 작업하고 있는 9번째의 수필집에 이어 10번째의 수필집을 내어 놓을 작정이지만 그것만으로는 성이 차지 않을 것 같다. 집 안에서 우물쭈물하다가 이따금 경로당엘 나가면 할아버지들 중에서 최고령자가 되고 말았다는 것을 실감하게 된다.

나는 요즘 'OO한국수필가협회'의 카페에 자주 들러 여러 회원들의 작품 가운데서 관심을 끄는 주제를 가려서 읽어보기도 하고 유튜브도 시청하는 것이 버릇이 되었다. 그리고 생각나는 대로 나의 신변잡기에 가까운 이야기를 수필이라는 거창한 이름으로 호도하여 쓰기도 한다. 명색이 동양철학을 전공하였다고 하면서 수필의 주제는 그와는 멀기만 하고 때로는 난잡하기만 하다.

요즘은 밖으로 산책을 다니기도 힘이 든다. 육체적 능력도 문제이지만 기분도 좋지 않고 춥기도 하고 게으른 버릇이 생겼기 때문이다. 서가에는 내가 아직 읽지 않은 책들이 즐비하게 잠자고 있다. 그러나 언제쯤이나 그 책들을 읽을 수 있을지는 거의 짐작되지도 않는다.

그런데 은근히 불안한 기분이 감돈다. 내 나이도 많지만 내자의 나이도 많은데다가 그의 육체적 인지적 건강이 매우 불안하기도 하여 아이들의 도움이 빈번하기 때문이다. 이따금 '실버타운'이나 '요양원'이나 '요양병원'으로 갔다는 지인들의 소식도 유심히 들려온다. 그러나 그것은 어디까지나 그들의 형편일 뿐, 우리와는 아무런 관계도 없는 것이라고 치부하고 만다. 내자가 발병하기 전에는 주방을 멀리하기만 하던 내가 요즘은 완전히 달라지기도 하였다. 한 때 자취생활을 하던 때처럼 주방은 나의 단골이 되어 가고 있다. 주방은 나의 중요한 활동공간이다.

나는 라디오도 자주 듣고 TV도 자주 시청하고 신문도 날마다 읽는다. 그런데 그럴 때마다 나의 얼굴이 찌푸려지고 불안을 부채질하는 소식들이 여기저기 끼어서 나타난다. 이른바 정치인들이라는 사람들이 나의 신경을 은근히 자극하기 때문이다. 정치란 나라를 바르게 다스리는 것이며 그 본질은 분화와 대립을 통합하고 일체화하는 것으로 알고 있다. 그러나 내가 보는 한국의 정치인들은 분화와 대립을 통합하고 일체화하기는커녕 그 반대방향으로 가는 것도 같고,

여러 가지 형태의 무책임한 언동과 포퓰리즘(popurism)을 전가(傳家)의 보도(寶刀)처럼 휘두르는 모습이고, 자유민주주의의 올바른 틀에서 점점 벗어나는 기분을 느끼게 한다. 그리고 우리나라의 정치사를 보면 좌익과 우익의 대결이 그치지 않았으며 그들은 지금도 좌파와 우파로, 진보와 보수로, 여당과 야당으로 표현되지만 그 속에는 국가안전보장의 불안을 염려해야 하는 심각한 문제를 내포하고 있기도 하다. 그리하여 '인류역사상 최대비극의 행렬'이라고 표현되던 6·25사변(1950 한국전쟁)이 평화의 정전(停戰)으로 머물지 않고 종전(終戰)이라는 허울을 쓰고 다시 논쟁과 긴장을 조성하기도 한다. 허울 좋은 종전은 자칫하면 힘의 균형을 잃게 되어 새로운 긴장을 조성하게 되고 새로운 전쟁의 불씨가 될 수도 있다는 것이다. 북한에서는 핵무기의 개발을 멈추지 않고 끊임없이 미사일을 개발하고 실험하는데 열중하고 있으니 경우에 따라서는 1950년의 비극이 언제 또다시 재발할는지도 모른다는 불안한 풍문이 일어나기 십상이다. 1950년으로부터 70여 년이나 흐른 오늘날 또다시 전쟁이 발발한다면 그것은 핵전쟁이 되고 남한이나 북한은 재기할 수 없을 만큼 완전히 파멸되고 말 것이라는 것이 상식적인 판단이다. 동족상잔이라니! 그것은 민족자멸이기도 하며 도무지 인간으로서는 범할 수 없는 죄악이므로 무슨 수단을 써서라도 방지해야 할 것임에도 불구하고 일부의 정치인들은 그것을 외면하고 자사자리에만 눈이 어두워 바람직한 국가의 안전보장과 국제관계를 도외시하는 기색을 보이고 있으니 불안하기도 하다.

배우지 못하고 모든 면에 무능하여 국가와 사회에 공헌하지 못하는 사람들보다는 많이 배우고 유능하고 출세하고 공직자의 이름을 과시하는 사람들이 겉으로는 지성인으로 자처하면서도 국가와 사회를 불안하게 하고 힘없는 늙은이들의 얼굴을 찌푸리게 하는 수가 많다. '수기안인'(修己安人)이나 '겸손'이나 '멸사봉공'이라는 자세는 찾아보기 어렵다. "이른바 평천하(平天下)한다는 것이 그 나라를 다스리는 데 있다고 한 것은 높은 자리에 있는 군장(君長)이 늙은이를 존중하면 백성이 효성스럽게 된다.…"(所謂平天下在治其國者 上老老而 民興孝… 『大學』 傳10章)는 경전(經傳)은 우리의 현실로부터 너무나 멀리 자취를 감추는 것 같다. 자신의 인격을 도야하고 자신을 낮추기는커녕 오만하고 방자하여 국민을 기만하고 괴롭히는 지식인들이나 공직자들이나 정치인들이 들끓고 있다. 이런 부조리한 난세의 소용돌이 속에서 산전수전을 다 겪고 가까스로 살아남은 병약한 늙은이들은 무엇을 어떻게 해야 옳다는 말인가.

간혹 가다가 어떤 노인들은 현실에 참여한다는 생각으로 모임에 참여하기도 하고 대중매체에 접근하기도 하고 바른 말을 짓거리기도 하고 흥분하기도 하고 분노에 치를 떨기도 하지만 아무런 소용이 없고 자칫하면 어떤 '젊으신 어른'(?)에게 봉변을 당하기도 한다. "늙은이가 무얼 안다고 함부로 떠들고 나서느냐?…" "투표장에 가지 말고 집에서 아이나 돌보아도 좋다"고 삿대질을 한단다. 늙은이의 경험과 지식은 모두 쓸모없는 골동품에 지나지 않는다는 것이다. 세상은 어제가 다르고 오늘이 다른데 20년 전, 30년 전, 심지어는 50년 전, 60년 전의 지식과 경험이 무슨 소용이냐고 눈을 부라리고 일갈한단다. 경험의 축적은 시대착오로 내몰리고 멸시를 당하고 매도를 당하는 것이다.

노인이 되면 우울증이 증가하고 내향적이고 수동적이며 경직성(硬直性)이 나타나고 조심성도 점점 더해지고 의존성이 심해지고 지나온 삶에 대하여 회상하기를 자주 한다는 말이 있다. 그리고 '늙은이, 아이 된다.' '늙은이, 무릎 세우듯 한다.'는 속담도 있단다. 내가 내 자신을 돌아보아도 어지간히 타당한 말로 들린다. 좀 더 늙고 쇠약해지기 전에 회고록이나 참회록이라는 글을 쓰고 싶어 하는 노인들이 나타나는 것도 흔히 볼 수 있는 일이다. 내가 앞으로 두서너 권의 수필집을 더 출판하고 싶은 것도 내가 늙었다는 충분한 심리적 충동이며 행태라고 보아야 할 것이다.

솔직히 말하면 배짱도 용기도 신념도 없으면서 삶에 대한 애착은 버리지 못하는 것이다. 나는 나도 모르게 세월을 보내고 초라하고 무능한 노인이 되고 늙은이가 되고 만 것이다.

그런데 지금 이 한 밤에 나는 무엇을 하고 있는가. 우국(憂國)인가, 애국인가, 공상인가, 망상인가? 아니면 자존망대인가, 발버둥인가? 그것도 저것도 아니라면 그 무엇이란 말인가? 시간은 흐르고 밤은 깊어지고 허리가 아프고 기침이 멈추지 않는다. 그렇다고 침대로 가면 무슨 소용이 있으랴. 잠은 오지 않고 여기저기 몸이 가려워 잠을 이룰 수가 없고 괴롭기만 더할 뿐이다. 그렇다고 보잘것없는 공상과 망상과 횡설수설로 밤을 새울 수도 없으니 진퇴유곡이라는 낱말이 떠오를 뿐이다.

솔직히 말하면 배짱도 용기도 신념도 없으면서 다만 삶에 대한 가냘픈 애착만은 버리지 못하는 것이다. 나는 나도 모르게 희망도 야망도 없고 인생관도 세계관도 제대로 확립하지 못한 채 노인이 되고 늙은이가 되고 말았다. 부끄러울 뿐이다. 그저 그것뿐이다. 더 할 말이 없다.

(2022. 2. 1.)

공자가 말하는 음악에 대하여

솔직히 말하여 나는 음악에 대하여 거의 아는 바가 없다. 어렸을 때 초등학교에서 '창가'(唱歌)와 '음악'(音樂)을 배우고 중학교에서는 음악 이론도 배웠지만 모두 잊어버리고 지금은 거의 기억나지 않는다. 그렇지만 나는 음악을 싫어하지는 않는 것 같다. 한 때는 악기를 한 가지 꼭 배우려고 마음먹은 일도 있었고 지금도 이따금 노래를 흥얼거리기도 하고 목청을 가다듬기도 한다. 그런데 음악을 좋아하는 사람들을 보면 노래를 잘 부르거나 악기를 연주하지는 못할지라도 상당히 수준 높은 노래를 감상하기도 하고 곡이나 연주에 관하여 상당히 깊이 알고 있는 사람도 많은 것 같다. 우리 집에는 '세계음악전집'과 '기독교음악전집'도 있었지만 지금은 그것이 어느 구석에 처박혀 있는지 조차 알 수가 없다.

나는 동양의 고전을 접촉하면서 공자(孔子; 孔丘 BC 551~479) 가 말하는 음악에 대하여 관심을 기울이게 되었다.

나는 『논어』(論語)를 읽으며 음악[樂]에 관한 글귀를 발견한 지 오래이다. 공자는 "입어시 흥어예 성어악"(立於詩 興於禮 成於樂; 『泰伯篇』)이라는 말을 하였다. 사람이 어렸을 때 공부를 시작하면 우선은 문자를 해독해야하겠지만 시(詩)를 읽어야 한다는 것이다. 공부를 시작할 때는 까다롭고 어려운 문장보다는 간략한 시를 읽고 외우고 감상하는 것이 좋은 학습방법이기 때문인 것 같다. 그리하여 학문의 세계를 알게 되면 사회생활의 가장 중요하고도 기초적인 원리로 인정되는 이른바 예(禮; 예절, 예법)를 익힘으로써 가정생활뿐만 아니라 사회생활을 올바르게 하게 되는 것이며 이것이 이른 바 처세하는 요령이기도 한 것이다. 이리하여 학문과 사회생활을 할 수 있으면 인생을 조화(調和)할 수도 있어야 하기 때문에 악(樂; 풍류)이 중요한 비중을 차지하게 된다. 여기서 말하는 악이라는 것은 자기 혼자서만 흥얼거리는 수준이 아니라 많은 사람들이 공감하는 수준이며 일상생활뿐만 아니라 사람들이 모이는 여러 가지 행사에서 연주하는 음악을 통한 조화를 가리키는 것이다. 다시 말하면 인간은 시를 읽고 예를 행하고 악을 통하여 조화를 이루면서 개인생활과 사회생활과 국가생활을 영위한다는 것이다.

공자의 사상은 흔히 인(仁)이니. 인의예지신(仁義禮智信)이니, 충서(忠恕)라는 말로도 표현되지만 그것은 그때그때의 상황에 따라 표현되었을 뿐이므로 그것이 서로서로 상치되는 것이 아니고 보다 개별적이거나 포괄적인 표현일 수도 있는 것이다. 이리하여 인이라는 말로 간략하게 표현되는 것이 결코 무리하지 않다.

공자는 위(衛)나라에서 노(魯)나라에 돌아 온 후에는 악(樂)을 잘 정돈시켰다고 한다 (子曰 吾自衛反魯 然後 樂正 雅頌各得其所 『子罕篇』). 악이라는 것은 그저 사람들이 멋대로 여러 가지 악기를 뜯고 켜고 치고 때리기만 하면 되는 것이 아니고 인간의 성정(性情)에 잘 부합해야 하고 그 악을 연주하는 본래의 취지에 부합해야 한다. 따라서 제례악(祭禮樂)은 모든 분위기를 제례의 근본에 알맞게 해야 하는 것이지 만일 그렇지 않다면 제례악으로는 부적합한 것이며 제례의 근본을 훼손할 수도 있는 것이다.

따라서 춘추시대(春秋時代)의 악이란 제례악(祭禮樂)이 비중을 차지하고 있었기 때문에 공자는 그것을 바로잡기에 이른 것으로 보인다. 공자가 "음악이란 무엇인가. 사람이 불인(不仁)하면 예가 무슨 소용이 있으며 사람이 불인하면 음악이 무슨 소용이란 말이냐?"(如樂何 人而不仁如禮何 人而不仁如樂何 『論語八佾篇』)고 말하였던 것이다. 따라서 예나 악이나 모두 사람이 인함으로써 그 값어치가 인정된다는 것이다.

공자는 노(魯)나라에서 대사(大師; 樂官의 우두머리; 지휘자)에게 음악의 시작과 끝에 대하여 말한 바 있다. "악에 관하여 마땅히 알아야 합니다. 시작할 때는 흡(翕; 모음, 합함, 걷움)으로 하고, 이를 따라 순(純; 순수함, 천진함, 부드러움)으로 하고, 교(皦; 밝음)로 하고, 역(繹; 풀림)으로 하여 완성됩니다. 다시 말하면 처음에는 종(鐘)으로 시작하여 나아가서는 악기의 아름다운 조화의 합주로 하고 하나하나의 음절이 명석하게 울려 퍼져서 그침 없이 전개되어 종결되는 것입니다."(子語魯大師 樂曰 樂其可知也 始作翕如也 從之純如也 皦如也 繹如也 以成. 『論語八佾篇』)라고 하였다.

그리고 공자는 순임금의 음악으로 알려진 소(韶; 韶樂)에 대하여 진미(盡美)하고도 진선(盡善)하다고 하였으나 무왕의 음악에 대하여는 진미하기는 하지만 진선하다고는 말할 수 없다(子謂韶盡美矣 又盡善也 謂武盡美矣 未盡善也 『論語八佾篇』)고 하였다. 여기서 순임금(舜; 帝舜)의 음악과 무임금(武王)의 음악에는 차이가 있음을 말하는 것인데 순임금은 무위이치(無爲而治)로 통치자의 높은 덕을 나타냈지만 무왕은 걸(桀; 帝辛)의 폭정에 반기를 들고 군사를 일으켜서 토벌한 혁명과 무력정치를 나타냈기 때문이라고 볼 수 있다. 따라서 음악이란 지극히 아름다워야 하는 동시에 지극히 선해야 한다는 것을 말한 것이다. 다시 말하면 진선진미를 음악의 극치라고 보았던 것이다. 문왕의 소악에 대하여 위와 같이 극찬한 공자는 제나라에서 소악을 듣고 나서 석 달 동안이나 고기 맛을 알지 못하였다고 하며 음악이라는 것이 이처럼 대단한 것인 줄은 미처 짐작하지 못하였다(子在齊 聞韶 三月不知肉味 不圖爲樂之至於斯也. 『論語述而篇』)고 하였다. 그야말로 소악에 완전히 도취하였던 무심무아의 극진한 상태였음을 짐작케 한다. 흔히 말하는 언어도단의 지극한 진선진미의 경지를 말한 것이다.

위와 같이 소악에 완전히 심취하고 그것을 극도로 예찬한 공자는 진선진미와는 거리기 먼 정(鄭)나라의 음악에 대하여 아악을 어지럽히는 음악이라고 비판하면서 그것은 마치 자색(紫色; 자주빛)이 주색(朱色; 붉은빛)을 파괴하고 이구(利口)가 나라와 가정을 파괴하는 것과 같다(惡紫之奪朱也 鄭聲之亂雅樂也 利口之 覆邦家也. 『論語陽和篇』)고도 하였다. 이것은 현대음악에서도 인간의 심성을 아름답게 이끌어주는 격조 높은 음악이 있는가하면 그와는 반대로 인간의 심성을 타락하게 하는 저속한 음악이 있는 것과 다름이 없을 것이다.

도대체 음악이란 무엇인가. 그것은 박자(拍子)와 가락과 음성(音聲; 和聲) 따위를 갖가지 형식으로 조화시키고 결합하여 사람의 목소리나 악기를 통하여 사상이나 감정을 나타내는 예술이라고 말할 수 있다.

음악은 예술이다. 예술은 인간의 심성(心性)을 아름답게 길러주는 기능을 발휘하며 만인이 공감할 수 있는 드높은 가치이기도 하다. 그렇기 때문에 현대사회에서도 훌륭한 예술은 아무리 오랜 세월이 흘렀어도 그 값어치가 훼손되지 않고 오히려 빛나는 예술작품으로 우리의 흉금을 울리고 감동케 하며, 우리의 심성을 정화(淨化)하고 순화(醇化)하고 승화(昇華)시켜주는 것이다. 우리는 때때로 그러한 훌륭한 예술작품을 고전(古典; classic)이라는 말로 표현하기도 한다.

지금으로부터 2,500년이라는 오랜 옛날의 공자는 소악을 진선진미하다고 예찬하고 정성(鄭聲)을 자색이나 이구(利口; 말을 교묘하게 잘하기; 입술발림)에 견주어 비판하였다. 세월은 흐르고 세대는 바뀌었고 인류문화는 발전에 발전을 거듭해 왔지만 그 커다란 물결 속에서 변할 줄 모르고 인류에게 지혜를 심어주는 공자의 예술철학을 엿볼 수 있는 것이다.

오늘날의 세계를 보면 시간과 공간을 초월하여 인간의 심성과 정서를 정화하고 도야하고 승화해주는 아름다운 예술이 있는가하면,

그와는 반대로 아름다운 인간의 심성과 정서를 혼탁케 하고 타락케 하고 불순케 하며 나아가서는 사회정의와 인류애를 거역하는 사이비에 해당하는 예술도 공존하는 것으로 보인다. 이른바 예술의 본질을 벗어난 혼돈상태를 노정하는 것이다.

따라서 우리는 공자가 소악(文王의 음악)과 정성(鄭나라의 음악)을 분별하여 비판하고 경계하였듯이 순수한 음악과 불순한 음악을 분별할 줄 아는 지혜가 필요하다고 보아야 할 것이다. 음악이 진정한 음악이 되기 위해서는 인간이 공통적으로 추구하는 진선미성(眞善美聖)이라는 고귀한 가치를 추구하는 데 이바지되는 예술이어야 할 것이다.

(2022. 1. 23.)

성인(聖人)과 군자(君子)는 어떤 사람인가

– 유교를 중심으로

나는 동양철학 가운데서도 특히 유학(儒學)에 대하여 독서한 사람이며, 유학에서 지향하는 이상적인 인격을 찾는다면 당연히 성인(聖人)과 군자(君子)라고 생각해 왔다. 따라서 성인과 군자에 관한 유학의 경전뿐만 아니라 학자들의 논문이나 기타 문헌에서 성인과 군자에 관한 자료를 발견하게 되면 그것을 놓치지 않고 읽음으로써 나 자신의 인격수련에 도움을 받고자 하였다. 그리고 일생을 연구와 교육에 종사한 탓이기도 하겠지만 특히 인격수련을 중심으로 하는 인격교육에도 관심을 가지고 살아 온 셈이다.

나는 인문학의 핵심적인 개념은 인간이고 그 인간의 인간됨을 인격(人格; character; personality 또는 人品)이라고 생각하며 그 인격이야말로 인류문화의 발전과 창조의 중심 되는 개념이라고 생각한다.

유학(또는 유교)의 이상적 인간상은 궁극적으로 성인(聖人)이라고 할 수 있고 성인은 유학의 이상적 인격일 뿐 아니라 정치적으로는 통치자가 될 만한 인물이다. 이런 성인의 경지는 너무나 완벽하고 지고지순하여 현실의 일반적인 인간상(人間像)과는 상당히 멀리 동떨어져 있는 것처럼 보인다. 그리고 인간의 본성이 선하다고 주장하는 맹자(孟子)나 악하다고 주장하는 순자(荀子)나 모두 인간은 누구나 성인이 될 수 있다고 하지만, 이것이 실제로 얼마나 실현가능한 것인지는 별개의 문제이다. 그러나 군자(君子)라는 인격은 성인과 다르다. 성인에 비해 볼 때 군자는 일반적인 인간에 근접해있고 현실 속에 살아 숨 쉬는 인간상이다.

공자는 성인을 최고의 이상적 인간상으로 꼽고 있지만 실상 『논어』(論語)에서 보면 군자에 견주어 볼 때 몇 차례 나오지 않는다. 성인이란 단어가 언급된 경우는 4회에 불과한 반면, 군자란 개념은 무려 106회나 된다. 『논어』에서 군자라는 인격은 지고무상(至高無上)한 성인에 비하여 한 단계 낮은 것으로 언급되고 있다. 군자는 성인의 경지에 이르지 못한 상태이지만 성인을 지향하고 있으며 자신의 이익밖에 챙길 줄 모르는 소인(小人)들을 이끄는 위치에 있는 존재이다. 이런 점에서 볼 때 유교는 성인을 비롯하여 현인(賢人)과 인인 (仁人)등, 여러 가지 이상적 인격을 말하고 있지만 가장 대표적이고 보편적이고 현실적인 존재는 군자라는 인격이라고 말할 수 있다. 그리고 군자라는 인격을 정확하게 이해하고 군자상(君子像)을 정립하기 위해서는 그 궁극적 목표인 성인의 개념을 명확하게 파악할 필요가 있다.

'聖'의 본래 의미는 밝게 듣는 능력을 뜻하는 글자였다. 허신(許愼)

의 『설문해자』(說文解字)에 의하면 성(聖)이라는 글자의 본의(本義)는 '귀로 듣는 뛰어난 능력자'(聖 從耳呈聲)을 의미한다. 귀가 밝다는 의미를 바꿔 말하면 총명(聰明)함이며 이는 곧 지혜롭다는 의미이기도 하다. 중국 초기 문헌의 여러 곳에서 성(聖)이라는 글자는 총명 · 지혜의 뜻으로 쓰였다. 그리고 '귀로 밝게 듣는다'는 뜻은 고대의 종교습속과 관련되어 쓰이기도 하였다. 일본학자 시라카와 시즈카(白川 靜)는 '聖'이라는 글자를 '耳+壬+口'로 분해하여 '耳'와 '壬' 은 귀로 듣는 의미를 담고 있고 '口'는 신에 대한 기원(祈願)을 담는 그릇의 의미로서, 신에 대해 기도하고 신의 응답과 계시를 듣는 의미라고 하였다. 그리고 성(聖)이라는 글자는 밝게 듣는다는 뜻에서 하늘의 계시나 신의 소리를 듣는다는 의미로 확장되었다는 것이다.

이러한 성(聖)의 근본적인 의미에서 보듯, 성인은 초인적인 능력과 하늘에서 부여한 신비한 힘을 가진 특별한 인물을 뜻하며, 유가사상에 의해 가장 완전한 인격을 가리키는 명사(名詞)로서 보통 사람으로서는 도달할 수 없는 지고지선한 덕성을 지닌 위대한 존재를 의미하게 되었다.

공자는 요순(堯舜)과 같은 인물을 성인으로서 추앙하고 찬탄하였다. 공자가 순임금의 음악을 듣고 3개월 동안을 고기 맛을 구별하지 못할 정도로 심취했었다든지(子在齊聞韶 三月不知肉味 …. 『論語』 述而篇), "소악은 아름다움을 다하고 선함을 다하였다"(子謂韶 盡美矣 又盡善也 『論語』 八佾篇)고 찬탄한 것을 보면 공자가 생각하는 성인의 경지는 도덕적으로 뿐만 아니라 심미적으로도 완벽한 경지임을 짐작할 수 있다.

이런 성인은 완전무결한 도덕성으로 백성의 마음을 감화시킴으로써 말없는 가운데 저절로 천하를 화평하게 만들 수 있다. 이런 성인의 정치는 형벌과 법률을 집행하여 다스리는 인위(人爲)와 대비하여 무위(無爲)의 정치라고 말한다. 그리고 성인은 인류문명의 창조자이자 전파자로 이해되기도 한다. 『예기』(禮記)에서는 '작자(作者)'와 '술자(述者)'라는 용어로서 성인의 특성을 나타내고 있다. 작자는 예악과 제도와 같은 문명을 창조한 사람이란 뜻이고, 술자는 이 창조된 문명을 계승하고 후세에 전하는 사람을 가리키는 것이다. 곧 성인은 도덕의 완성을 통해 백성을 교화할 뿐 아니라, 예악(禮樂)과 같은 인류문명을 창조하고 전파하여 인류의 삶을 풍요롭게 만드는 역할을 수행하는 사람이다.

성인은 내면적으로 성스러운 덕을 지니고 있기 때문에 자신의 덕성을 베풀다 보니 많은 백성들이 그를 추종하여 자연스럽게 왕으로 추대하게 된다. 이런 본보기는 『중용』에서도 찾아 볼 수 있다.

"공자가 말하였다. 순임금은 아주 효성스러우셨다. 덕으로는 성인이 되시고 존귀하기로는 천자가 되시고 부유하기로는 사해의 안을 다 가지시고 종묘를 흠향하시며 자손을 보호하셨다. 그러므로 덕이 큰 분은 그에 맞는 지위를 얻으며 그에 맞는 녹을 얻으며 그에 맞는 이름을 얻으며 그에 맞는 수명을 얻는다." (子曰 舜其大孝也與 德爲聖人 尊爲天子 富有四海之內 宗廟饗之 子孫保之 故大德必得其位 必得其祿 必得其名 必得其壽. 『中庸』 17章)

이러한 논리에 의하면 순임금은 덕으로는 성인이고 지위로는 천자였는데, 이는 순임금만 그런 것이 아니라 큰 덕을 지닌 사람은 반드시 왕위에 오르는 천명(天命)을 받는다는 것이다. 이는 한마디로 말하면 내성외왕(內聖外王), 즉 내면적인 덕성(德性)으로 말하면 성인이고 외면적인 지위로 말하면 왕이라는 것이다. 이러한 '내성외왕'이라는 말은 유가의 인간적 소망을 가장 잘 드러내주고 있는 말이며 유교에서 인간을 완성하는 방법론이라고 할 수 있는 수기치인(修己治人)과도 상통하는 논리이다. 이것은 먼저 자신을 수양하여 인격의 완성을 이루고 난 다음에는 다른 사람들을 다스린다는 것이다. 다시 말하면 성인은 수기치인의 완성을 이루어 내면적으로는 인의(仁義)의 덕을 갖추고 경세제민(經世濟民)의 능력을 타고나서 외면적으로는 백성들을 다스리는 제왕이 된다는 것이다.

이와 같은 논리를 종합해보면 성인은 유가의 이상적 인간상으로 하늘과 소통하고 하늘의 도를 체득하여 문명과 규범을 세우는 인물이다. 따라서 내면적으로는 인의의 덕을 완성하고 외면적으로는 그 덕을 만백성에게 펼치는 성스러운 통치자인 것이다.

성인은 태어나면서부터 완성된 인격을 갖추고 있는데 비하여 군자는 스스로 노력하고 만들어가는 인격이다. 군자는 처음에는 성인에 비하여 낮은 수준에서 출발하지만 결국에 가서는 성인과 같은 수준에서 만나게 된다. 유교는 성인이라는 절대적 인격을 통해 유교의 이상을 정립하였고 군자라는 현실적인 인간상을 제시하였다. 이리하여 군자의 인격은 유교 인간상의 전형(典型; typical model)이라고도 말할 수 있다.

공자가 사숙(私塾)을 열어 제자들에게 가르친 학문도 바로 군자학(君子學)이라고 말할 수 있다. 공자는 제자들에게 군자학을 통하여 군자가 될 것을 독려한 것이었다. 이리하여 『논어』의 내용도 요약하여 말하면 하나의 군자론이라고 일컬어도 좋을 것이다. 군자라는 말은 공자 이전에는 '정치하는 귀족계급 일반'을 지칭하는 지위나 신분을 나타냈었다. 즉 원래 군자는 '젊은 귀인 · 귀공자 · 양가(良家)의 자제' 등을 의미하기도 하였으나 차츰 '귀인 · 신사 · 중후한 남자'라는 의미가 되었고 얼마 후에는 군인이나 귀족 일반을 가리키게 되었다. - 군자와 관련되는 선비(士)는 현대국가의 경찰이나 검찰이나 형무관(교도관)과 같은 직책을 가지고 있었는데 후에는 왕궁의 관리들을 가리키게 되고 그 의미가 확대되어 우수한 남자를 가리키는 말이 되었으며 사군자(士君子)라는 말도 사용하게 되었다.

고대 중국의 왕국이나 제후국은 군인국가였다. 군자도 본래 무인(武人)이며 활을 쏘고 수레[戰車]를 모는 사어(射御)의 무예를 기본으로 하였다. 주(周) 나라 시대의 군자교육이 예 · 악 · 사 · 어 · 서 · 수(禮 · 樂 · 射 · 御 · 書 · 數)의 여섯 과목을 기초로 삼았던 것도 그것이 본래 군인교육이었기 때문이다. 그러나 공자는 덕치주의를 지향하였기 때문에 제자들을 우수한 무인(武人)으로 양성하기 보다는 덕으로 교화할 수 있는 능력을 지닌 지도자로 양성하려 하였다. 다시 말하면 원래 군자는 무인이었으나 공자는 덕을 갖춘, 문약하지 않고 용맹한 모습의 군자를 양성하려고 한 것이다. 공자는 군자의 의미도 계급을 지칭하는 신분적 위계가 아닌 남을 교화할 수 있는 덕을 갖춘 지도자의 의미로 바꾸어, 배움을 닦는 모든 이가 군자가 될 수 있다고 생각하였다.

공자가 말하는 군자상은 『논어』에 잘 나타나 있다. 다만 공자는 '군자란 어떤 사람인가'를 설명하기도 하지만 그보다는 '군자가 되어야 한다'는 것과 '어떻게 하면 군자가 될 수 있는가'에 대하여 말하고 있다. 이어서 공자가 말한 군자의 의미를 살펴보기로 하자.

첫째, 군자는 천(天)에 도달하고자 하며 천명을 알고자 하는 자이다(임헌규 "공자의 군자론과 찰학의 이념" 『동방학 제20집』 2011 p.157). 공자는 인간을 그 앎과 지혜에 따라 상지(上智)에 속하는 생이지지자(生而知之者)와 중지(中智)에 속하는 학이지지자(學而知之者)와 하우(下愚)에 속하는 곤이지지자(困而知之者)의 세 단계로 구분하고, "중인(中人) 이상은 형이상(形而上)을 말할 수 있으나, 중인 이하는 형이상을 말할 수 없다."고 하였는데, 바로 여기에 군자와 소인을 나누는 기준이 있다. 이와 관련하여 공자는 "군자는 위로 통달하지만, 소인은 아래에 통달한다." (君子上達 小人下達 『論語』 憲問篇) "군자는 세 가지 두려워하는 것이 있는데, 천명(天命)을 두려워하고, 대인(大人)을 두려워하고, 성인(聖人)의 말씀을 두려워한다. 소인은 천명을 알지 못하여 두려워하지 않으니, 대인에게 버릇없이 굴고, 성인의 말씀을 업신여긴다."(君子有三畏 畏天命 畏大人 畏聖人之言 小人不知天命而不畏也 狎大人 侮聖人之言; 『論語』 季氏篇)라고 하였다.

일반적으로 평범한 보통 사람들은 세속의 이익과 수단의 세계에 빠져 형이상(形而上)의 세계와 근본을 망각하고 살아가지만 군자는 하늘의 뜻을 살피며 천명을 알고자 한다는 것이다. 하늘[天]이야말로 우리가 지니고 태어난 덕의 근원이며, 인간은 이 덕을 통해 인간으로서 자기정립이 가능하기 때문이다. 공자는 "하늘이 나에게 덕을 주셨다." (子曰 天生德於予 『論語』 述而篇)고 하였고 "하늘의 명령인 이 덕을 알지 못하면, 군자가 될 수 없다."(不知命 無以爲君子 『論語』 堯曰篇)고 말하였다. 그래서 군자란 곧 하늘로부터 부여받은 품성을 닦고 길러서 하늘의 명을 알고자 하는 자이다. 자신의 선한 마음을 계발하여 확충해나가면 가까이는 자신의 마음속으로부터 시작하여 멀리는 하늘에 이르기까지 알 수 있다는 것이다. 그리고 군자가 천명을 알게 되면 천과 합치되는 이른바 천인합일(天人合一)의 경지에 도달할 수 있게 된다.

둘째, 군자는 인의예지신(仁義禮智信)을 실천하며 인격의 완성을 추구하는 자이다. 인의예지신의 실천은 자아실현을 위한 수양과 연결된다. 군자는 수기(修己)의 차원에서 인륜의 원칙과 도덕성에 따라 도덕적 덕목과 규범을 실천하는 사람이다. 그래서 공자는 군자의 인격으로 인(仁)을 강조하였으며 의 · 예 · 신에 대하여 "군자는 올바름을 바탕으로 삼고, 예에 맞게 행동하고, 겸손함을 갖춰 나아가고, 믿음으로써 이루어간다. 그래야 군자이다."(君子義以爲質 禮以行之 孫以出之 信以成之 君子哉 『論語』 衛靈公篇)라고 하였다. 또한 "군자는 덕을 품지만 소인은 재물을 생각하며, 군자는 도리에 합당하기를 바라지만 소인은 혜택을 바란다."(君子懷德 小人懷土 君子懷刑 小人懷惠 『論語』 里仁篇)고 하였고 "군자는 의로움(올바름)에 밝고 소인은 이익에 밝다."(君子喩於義 小人喩於利 『論語』 里仁篇)라고 한 것이다.

셋째, 군자는 천명(天命)을 알고 인격의 완성을 추구하기 위해 힘써 학문하는 자이다. 공자가 제시하는 군자의 가장 큰 특징은 "학문을 좋아함으로써 성인의 경지에 도달하는 것(好學以至於聖人)이다. 공자는 뜻이 있으나 방법을 모르는 사람들을 가르쳐서 덕망과 지식을 갖춘 군자로 만들겠다고 한 것도 바로 학문이라는 방법을 통해 군자에 이르는 길을 가르치고자 한 것이다. 이때의 학문은 단순한 이론적 지식을 습득하는 것이 아니라 본성의 덕을 길러 자기완성을 추구하여 성인이 되고자 하는 학문이다. 곧 '학문을 좋아 한다'는 것은 인간다운 착한 본성을 좋아하여 이를 굳게 견지하면서 그 착한 본성으로 자기완성(自己完成; 自我成就; self achievement)을 이룬 성인(聖人)을 본받아 성인에 도달하고자 끊임없이 노력하는 것이다. 하지만 학문의 실천은 저 멀리 고상한 것이 아니라 일상생활의 사소한 행동거지를 조심하고 예의를 갖추는 것에서부터 시작한다. 군자는 이런 작은 실천에서부터 학문을 시작하여 마침내 천명(天命)에 이르는 '하학이상달(下學而上達 『論語』 憲問篇)'의 공부를 통하여 자신을 완성한다는 것이다.

넷째, 군자는 자기 인격의 성숙을 이룬 후에는 조화로운 인간관계 및 평화로운 세상을 이루는 데 이바지하는 자이다. 유교에는 수기(修己)로만 그치는 것이 아니라 수기를 바탕으로 치인(治人)을 하는 적극적인 현실참여 의식이 있다. 군자도 덕성을 함양하여 안인(安人)으로 나아가고 다시 안백성(安百姓)으로 나아간다. 군자는 안인의 차원에서 인륜의 원칙과 도덕성에 따라 공동체의 도덕적 덕목과 규범을 실천하고자 하며 사회 정치적 차원에서도 도와 덕과 의와 예등을 실현하고자 하는 것이다. 이렇게 군자의 인격은 자기라는 차원이나 영역을 초월하여 사회와 동질감을 형성하게 된다.(지준호 · 지교헌 「군자의 인격과 공공성」 『한국철학논집』 제26집 2009 p.265)

군자의 공동체 의식은 적극적인 정치 참여로 나타난다. 자신의 인격수양만으로는 만족하지 않고 한층 수양된 인격이라면 마땅히 벼슬하여 백성을 편안하게 해야 하고 백성을 편안하게 하려면 마땅히 벼슬하여 군신의 의를 맺는 것, 다시 말하면 공직자가 되는 것이 중요하다. 이러한 정치는 모든 공직자들이 군자의 인격을 갖추어야 한다는 덕치(德治)를 말한다. 아무리 훌륭한 정치적 이상과 제도를 창안하고 실현코자하더라도 그것을 현실적으로 실천할 수 있는 인격자가 있어야 비로소 정치가 바르게 행해진다는 것이다. 그러나 요즘 일반사회에서 흔히 쓰는 '정치'라는 말은 이러한 유교적 인정(仁政)이나 덕치와는 매우 거리가 먼 경우가 많다. 국리민복이나 정의와 평등의 실현이나 멸사봉공과 같은 이념과는 상당히 배치되는 이른바 자사자리를 위주로 분화와 대립을 조성하고 부당한 권모술수를 휘두르는 소인배의 행태를 의미하는 경우가 많기 때문이다.

유교는 궁극적 인간상으로 성인을 표방하고 성인이 되고자 노력하기를 지향한다. 이론적으로 수양을 통해서 누구나 성인이 될 수 있다고는 하지만 실제적으로 성인이 되기는 어렵기 때문에 성인이 되고자 노력하는 사람이라고 할 수 있는 군자상(君子像)을 제시하고 있는 것이다.

공자의 주장을 통해 살펴 본 군자는 무엇보다도 주어진 현실세계에 머무르지 않고 이상을 추구하고 천명을 알고자 하는 사람이다. 그리고 자신에게 주어진 천명을 자각하고 이를 발견하여 도덕의 수행을 통해 인격을 완성하여 천인합일의 경지를 추구하는 자이다. 군자는 끊임없는 내적 수양을 통해 인격완성을 이루고자 하며 인격완성을 이루기 위한 수기의 방법으로 성리학에서는 거경(居敬)과 궁리(窮理)를 제시하고 있다. 거경은 내면의 덕성을 높이고 함양하는 것[尊德性]이며 궁리는 외부 세계의 사물의 이치를 궁구하는 것[道問學]이다. 군자는 이런 학문적 방법을 통해 수양하며 길러진 덕을 통해 남을 다스리는 데로 자신을 확장시켜 나간다. 곧 군자는 적극적으로 세상에 참여하여 가족과 이웃과 백성을 편안하게 하고자 노력하는 사람이다.

현대사회는 끊임없이 분화(分化)하여 작은 사회를 형성하는가하면 다른 한 편으로는 끊임없이 소통하여 커다란 사회로 통합(統合)되고 있다. 흔히 말하는 지역화(현지화; Localization)가 촉진되는 동시에 지구촌화(세계화; Globalization)가 동시에 진행되는 이른바 글로커리제이션(Glocalization)을 볼 수 있다는 것이다. 지역화는 지역화대로 촉진되고 성장하면서도 지구화(세계화)는 지구화대로 성장하고 확대하면서 인류사회는 분화와 대립과 통합을 역동적으로 전개하고 있다. 그리고 이러한 와중에 인류문화발전의 역기능적 현상도 발생하는 이면에는 순기능적 현상도 긴밀히 요구되는 것을 인식하게 된다. 이러한 현상은 전통적인 지역(민족)문화와 지구촌(인류·세계)문화를 더욱 자극하고 활력을 일으키게 한다고 할 수 있으며 소인의 사회를 군자의 사회로 발전시키고 향상 시키는 동시에 군자의 사회는 성인의 사회로 발전하는 원동력을 촉진하게 될 것이라고 믿는다.

(2022. 3. 31.)

㈜ 이 글은 박인규의 〈대순진리회의 도통군자상〉『대순회보 132, 2012』와 지준호·지교헌의 〈군자의 인격과 공공성〉『한국철학논문집 26. 2009』를 많이 참조하여 에세이로 구성하였음을 밝혀두는 바이다. 나는 박인규의 논문에 대하여 적극적으로 동감하며 그의 알찬 논문이 많은 학자와 지성인들에게 소개되고 읽혀지기를 바라마지 않는다,

사대(事大)와 사소(事小)에 대하여

사람들은 이따금 싸움을 벌인다. 시골에서는 농사로 인하여 싸움이 벌어지고 도시에서는 장사를 하면서 서로 다투기도 한다. 뿐만 아니라 서로 흉을 보았느니, 비난을 하였느니, 사기를 쳤느니, 자기를 무시하였느니 거만하다느니… 하여 서로 흉을 보고, 비난하고, 눈을 부라리고, 미워하고, 언쟁하고 때로는 주먹질로 대결하기도 한다.

그런데 이러한 일들은 남과 남 사이나 개인과 개인 사이에만 일어나는 것이 아니고 때로는 혈족 간이나 친구 간에도 일어나고, 서로 사는 곳이 다른 사람 사이에도 일어나고, 단체나 민족이나 국가 사이에도 일어난다. 다시 말하면 사람들이 모여 사는 곳이면 언제 어디서나 서로의 이해관계가 상반되기도 하고 의견이 충돌하기도 하여 시기심이나 증오심이나 적개심을 일으키기도 하는 것이다. 그리고 이러한 현상들은 서로 존중하지 않고 상대방의 자존심을 건드리고 오만 불손하게 대하며 자사자리(自私自利)를 꾀함으로써 상대방의 체면이나 이해관계를 침해함으로써 발생되기 쉽다.

이때 약자가 강자를 존중하고 강자가 약자를 존중하는 것은 매우 바람직하고 모든 조직의 화목이나 단결에 도움이 되고 집단과 집단 사이에도 원만한 우호관계를 유지하는 데 도움이 된다. 그리고 이러한 관계는 개인이나 단체를 넘어 민족이나 국가 사이에도 적용될 수 있음은 다시 말할 나위가 없다.

잘 알려지고 있는 바와 같이 중국의 고전(古典)으로 전해 오는 『맹자』(孟子)는 "오직 지혜로운 자라야 능히 작은 자[나라]가 큰 자[나라]를 섬길 수 있다"(惟智者 爲能以小事大; 『孟子』 梁惠王 下篇)고 하였다.

여기서 사대(事大)란 말은 작고 약한 자[나라]가 강자(强者)나 대자(大者)나 존자(尊者)에게 겸손하게 대하며 그를 존중하고 섬긴다는 것이다. 그리하여 강력한 세력에 추종하는 당파를 사대당(事大黨)이라고 부르며 강대한 세력을 추종하는 주의를 사대주의(事大主義)라고도 부른다. -사장(事長), 사천(事天), 사조(事祖), 사부(事父)라는 말도 비슷한 원리에 따라 사용하는 말이다.- 한국의 역사를 돌이켜 보면 대륙을 지배하는 강대민족이 한반도를 위협하고 침략하는 사건이 빈번하였고 한반도의 배달민족은 대륙을 지배하는 강대한 민족에게 무력으로 저항하는 한편으로는 그들을 섬기는 이른바 사대정책을 쓰지 않을 수가 없는 형편이었다. 그렇다고 하여 단순한 무력에 의한 지배원리에 따르는 것이라기보다는 높은 수준의 정치와 문화와 의리에 대하여 사대한다는 의미가 포함되어 있는 것이었다. 무력사대주의나 정치사대주의나 문화사대주의와 같은 말이 성립되는 소이연이다.

그런데 인류역사를 돌이켜 보면 하나의 국가의 내부에서도 분열하여 전쟁(내란)이 일어나는가 하면 국가와 국가 사이에 불협화음이 발생하고 여러 가지 형태의 갈등과 분쟁이 빈번하게 일어났다는 사실을 간과할 수 없다. 그리하여 사람들은 국제분쟁의 원인에 대하여도 구체적이고 과학적으로 연구하기에 이르렀다.

이리하여 세계질서는 표면적인 현실의 사건에 의하여 지배되고 발생한다는 견해(현실주의)와 경제적 사회적인 바탕을 기반으로 상호관계가 변화한다는 견해(자유주의)와 상황과 문화 · 민족 · 역사 등과 같은 다양한 구성을 기반으로 한다는 견해(구성주의)들이 회자되고 있다. 요컨대 정치 · 경제 · 국방 · 자존심 · 민족 · 종교 · 자연자원 · 이념 · 외교역량과 같은 많은 요인과 변수에 의하여 국제질서가 유지되거나 분쟁이 야기될 수 있다는 것이다. 그리고 중요한 것은 국가와 국가 사이에 군사력의 불균형이 매우 중요한 분쟁의 원인이 될 수도 있다는 것이며. 여기서 무엇보다도 국가와 국가 사이에 서로 대립하고 적대시하는 구도는 문제해결의 묘책이나 관건이 아니라는 것이다. 서로 대립하고 적대시하는 것은 갈등과 분쟁과 혈전(血戰)으로 이어지기 쉽기 때문이다. 정치, 경제, 사회, 문화, 군사 등 여러 가지 측면에서 긴밀한 관계가 형성되고 있는 현대에 이르러서는 전쟁이야 말로 당사국만의 문제를 벗어나 전 인류의 문제로 확대되는 현상을 볼 때 더욱 심각한 문제임울 간과할 수 없다.

고대나 중세에도 그러하였지만 현대에 있어서도 국가와 국가가 서로 동맹하여 전쟁에 대처하는 현상을 볼 수 있다. 다시 말하면 우방들이 동맹하고 연합하여 서로 서로 직접 또는 간접적으로 단결하고 협력하고 지원(支援)하는 것이다. 따라서 세계의 여러 전쟁을 보면 하나의 국가와 하나의 국가가 서로 전쟁하는 형태를 벗어나 하나의 국가와 다수의 국가가, 또는 다수의 국가와 다수의 국가가 연합전선을 형성하는 현상도 일어나며, 비록 직접적으로 군사적 개입은 하지 않더라도 유형무형의 지원을 통하여 간접적으로 특정 국가를 지지하고 지원하는 경우도 일어날 수 있다.

고대나 중세나 현대나 그 어느 시대를 막론하고 국제 관계는 매우 중요하다. 만일 원만하고 평화롭고 우호적인 국제관계를 유지하지 못하고 그와는 상반되는 상황에 놓인다면 경제적인 교류도 불가능하여 백성들은 빈곤과 기아에서 벗어나지 못하게 되고 국제관계의 긴장으로 군비를 확장해야 하고 만일 외국의 침략을 받게 되면 경제는 파탄하고 백성은 신음하고 죽어야하며 나라는 망하게 될 위험에 떨어지게 된다. 그러므로 무엇보다도 국제관계를 원만하게 유지하고 국방을 강화한다는 것은 국가경영 또는 국가발전의 기초이고 근간이고 원동력인 것이다.

국가와 국가가 서로 사이좋게 지내는 이상적인 국제관계는 어떠한 것이어야 하는지, 또는 어떻게 하면 그것이 가능한 것인지는 맹자가 제(齊)나라 선왕(宣王)에게 말한 것을 상기할 만하다.

제선왕(齊宣王)이 "이웃나라와 교류하는데 원칙이 있느냐"고 물었다. 맹자가 대답하여 말하기를 "있습니다. 오직 인자(仁者)라야 능히 큰 나라로서 작은 나라를 섬길 수 있습니다. 이리하여 탕(湯)이 갈(葛)을 섬기고, 문왕(文王)이 곤이(昆夷)를 섬겼으며, 오직 지혜로운 자라야 능히 작은 나라로서 큰 나라를 섬길 수 있으니 그러므로 태왕(大王)이 훈죽(獯鬻)을 섬기고 구천(句踐)이 오(吳)나라를 섬겼습니다. 큰 나라로서 작은 나라를 섬기는 것은 낙천(樂天)이요, 작은 나라로서 큰 나라를 섬기는 것은 외천(畏天)입니다. 낙천자는 천하를 보유하고 외천자는 그 나라를 지탱하나니 『시경』(詩經)에 이르되 하늘의 위엄을 두려워하여 이에 그 나라를 유지한다고 하였습니다."

(齊宣王問曰交隣國 有道乎 孟子 對曰 有 惟仁者爲能以大事小 是故湯事葛 文王事昆夷 惟智者爲能以小事大 ……『孟子』 梁惠王 下 참조.)

위와 같은 맹자의 논리에 따르면 교린국(交隣國)의 중요성은 말할 것도 없고 그 기본적인 원리가 무엇인지를 능히 짐작할 수 있다. 맹자는 인자(仁者)의 교린국과 지자(智者)의 교린국을 분명하게 설명하고 있다. 인자는 자기보다 힘도 약하고 작은 나라를 잘 섬기고, 지자는 자기나라보다 힘도 강하고 커다란 나라를 잘 섬김으로써 나라를 지키고 백성을 지킨다는 것이다. 여기서 낙천(樂天)과 외천(畏天)의 진리가 차이를 드러냄이 없이 국제평화와 보국안민(輔國安民)의 기본임을 알 수 있다.

맹자가 살던 시대는 중국의 역사를 통하여 전국시대(戰國時代)에 해당하며 천자국(天子國)과 제후국(諸侯國)으로 구별하여 볼 수 있는 것이 사실이고 같은 제후국이라고 하더라도 강대국과 약소국으로 차이를 나타내므로 그 형편에 따라 국가의 정책에는 차이가 있을 수 있겠지만 가장 중요한 기본 원리로는 작은 나라가 큰 나라를 섬기는 것은 외천하는 것이요, 큰 나라가 작은 나라를 섬기는 것은 낙천하는 것이라고 표현한 것은 매우 이상적이고 윤리적인 타당성이 인정된다고 할 수 있다.

지금 우크라이나는 러시아의 공격을 받아 많은 건물이 파괴되고 농장이 황폐하는가 하면 인명의 손실이 발생하여 그 주민들은 인접국으로 피난하기에 바쁘고 서방의 자유민주국가들은 우크라이나를 돕기 위하여 군대를 파견하기도 하고, 많은 군수물자를 지원하며 성금을 모아 보내기도 하고, 국제연합의 안전보장이사회와 같은 국제기구를 통하여 적당한 조치를 취하면서 러시아의 침략행위를 규탄하고 여러 가지 국제적 제재를 강구하고 있다.

그리고 한반도의 북한(조선민주주의인민공화국)과 남한(대한민국)은 1950년부터 1953년에 걸쳐 치열하게 전개되었던 한국전쟁이 정전협정으로 멈추게 되자 휴전선을 가운데 두고 긴장상태가 계속되었고 한편에서는 핵무기와 각종 유도탄을 개발하여 그 성능을 시험 중에 있으며, 남북관계는 긴장일로에 있다. 또한 이러한 와중에서 한미상호방위조약에 따른 대응조치가 강화되려는가 하면 러시아와 중국과 북한을 중심으로 하는 공산국가 진영과의 긴장이 조성되고 있는 것이 오늘의 현실이다. -이밖에도 중일관계와 중미관계도 긴장된 상태를 보여주고 있다.-

오늘날 세계는 국제연합의 활성화에 따라 지역적인 분쟁은 세계적인 문제로 부각되고 국제연합의 안전보장이사회에 상정되어 여러 가지 결의를 거쳐 평화를 위한 대책이 권고되고 있으나 그것이 쉽사리 효과를 거두기는 어려운 처지에 있고 인류의 이상을 실현하는 완전한 국제평화는 좀처럼 달성되지 못하는 현실에 놓여 있다.

맹자(孟子; BC 372-BC 289)는 중국의 전국시대(戰國時代; BC 475-221)에 살았던 2300여 년 이전의 인물이지만 국제평화를 달성하기 위한 정치철학을 역설하였던 인물이다. 그의 정치이론은 인류문화의 거대하고 복잡한 변천에 따라 현실적으로 실현되기는 어려운 점이 있겠지만 현대의 모든 정치지도자들은 그것을 어렵다고만 생각하고 외면하고 배격해서는 안 되며 반드시 실현할 수 있다는 신념을 가지고 국가를 통치하고 세계의 평화와 인류의 행복을 위하여 노력하여야 할 것이며, 지구촌의 평화와 인류공영의 이상을 실현하기 위하여 철없는 어린이들의 싸움과 같은 국제적 분쟁이 함부로 재연되어서는 아니 될 것이다.

(2022. 4. 16.)

'천생덕어여'(天生德於予)에 대하여

우리는 일상생활을 통하여 '덕'(德)이라는 말을 자주 듣기도 하고 사용하기도 한다. 이를테면 다음과 같은 경우를 생각할 수 있다.

(1) 나는 부모님 덕에 공부하게 되었다.
(2) 그는 신체의 장애로 특별한 덕을 보게 되었다.
(3) 그는 스승님 덕으로 출세하게 되었다.
(4) 그 분은 덕망이 높은 어른이다.
(5) 나는 덕이 부족하여 그 자리를 지킬 수가 없었다.
(6) 사람은 독서하고 궁리하고 실천하여 덕을 길러야 한다.

이러한 몇 가지 경우를 살펴볼 때 (1) (2) (3)과 같은 세 가지 경우는 대체로 부모나 사회제도나 또는 스승과 같은 타인의 은혜나

도움으로 좋은 결과를 얻었다는 말이고, (4) (5) (6)과 같은 경우는 '수양을 통하여 몸으로 체득한 인격과 같은 것을 가리키는 것으로 해석된다. 따라서 앞에서 예를 든 3가지(1.2.3.)는 그 주체가 나에게 있기보다는 타인에게 있다고 할 수 있고 뒤에서 예를 든 3가지(4.5.6.)는 그 주체가 타인에게 있기보다는 나 자신에게 있다고 할 수 있다.

『논어』 술이편(『論語』 述而篇)에 있는 "자왈 천생덕어여 환퇴 기여여하?"(子曰 天生德於予 桓魋其如予何?)라는 말은 흔히 "공자가 말씀하시기를 하늘이 덕을 나에게 부여하였으니 환퇴가 나를 어찌하겠느냐?"라고 국역한다. 그리고 이 글은 60세(또는 57세)의 공자가 송(宋)나라를 지나서 제자들과 더불어 큰 나무 밑에서 예(禮)를 강습하고 있는데 송(宋)나라의 사마(司馬)로 있던 환퇴(桓魋)가 공자를 해하려고 병사들을 시켜서 나무를 뽑아 넘어트려 압사케 하려하자 제자들이 공자에게 빨리 피신하라고 권유할 때에 공자가 제자들에게 응답하여 한 말이라고 한다.

이때 공자는 제자들에게 대답하여 말하기를 "하늘이 나에게 덕을 내린 것은 나에게 난세를 구출할 사명을 맡긴 까닭이다. 환퇴가 무슨 짓으로 나를 죽이려 하여도 하늘의 사명(使命)을 띠고 하늘의 도움을 받고 있는 나를 제 뜻대로 어떻게 하지는 못할 것이다. 환퇴 따위가 나를 어떻게 할 것인가."라고 풀이한다. -환퇴는 이 무렵 송나라 경공(景公)의 총신이었으나 그 후 총애(寵愛)에 빠져서 반란을 일으키게 되었다고 한다.- (『논어 · 대학』 김경탁 역 세계고전전집 1. 광문출판사 1965. p.336 참조.)

여기서 나는 공자가 말한 '덕'이란 무슨 뜻인지 좀 더 명확하게 고찰할 필요를 느낀다. 그리하여 발견한 것이 '덕'을 '은덕'으로 번역하기보다는 '사명'이라고 번역하는 것이 더욱 합당하다는 것이다. (『사서오경 2 논어』 禹玄民역해 한국협동출판공사 1984 p. 155 참조).

사빙형(謝冰瑩) 외 편역 『신역사서독본; 新譯四書讀本』(삼민서국고분유한공사 중화민국72년 p.114)에서는 '이와 같은 품덕'(這樣的 品德)이라고 번역하는 것을 볼 수 있고, James Legge는 'Heaven produced the virtue that is in me'라고 영역하고 있는데 (JAMES LEGGE, The『CHINESE CLASSICS』 volume 1 HONG KONG UNIVERSITY PRESS 1960 p.202) 이것은 대체로 '하늘이 나에게 생성해 준 도덕'이라고 해석 된다.

이러한 몇 가지 자료들(번역문)을 중심으로 종합해 본다면 '덕'이라는 낱말은 주로 사람에게 주어진 품덕(品德)이나, 도덕(道德)이나, 미덕(美德)이나, 착한 덕성(德性)이나, 또는 정조(貞操)나 고결(高潔)함 등으로 사용 되는 낱말임을 알 수 있다.

사빙형이나 James Legge의 번역은 공자가 "하늘의 덕을 입었기 때문에 환퇴의 위협을 두려워하지 않는다."는 일반적인 번역과 분명한 차이가 드러나지 않는 것으로 보인다. 그러나 김경탁이나 우현민의 경우는 공자가 주유천하하고 위협을 받기까지 하면서 세상에 도를 펴고자한 '사명의식'을 분명히 나타낸다는 점에서 차이가 드러난다.

본디 '德'이라는 글자는 마음[心]에서 길러서 몸으로 체득한 것을 가리키는 것이고 훌륭한 품격을 뜻하는 까닭에 우리의 행위나 절조

(節操)나 능력이나 작용이나 진리나 가르침과 같은 말과 긴밀히 관계되는 것이다. 이리하여 '행운'이나 '경사스러운 것'이나 '풍부한 것' 들과 관계되는 개념으로 이루어진 복(福)과는 차이가 있음에 유의할 필요를 느낀다. 또한 사명의식이란 일방적으로 타인이나 외부로부터 주어지는 것이라기보다는 내면적으로 주체적으로 인격화함으로써 형성되고 실천되는 것임에 유의할 필요가 있다.

가만히 생각해보면 인간의 덕이란 인간의 의지와는 아무런 관계도 없이 그저 일방적으로 인간에게 주어지는 것이기보다는 사람이 뜻을 세우고 스스로 수련하여 주체적으로 체득하는 것임을 인정하게 된다. 따라서 비록 하늘이 우리(나)에게 덕을 부여하였다고 하더라도 나의 의지나 노력과는 전혀 무관하게 그저 주어지고 기능하는 것은 절대로 아니라는 점에 유의하게 된다. -하늘이 우리에게 덕을 준다는 생각은 중국의 동중서(董仲舒 BC 176 - BC 104?)의 천인감응설(天人感應說; 天人相感說)과도 관련이 되는 것으로 보인다. 하늘을 숭배하고 천제(天祭)를 지내고 하늘을 두려워하는 것은 하늘이 인간뿐만 아니라 모든 자연을 지배하고 때로는 복을 주기도 하고 때로는 화(천벌)를 주기도 하기 때문이라는 것이다. 이것은 하늘이라는 존재는 단순한 형기(形氣: 形氣之天)에 지나지 않는 것이 아니라 의리(義理)를 실현케 하고 우주를 지배하는 의리지천(義理之天)이요, 주재지천(主宰之天)이라는 관념의 소산이다. 그러나 많은 사람들은 선한 자에게 복을 주고 악한 자에게 화를 준다는 이른바 복선화음(福善禍淫)의 논리가 얼마나 근거가 없고 비과학적이고 허황된 논리인가를 너무나 잘 알고 있다. 이것은 유신론적(有神論的) 입장에 있는 특수한 사람들을 제외하고는 벌써 천지자연(天地自然)의 무위론(無爲論)과 우연론(偶然論)을 주장한 바 있는 왕충(王充 AD 27-AD 100?)의 비판을 받아서 동양문화권에 널리 공인된 것이 아닌가.

덕은 체득하는 것이라고 할 수 있다. 체득하는 것은 이를테면 박학(博學) 심문(審問) 신사(愼思) 명변(明辨) 독행((篤行)과 같은 탐구적 · 체험적 · 실천적 · 노작이나 과정을 통하여 내면화(internalization)하고 형성되는 것이다. '德'이라는 글자의 구조를 보면 '직심(直心)으로 행(行)한다'는 뜻을 나타내고 있다. 직심으로 행한다는 것은 일방적으로 또는 수동적으로 얻거나 받는 것이 아니고 내가 주체가 되어 내면화하고 인격화(characterization)하고 실천하는 것을 뜻한다.

따라서 위에서 고찰한 내용을 통하여 그 개념을 정리하면 덕이란 하늘이 사람에게 일방적으로 내려 준 것이 아니고 적어도 사람들의 의지가 작용하였다는 점에 착안하게 된다.

잘 알려지고 있는 바와 같이 공자는 중국의 춘추시대(春秋時代 ; 周나라의 東遷 이후 秦나라의 통일까지 약 360년 동안)에 노(魯)나라에서 출생하여 좋지 않은 환경에 처해 있음에도 불구하고 꾸준히 독서하고 궁리하고 실천하여 일가를 이루고 수많은 제자에게 존경을 받으며 스승으로 추앙된 인물이다. 그는 만세사표(萬世師表)라는 평판을 듣고 있으며 대성지성문선왕(大成至聖文宣王)이라는 공식적인 시호(諡號)를 받을 만큼 위대한 인물로 추존되었고 세계 4대성인(聖人)의 한 사람으로 인정되고 있다.

공자는 15세에 학문에 뜻을 두고, 30세에 뜻을 세우고, 40세에 불혹하고, 50세에 천명을 알고, 60세에 남의 말 듣는 것이 순하게 되고, 70세에 마음 내켜는 대로 행하여도 법도에 어긋나지 않았다(十五志于學 三十立 四十不惑 五十知天命 六十耳順 七十從心所欲不踰矩 『論語 爲政篇』)고 한다.

나는 여기서 공자가 40에 불혹하고 50에 지천명하였다는 사실로 미루어 보아 그의 인격은 거의 완성된 것으로 추측하게 된다. 공자가 송나라에서 제자들과 예를 강습하다가 환퇴에게 위협을 받은 시절에는 이미 불혹과 지천명의 나이를 넘어선 때(BC 495년, 57세. 또는 60세)이고 천하의 진리를 체득한 후에 속하는 때인지라 하늘로부터 덕을 받았다는 확고한 인생철학과 정치철학을 실현하고, 이른바 형이상학과 인식론과 가치론의 모든 영역에 통달한 시기라고 볼 수 있다.

따라서 '천생덕어여'라고 표현한 것은 하늘로부터 일방적으로 덕을 내려주어서 받은 것이 아니라, 하늘의 덕이며 우주의 섭리를 공자가 스스로 체득한 수준이라는 것을 능히 알 수 있는 것이다. 공자가 일찍이 "나는 나면서부터 아는 사람이 아니다. 옛것을 좋아하여 재빨리 지식을 탐구하는 사람이다."(子曰我非生而知之者 好古敏以求之者也 『論語』 述而篇)라고 한 것은 진리의 주체가 인간임을 나타내는 중요한 의미가 있다. 그리고 "덕은 본마음을 실천할 수 있는 능력이며 하늘의 뜻을 실천할 수 있는 능력이다. … 학문을 통하여 하늘의 뜻이 어떤 것인지 자각하게 되면 덕은 다시 회복된다.…"(이기동역해 『논어강설』 성균관대학교출판부 1992 p.236참조)고 풀이한 것도 설득력이 인정된다.

따라서 '천생덕어여'라는 표현은 하늘이 나에게 일방적으로 덕을 베풀어주었다는 뜻이기 보다는 내가 하늘로부터 난세를 안정케 하고 인(仁)과 의(義)와 예(禮)를 실천하게 하는 사명(mission, task)을 받았다는 해석이 더욱 타당하다고 할 수 있다. 요컨대 공자가 환퇴의 위협을 받고 말한 '천생덕어여'를 '하늘로부터 은덕을 받았다'는 뜻으로 이해하는 것은 '사명을 받았다'는 해석에 비교할 때 매우 협의의 해석이라고 할 수 있다.

이제 우리의 현실로 돌아와 보자. 우리는 2,500년 전에 공자가 환퇴에게 위협을 받은 것처럼 어떤 종류의 위협을 받고 있지는 않은지 살펴보아야 하는 것이다. 작게는 지역사회로부터 또는 온 나라에 걸쳐 어떤 특수한 권력이나 외적의 위협을 받는 일은 없는지 살펴볼 필요가 있다. 그리고 나 자신의 잘못된 인식이나 정보나 지식이나 판단이나 그럴듯한 우상(偶像; 명석한 사고를 가로막는 그릇된 정신 경향)이 나타나 나를 세뇌하고 유혹하고 노예로 만들고 때로는 나를 위협하는 것은 아닌지 성찰할 필요가 있다.

만일 우리가 잘못된 유혹이나 위협을 받고 있다면 그것은 어떤 종류의 것일까. 그리고 우리는 그러한 유혹이나 위협에 대하여 공자가 취한 자세처럼 '천생덕어여'를 믿고 주장하고 용기 있게 대처하고 투쟁하고 심지어는 목숨이라도 바칠 수 있는 용기가 있는지 자성하게 된다. 우리의 멀고 가까운 주변에는 기만이나 폭력이나 부정이나 부패나 부조리라고 일컬어지는 것들이 창궐하고 있지 않은가. 2,500여 년 전의 중국의 환퇴는 오늘날에도 무법자로 나타나 우리의 지성과 이성을 물리적인 폭력과 정치적인 권력으로 억압하고 위협하는 일은 없는지 알 수 없는 것이다.

현대사회는 고도의 산업사회이며 지구촌(global village)이라는 말이 유행할 만큼 모든 분야에서 세계화하고 크게 변화한 양상을 보여주고 있다. 그러나 정치권력이나 여러 가지 형태의 폭력이 없어진 것이 아니고 여러 가지 새로운 형태로 변모하여 우리를 지배하고 있는 것이다.

한자(漢字)로 권세를 뜻하는 '권'(權)이라는 글자는 본디 '저울질'(秤錘)을 가리킨다고 한다. 저울질이란 물건의 무게를 측정하는 수단이며 어느 것이 가볍고 어느 것이 무거운지를 분간하고, 무거우면 얼마나 더 무겁고 가벼우면 얼마나 더 가벼운지를 분간하는 합리적인 방법이다. 따라서 저울질을 통하여 물건의 경중을 파악하고 무거운 것은 무거운 대로 가벼운 것은 가벼운 대로 처리하는 것이다.

물건을 다루는 데 저울질이 필요한 것처럼 정치를 하는 데도 저울질이 필요한 것은 다시 말할 나위가 없다. 무수한 지방자치단체를 포함하는 하나의 국가에는 통일된 정치권력이 필요하게 된다. 통일된 정치권력은 공평한 저울질을 통하여 경중을 판별하고 거기에 적절한 대책을 강구하는 것이다. 물(物)에는 본말(本末)이 있고 사(事)에는 종시(終始)가 있으니 그 선후(先後)하는 바를 알면 도에 가깝다(物有本末 事有終始 知所先後 則近道矣 『大學』 제1장). 다시 말하면 본말과 종시와 선후하는 바를 안다는 것이 곧 도에 가까워지는 것이다.

그러나 우리는 때때로 권력을 행사하는 사람들이 과연 제대로 저울질을 하고 그대로 바르게 처리하는지 의심스러운 때를 경험하게 된다. 겉으로는 저울질을 하는 척 하지만 경중(輕重)을 둔갑하여 무거운 것을 가볍게 처리하고 가벼운 것을 무겁게 처리함으로써 주객과 본말을 전도해버리고 왜곡해버리는 사례를 흔히 목격하게 되는 것이다. 이러한 현상은 곧 부정부패 부조리와 불의로 이어지고 미풍양속과 국기(國紀)를 문란하고 국가안전보장을 위기에 빠지게 하고 민생을 도탄에 빠지게 하는 지름길이 되는 것이다.

우리에게는 과연 공자가 말한 그 거룩한 사명감이 있는지 묻고 싶은 것이다. 우리는 하늘로부터 복을 받기에 앞서 사명을 받은 것임을 잊어서는 아니된다. 우리는 하늘로부터 은혜를 받고 복을 받은 것보다는 덕을 받고 사명을 받았다는 것을 분명히 깨닫고 실천해야 할 것이다.

(2022. 4. 24.)

배우며 기도하며

– C 박사의 「법화산 둘레길 걷기」를 읽고

자연계의 동물들도 배우며 사는 종류가 있겠지만 사람들은 누구나 배우며 산다고 말할 수 있다. 사람은 어려서부터 어버이의 행동을 보고 배우며 가족의 범위를 벗어나 친구와 이웃을 보고 배우다가 유치원이나 학교에 들어가면 선생님들을 통하여 많은 것을 배우게 되고 주어진 모든 사물이 배움의 대상이 된다.

우리의 배움은 '학습'(學習)이라는 말로 표현된다. 학습이라는 말은 배우고 익힌다는 말로 풀이할 수 있지만 익힌다는 말도 배운다는 뜻과 긴밀히 어울리므로 학습이라는 말을 하나의 낱말로 사용하게 된듯하다. –설문해자(說文解字; 說文字典; 文字學)에서는, '學'이라는 글자는 몽매한 아이가 두 손을 들고 좋은 본을 받아들인다는 뜻이고, '習'이라는 글자는 어린 새가 스스로 날기를 반복하여 익힌다는 뜻으로 해석한다.– 그리고 우리의 학습은 공공교육기관을 통하여 제도적으로 진행되는가 하면 경우에 따라서는 공공기관을 거치지 않고 학습과정이 진행되기도 한다.

현대사회에서는 국가나 자치단체나 개인이 운영하는 여러 가지 교육기관이 있어서 배우는 사람 자신의 소질과 희망과 능력과 환경에 따라 알맞은 교육기관을 택하여 학습하거나 그럴만한 환경이 용납되지 않으면 이른바 독학(獨學; 自學自習)이라는 방법을 통하여 국가의 공인을 받아 일정한 자격을 갖추기도 한다. 이를테면 입학자격검정고시나 독학사과정이나 기타 여러 가지 자격취득과정을 밟아나가되 스스로 판단하고 결정하고 실력을 기르고 일정한 자격을 취득하여 상급학교에 진학하기도 하고 직장에 취업하기도 하고 개인적인 사업을 운영하기도 하는 것이다.

사람이 배운다는 것은 우선 배우는 주체를 전제로 한다. 이를테면 학교에서는 학생 한 사람 한 사람이 배움의 주체이며 때로는 학생(피교육자)이라는 집합체가 배움의 주체가 되기도 하면서 교육이 이루어져 나간다.

사람들이 가르치고 배우는 것을 한마디로 '교육'이라고 말한다면 교육은 반드시 일정한 형식과 공식적인 형태로만 이루어지는 것은 아니고 비형식적이고 비공식적인 형태로 이루어지는 수도 허다하다. 이를테면 사람들은 언제 어디에 있던지, 다시 말하면 시간과 장소를 불문하고 독서나, 사색이나, 견문이나, 반성을 통하여 배우고 깨우치는 경우가 많다. 이를테면 단정하고 친절하고 겸손하고, 질박하고 유식하고, 상냥한 사람을 만나게 되면 자신도 모르는 사이에 그 사람의 모든 것을 본받으려는 동기가 유발되고 그와는 반대로 단정치도 않고, 친절하거나 겸손하지도 않고, 질박하지도 않고, 유식하지도 못하고, 상냥하지도 못한 사람을 만나게 되면 '나도 혹시 저런 사람 같지는 않은지' 자신을 돌이켜 보게 된다. 사람들은 전자의 경우에는 모방의 대상으로 삼는 동시에 후자의 경우에는 경계의 대상이나 자신을 반성하는 계기로 삼기도 한다.

내가 자주 드나드는 인터넷 카페에서 C 박사의 「법화산 둘레길 걷기」를 읽어보니 C 박사는 영부인과 영양(令孃)을 동반하여 용인시에 있는 법화산(法華山; 해발 385.2m)을 자주 산책한다고 한다. 관음보살이 상주한다는 법화산은 그의 신앙과도 관련이 있는 것으로 느껴지기도 하였는데 그는 『논어』에서 말하는 "세 사람이 길을 걷게 되면 반드시 나의 스승이 있으니 그 선한 자를 택하여 그를 본받고 그 선하지 못한 것은 고치느니라."(三人行必有我師焉 擇其善者而從之 其不善者而改之 『論語 述而篇』)를 생각한다고 하였다.

사람들은 삼삼오오 짝을 지어 길을 걷기도 하고 일을 하기도 하고 대화를 나누기도 한다. 그리고 거기엔 반드시 내가 본받을 만한 사람이 있는가 하면 나보다 부족한 사람도 있어서 그 본받을 만한 것은 본받고, 부족한 것은 나도 그렇지는 않은지 스스로 반성하여 만일 나도 그렇다고 생각될 때는 지체 없이 반성하고 고친다는 것이다. 따라서 나보다 훌륭한 사람은 당연히 나의 스승이 될 수 있거니와 나보다 부족한 사람도 또한 나의 스승이 될 수 있다는 것이다. 이것은 위(衛)나라 공손조(公孫朝)가 자공(子貢)에게 "공자는 어찌 배우십니까" 하고 물었을 때, 자공이 "… 어찌 공자가 배우지 아니하시며 또한 어찌 일정한 스승이 있으리오?"(… 夫子焉不學 而亦何常師之有.

『論語 子張篇』)라고 대답한 것과도 상통하고 “어진 사람을 보면 그와 가지런하기를 생각하고 어질지 못한 사람을 보면 나도 그렇지는 않은지 내면적으로 스스로 살핀다.”(見賢思齊焉 見不賢而內自省也 『論語 里仁篇』)는 것과도 상통하는 것이며 이른바 흔히 말하는 정면교사(正面教師)와 반면교사(反面教師)를 말하는 것이기도 하다. 다시 말하면 나보다 훌륭한 사람만이 나의 스승이 되는 것이 아니라 나보다 훌륭하지 못한 사람도 나의 스승이 된다는 것이다. C 박사는 공자의 교육철학과 특히 수양론(修養論)을 잘 받아들이고 있는 것이었다.

생각해 보면 세상의 모든 사람들이 나의 스승이 될 수 있다. 그러나 아무리 훌륭한 인격자를 만나게 되더라도 내가 적극적으로 접근하고 존경하고 본받고 받아들이면 나의 스승이 될 수 있지만 내가 그리하지 않으면 훌륭한 스승을 스스로 저버리게 된다. 사람에 따라서는 타인의 단점을 발견하고 그것을 공개적으로 비판하고 비난하는가 하면 자기도 그와 다름없는 비양심적이고 부도덕하고 불법한 행동을 자행하는 사례도 없지 않다. 흔히 세상 사람들이 회자하는 언행의 불일치인 동시에 속된 말로 ‘내로남불’이라는 행태를 보이는 것이다.

C 박사는 청소년시절에 매우 어려운 환경에서 형설의 공을 쌓았으며 대학과 연구기관에 봉직할 때는 성실히 근무할 뿐만 아니라 훌륭한 연구실적과 성과를 이루었으며 퇴임한 후에도 꾸준히 연구를 계속하고 후진들과 학문적으로 교통하고 있다. 그는 공자의 말을 성실히 실천하면서 그것으로 하나의 즐거움을 삼고 있는가 하면 그의 아호로 알려진 ‘낙암’(樂菴)은 즐거움이 넘치는 작은 초막을 상징

하며, '일단사 일표음'(一簞食 一瓢飮)으로 그 즐거움을 변치 않았다는 안회(顔回)의 인격을 연상케 한다. 따라서 그의 즐거움은 어느 시인이 말한 것처럼 고매하게 사유하면서도 검소하게 살면서(high thinking, plain living) 모든 사람을 스승으로 삼고 본받으며 진리를 탐구하는 즐거움이라고 할 수 있다.

그는 또한 육자대명왕진언(六字大明王眞言)이라고 알려진 '옴마니받메훔'(ommani padme hum)을 외우면서 관세음보살의 자비에 의하여 번뇌와 죄악이 소멸되고 온갖 지혜의 공덕을 갖추기를 기원한다.

「법화산 둘레길 걷기」에서는 다음과 같은 기원으로 대미를 장식하고 있다.

> "이 세상 재난과 고통에 빠진 사람을 건져주시고, 희망을 잃은 사람에게 희망을 주시고, 이 세상에 전쟁을 종식시켜 평화가 오게 해 주세요."

참으로 갸륵한 지성인의 기원이다. 사람이 고통을 벗어나고 희망을 간직하고 전쟁이 없는 평화로운 세상에 산다면 그보다 행복한 것은 없을 것이다. 그의 기원은 경건한 신앙의 발로라고 보아 마땅할 것이다.

(2022. 5. 23.)

■ 저자소개 (2022. 8. 현재)

지교헌(池敎憲 일명; 池大庸. 호; 東村, 雲山, 淸溪山)
충북 청원군 북이면 화하리에서 출생.(1933년 8월 10일)

주요학력
청주사범학교본과 졸업
청주대학교 법정대학 법학과 및 대학원 석사과정 졸업(법학사 및 법학석사)
성균관대학교 대학원 동양철학과 석사 과정 및 박사과정 졸업(문학석사 및 철학박사)

주요경력
초등학교 · 중학교 · 고등학교 교사
대학연구조교 겸 연구위원 근무
청주교육대학교 전임강사 · 조교수 · 부교수 · 교수 역임
한국정신문화연구원(한국학중앙연구원) 한국학대학원 부교수 · 교수역임. 정년퇴임 (현재: 명예교수)
중화민국(타이완)중앙연구원 역사어언연구소 방문연구교수
충북도정평가교수단 위원
교육부 2종도서 심의위원 · 교육과정심의위원 역임
민주평화통일정책자문회의 자문위원.
청주대학교 · 충북대학교 · 성균관대학교 · 가천대학교 강사 역임.
성남문화원향토문화연구소 연구위원 역임.

문학단체활동

월간 『수필문학』 및 『창조문학』 등단(1994), 『지구문학』 소설부문 등단(2003)

한국문인협회 · 국제PEN클럽한국본부 · 성남문인협회 · 한국수필문학가협회

수필문학추천작가회 · 경기한국수필가협회 · 한국공무원문학협회 회원

주요 연구실적(저서 및 논문)

『동양의 자연법사상과 법실증주의』, 『동양철학과 한국사상』,

『한민족의 정신사적 기초』, 『한국의 효사상』, 『조선조향약연구』

『신라화랑연구』 외 다수

[부기]

연구실적 목록은 『동촌 지교헌박사 회갑기념 논문선집』, 『동양철학과 한국사상』(1995. pp.801~834) 및 한국정신문화연구원 인문과학연구부 『교수연구실적목록』(1993. pp.70~87)에 기록되어 있으며, 한국정신문화연구원, 성균관대학교동아시아학술원, 한국사상문화학회, 성남문화원향토문화연구소 등에 발표한 1995년 이후의 연구실적은 정리되지 못한 형편임.

문예창작활동

『동촌 지교헌 수필집』; 『방황과 고뇌의 세월』 외 8권(1~9집)

장편소설: 『질풍 속에 피는 꽃』, 『나는 토이 푸들이다』, 『맹교수의 사랑방 이야기』

단편소설: 『선유도의 유혹』, 『즐거운 학교, 즐거운 교실』

기타 저서: 『장강은 흐른다』(문공부선정 청소년권장도서)

『한국인, 일어서는 한국인』, 기타 수필작품 다수 (이하생략)집

진리의 주체는 인간이다

2022년 8월 20일 초판 인쇄
2022년 8월 25일 초판 발행

지은이 / 지교헌

발행인 / 강병욱
발행처 / 도서출판 교음사
편집 / 隨筆文學社 出版部

03147 서울 종로구 삼일대로 457 수운회관 1308호
Tel (02) 737-7081, 739-7879(Fax)
e-mail : gyoeum@daum.net
등록 / 제300-000052호

* 잘못된 책은 교환해 드립니다. 값 15,000원

ISBN 978-89-7814-869-6 03810